東航金融·衍生译丛
KiiiK CES FINANCE

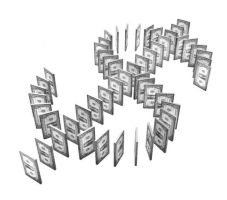

第3版

外汇期权

戴维·F.德罗萨 (David F. DeRosa) 著

陈 佶 译

上海财经大学出版社
WILEY

图书在版编目(CIP)数据

外汇期权(第三版)/(美)德罗萨(DeRosa,D.F.)著,陈佶译. 一上
海:上海财经大学出版社,2016.6
(东航金融·衍生译丛)
书名原文:Options on Foreign Exchange
ISBN 978-7-5642-2032-7/F·2032

Ⅰ.①外… Ⅱ.①德… ②陈… Ⅲ.①外汇交易-期权交易-研究
Ⅳ.①F830.92

中国版本图书馆 CIP 数据核字(2014)第 252494 号

□ 责任编辑 温 涌
□ 封面设计 张克瑶

WAIHUI QIQUAN

外 汇 期 权

(第三版)

戴维·F. 德罗萨   著
(David F. DeRosa)

陈 佶   译

上海财经大学出版社出版发行
(上海市武东路 321 号乙   邮编 200434)
网   址:http://www. sufep. com
电子邮箱:webmaster @ sufep. com
全国新华书店经销
上海华业装潢印刷厂印刷装订
2016 年 6 月第 1 版   2016 年 6 月第 1 次印刷

787mm×1092mm 1/16 14.75 印张(插页:3) 256 千字
印数:0 001—4 000 定价:45.00 元

图字:09-2014-222 号

Options on Foreign Exchange (***Third Edition***)

David F. DeRosa

总 序

20 世纪 70 年代,随着布雷顿森林体系瓦解,美元与黄金挂钩的固定汇率制度遭到颠覆,金融市场出现了前所未有的大动荡。风险的巨大变化,带来了巨大的避险需求。以此为契机,金融衍生品逐渐从幕后走到前台,成为了风险管理的重要工具。金融期货是金融衍生品最重要的组成部分。1972 年,以外汇期货在芝加哥商品交易所的正式交易为标志,金融期货在美国诞生。金融期货的本质,是把金融风险从金融产品中剥离出来,变为可度量、可交易、可转移的工具,被誉为人类风险管理的一次伟大革命。经过 30 年的发展,金融期货市场已经成为整个金融市场中不可或缺的组成部分,在价格发现、保值避险等方面发挥着不可替代的作用。

我国金融期货市场是在金融改革的大潮下诞生的。2006 年 9 月 8 日,经国务院同意、中国证券监督管理委员会批准,中国金融期货交易所在上海挂牌成立。历经多年的扎实筹备,我国第一个金融期货产品——沪深 300 股指期货——于 2010 年 4 月 16 日顺利上市。正如王岐山同志在贺词中所说的:股指期货正式启动,标志着我国资本市场改革发展又迈出了一大步,这对于发育和完善我国资本市场体系具有重要而深远的意义。

股指期货到目前已经成功运行了一段时间,实现了平稳起步和安全运行的预期目标,成功嵌入资本市场运行和发展之中。股指期货的推出,对我国股票市场运行带来了一些积极的影响和变化:一是抑制单边市,完善股票市场内在稳定机制。股指期货为市场提供了做空手段和双向交易机制,增加了市场平衡制约力量,有助于降低市场波动幅度。机构投资者运用股指期货,可以替代在现货市场的频繁操作,增强持股信心。同时,股指期货具有一定的远期价格发现功能,可在一定程度上引导现货交易,稳定市场预期,减少股市波动频率。二是提供避险工具,培育市场避险文化。股指期货市场是一个专业化、高效的风险管理市场。股指期货不消除股市风险,但它使得股市风险变得可表征、可分割、可交易、可转移,起到优化市场风险结构、促进股市平稳运行的作用。三是完善金融产品体系,增加市场的广度和深度,改善股市生态。发展股指期货等简单的基础性风险管理工具,不仅能够完善金融产品体系,增加市场创新功能,提高市场运行质量,同时也有助于保障金融资源配置的主动权,实现国家金融安全战略的重要选择。

股指期货的成功上市,打开了我国金融期货市场蓬勃发展的大门。中国是一个经济大国,一些重要资源、重要基础商品、金融资产的定价权,必须通过稳健发展金融衍生品市场来实现和完成。"十二五"规划提出,要加快经济发展方式转变,实现经济结构调整。这需要我们不断扩大直接融资比例,积极稳妥地发展期货市场,同时也对我国金融期货市场的发展提出了更高的要求,给予了更加广阔的空间。下一步,在坚持国民经济发展需要、市场条件具备、交易所准备充分的品种上市原则的基础上,中国金融期货交易所将进一步加强新产品的研究与开发,在风险可测、可控、可承受的条件下,适时推出国债期货、外汇期货等其他金融期货品种,为资本市场持续健康发展,为加快推进上海国际金融中心建设,作出应有的积极贡献。

金融期货在我国才刚刚起步,还是一个新的事物,各方对它的认识和了解还需要一个过程。因此,加强对金融期货等金融衍生品的功能作用宣传、理论探索和实践策略的分析介绍,深化投资者教育工作,事关市场的功能发挥和长远发展。

东航金控作为东航集团实施多元化拓展战略的重要金融平台,始终对境内外金融衍生品市场的现状和演变趋势保持着密切关注,在金融衍生品市场风险研究与资产管理实践等领域,努力进行着有益尝试。这套由东航金控携手上海财经大学出版社共同推出的"东航金融·衍生译丛",包含了《揭秘金融衍生品交易》《期权交易策略完全指南》《期权交易波动率前沿》《外汇期权》《管理对冲基金风险和融资》五本著作。它们独辟蹊径,深入浅出地向读者展示了国际金融衍生品市场的奥秘与风景。相信此套丛书一定能够有助于广大投资者更加深入地了解金融衍生品市场,熟悉投资策略,树立正确的市场参与理念和风险防范意识,为中国金融衍生品市场的发展贡献力量。

朱玉辰
原中国金融期货交易所总经理
2016 年 5 月

前　言

众所周知,外汇市场是全球最大的金融市场。但不太为人所熟知的是,外汇中的货币期权市场与其他衍生品市场的交易量也非常巨大且仍在快速增长。相较于其他金融工具的期权,货币期权较为少见,这是由于货币期权主要是在私人银行间市场中进行集中交易。颇为遗憾的是,对于一些偏重技术分析的金融书籍的作者,外汇领域并没有引起他们过多的兴趣。其实可以注意到,相较于债券市场与股票市场相关书籍源源不断地推出,外汇类书籍确实乏善可陈。

本书所面向的读者,主要是货币期权的实务交易人员、外汇市场的初学者以及相关专业的大学生。我将尽可能地在书中使用外汇市场上实际采用的术语,这样当读者从课本知识转向真实的外汇市场时,就能有一个自然的过渡。

当我在哥伦比亚大学 Fu 基金会的工程与应用科学学院工业工程与运筹学系(Industrial Engineering and Operations Research, IEOR)教授一门名为"外汇及其相关衍生工具"的课程时,我将本书选作该课程的教材。而之前我曾在耶鲁大学管理学院和芝加哥大学布斯商学院(Booth School of Business)教授过一门类似的课程(所使用的为本书较早的一个版本)。学生们可能也会对我在约翰·威利父子出版公司(John Wiley&Sons)出版的本书的姊妹篇——《货币衍生品》(*Currency Derivatives*)——产生兴趣,在该书中涵盖了对于外汇衍生品市场的发展产生重要影响的一系列学术性文章。

本书为《外汇期权》第三版,当本书在 1992 年推出第一版,继而在 2000 年推出第二版至今,外汇市场已经发生了很多深刻的变化。在 2000~2010 年间,外汇市场经历了至少三个重要的发展阶段,而这一版中将其内容全部囊括。首先,

外汇期权

外汇市场的规模发生了巨大的扩张,2010 年外汇市场平均每天的交易量达到 4 万亿美元(2001 年的这一数字为 1.2 万亿美元),而这一数字的增长很大程度上应归功于电子交易平台和计算机化交易网络的日臻成熟。其次,当 2007～2008 年间外汇市场(主要为外汇远期与外汇期权)出现剧烈震荡时,整个金融市场都呈现出一片低迷。最后,这些异动市场情形进一步推动新的高级期权模型快速发展。

第三版的新增内容

考虑到货币期权领域的理论性与应用性知识方面的市场实务操作经验以及总体发展趋势的巨大变化,第三版中添加了许多新的素材。

例如,第三版中将首次讨论波动率曲面(volatility surface)、vanna-volga 方法等内容,其他新增章节包括静态复制法、数值法以及高级期权模型(如随机波动率模型和局部波动率模型等)。同时,对于障碍期权(barrier option)、两值期权(binary option)以及其他一些奇异期权(exotic option)等章节的素材进行了极大丰富。在第三版中也增加了大量的计算例题,以供参考。

阅读前的要求

如果没有真正参与到外汇市场上的实际交易,我相信没有人可以称得上熟知货币期权这一交易工具。本书很好地提供了这一领域的入门指导,在学习之初,就应该掌握与外汇期权相关的正确的市场术语和交易规范。这也是为什么我常常会在书中介绍并引用那些实际交易中会用到的术语。另外,本书的读者也应具备一定的数学知识。书中必然会涉及一些数学问题,但对其难度也不必过分夸大。书中确实会出现一些数学公式,但是只需掌握一些代数和基本的微积分知识,就足以理解书中大部分重要概念。

戴维·F.德罗萨

www.derosa-research.com

致　谢

　　许多人对《外汇期权》第三版的写作准备工作提供了帮助。我与许多人士对外汇市场这一话题进行了非常有价值的探讨,包括安妮·潘可夫斯基(Anne Pankowski,花旗银行)、克里斯·琴戈(Chris Zingo,超级衍生品公司)、塞巴斯蒂安·卡鲁兹(Sebastien Kayrouz,Murex 资本管理公司)、约瑟夫·利奇(Joseph Leitch,Rubicon 基金管理公司)、威廉·李维斯(William Reeves,Blue Crest 基金管理公司)、伊曼纽尔·德曼(Emanuel Derman,哥伦比亚大学)、卡洛斯·马洛(Carlos Mallo,国际清算银行)以及克里斯托弗·霍恩(Christopher Hohn,儿童投资基金)。同时要感谢 Anya Li Ma 进行了校对工作。

　　感谢德罗萨研究交易公司的员工在整本书的写作、分析以及校对过程中的协助,尤其要感谢德文·布罗索(Devin Brosseau)、彼得·哈雷(Peter Halle)、阿努·坎比特(Anu Khambete)和杰森·施塔姆勒(Jason Stemmler)。特别致谢约翰·戈赫(John Goh)所做出的卓越的研究协助工作。

　　我同时要感谢罗恩·马尔(Ron Marr)和艾德·莱弗斯(Ed Lavers),是他们提供了本书的欧元市场日交易额数据一览表。同时,我也从彭博财经(Bloomberg Finance)上获得了大量的数据和图表,在此一并致谢。

　　最后,我想感谢约翰·威利父子出版公司的帕梅拉·吉森(Pamela Giessen)和埃米莉·赫尔曼(Emilie Herman),他们对于本书的写作提供了大量帮助,并给予了充分的耐心。

目　录

第1章 外汇基础

在读者学习外汇期权之前,本书将先介绍一些外汇基础知识。

1.1 外汇市场

汇率是指一种货币被兑换成另一种货币时的市场价格。由于汇率必定涉及两种货币,所以有时也称为"货币配对"(pairs)。例如,日元兑美元的标价汇率为90.00,这就表示日元可以兑换的美元——或者美元可以兑换的日元——是按照1 美元兑换 90 日元操作的。

即期外汇交易[1],是指对交易一定数量的外汇所达成的协议,而且一般应在两家银行的日常营业时间内进行。这一交易是外汇市场的核心。远期外汇交易,则是指出于外汇结算目的,在未来的即期价格形成之前对交易价格进行约定。远期交易可以分为两种:一种是远期直接交易,这类似于即期交易,是指在远期合约的交易日先签订远期汇率价格,而货币间的结算则可以在未来的某一个结算日完成,如一周、一个月或几个月;另一种是远期互换,这是一种互为反向的即期外汇交易和远期外汇交易的组合。这两种远期外汇交易方式都将在之后章节进行详细介绍。

现在虽然人们都知道外汇市场非常巨大,但是其具体规模却很难说清楚。本书对于全球外汇市场的规模与结构的衡量方式是对国际清算银行(Bank for International Settlements,BIS)以及 50 多个国家的中央银行的外汇交易进行严密的观测。[2] 根据国际清算银行 2010 年资料显示,通过与 2001 年、2004 年、2007 年相应的外汇交易资料相比较,外汇交易量呈现出爆炸式的增长。在对外

---

[1] 外汇交易的规范定义可以参见国际互换与衍生品协会的解释(1998)。

[2] 事实上,国际清算银行和各国的中央银行对于汇总相关的外汇交易信息有着得天独厚的优势,因为外汇交易市场是一种场外市场(Over-the-Counter,OTC),基本上都是通过全世界的商业银行完成。这一点与股票等不同,因为公众对外汇交易很少集中于某一场所内进行。

汇交易量的重复计算[1]进行调整之后,2010 年 4 月份每天的外汇交易额达到 4 万亿美元,而 2007 年、2004 年和 2001 年同期的日交易额则分别为 3.3 万亿、1.9 万亿和 1.2 万亿美元。这些统计数字涵盖了即期、直接远期、远期互换、货币互换和期权的外汇交易方式(见图 1—1)。[2] 其次,另有至少两份最新的、由中央银行资助完成的调研报告涉及外汇市场的类似问题,这两份报告都是以 2009 年 10 月为起始点。一份由英格兰银行(Bank of England, BOE, 2009)发布的对伦敦外汇交易市场的研究报告[3]显示,外汇的日总成交量约达到 14 300 亿美元(包括即期、直接远期、非交割性远期以及外汇互换)。另一份由纽约联邦储备银行(NYFED, 2009)发布的研究报告[4]显示,纽约外汇交易市场对类似的外汇工具的日成交量约达到 6 790 亿美元。

	Total Global Turnover(1)					Turnover in Emerging Markets(2)		
	1998	2001	2004	2007	2010	2004	2007	2010
Spot transactions	568	386	631	1 005	1 490	119	188	203
Outright forwards	128	130	209	362	475	21	47	73
Foreign exchange swaps	734	656	954	1 714	1 765	125	231	277
Currency swaps	10	7	21	31	43	3	4	7
Options and other products	87	60	119	212	207	10	18	24
Total	1 527	1 239	1 934	3 324	3 981	279	489	585

Memo: Turnover at April 2010 Exchange Rates	1 705	1 505	2 040	3 370	3 981

Exchange-traded derivatives	11	12	26	80	168

Global turnover by counterparty

With reporting dealers	961	719	1 018	1 392	1 548
With other financial institutions	299	346	634	1 339	1 900
With non-financial customers	266	174	276	593	533

资料来源:国际清算银行(2010);Mihaljek and Packer(2010)。

图 1—1 全球外汇市场交易额(4 月份日平均额,单位:10 亿美元)

事实上,只要有银行的地方,外汇交易就会发生。根据国际清算银行(2010)报告显示,英国是全球外汇交易中所占份额最大的交易中心(37%),其次分别为美国(18%)、日本(6%)、新加坡(5%)、瑞士(5%)、中国香港(5%)和澳大利亚(4%)。同时在新近的一些研究数据中(BIS; Mihaljek and Packer, 2010),也应注意到一些新兴市场国家正在快速发展成为新的外汇交易中心。

---

〔1〕 注意到,每进行一次外汇交易都涉及两个交易对手。国际清算银行对重复计算问题进行了调整,意味着一次外汇交易将只被计算一次。例如,A 银行从 B 银行购入 1 亿美元/日元。在对重复计算进行调整之后,这一交易将只被计作一笔 1 亿美元/日元的外汇交易。

〔2〕 可以比较,根据国际清算银行(2010)的报告,2010 年利率远期协议和利率互换的交易额分别为 6 000 亿美元和 12 750 亿美元。

〔3〕 英格兰银行(2009)资助外汇联合常务委员会对外汇市场中的 31 所机构进行了调研。

〔4〕 纽约联邦储备银行(2009)资助外汇委员会对 25 所参与机构进行了调研。

全球的货币有 100 多种,通常而言,每个国家都有自己的货币[1](欧元区国家是一个特例,但也并非仅此一例)。但应注意到,全球的外汇交易市场所交易的汇率都集中于那么区区几种(见表 1—1)。可以看到,在 2010 年所有的外汇交易中,美元兑欧元、日元和英镑(按交易量排序)的交易量的总值占到了外汇交易总量的 51%。从某种程度上说,外汇市场其实就是用来给出美元的价格,因为在 2010 年以美元为结算货币的交易占到全球外汇交易总量的 84.9%[2][3][其次分别为欧元(39.1%)、日元(19.0%)、英镑(12.9%)和澳元(7.6%)][4]。但是,由于外汇市场的交易量非常巨大,某一种货币即使在总交易量中占比很小,其交易的金额规模仍然会很大。

表 1—1　　　　　　　外汇市场货币配对交易量(4 月份日平均交易量)　单位:10 亿美元;%

	2001 年		2004 年		2007 年		2010 年	
	数量	占比	数量	占比	数量	占比	数量	占比
U.S. dollar/euro	372	30	541	28	892	27	1 101	28
U.S. dollar/yen	250	20	328	17	438	13	568	14
Sterling/U.S. dollar	129	10	259	13	384	12	360	9
Australian dollar/U.S. dollar	51	4	107	6	185	6	249	6
U.S. dollar/Swiss franc	59	5	83	4	151	5	168	4
U.S. dollar/Canadian dollar	54	4	77	4	126	4	182	5
U.S. dollar/Swedish krona	6	0	7	0	57	2	45	1
U.S. dollar/Other	193	16	300	16	612	18	705	18
Euro/yen	36	3	61	3	86	3	111	3
Euro/Sterling	27	2	47	2	69	2	109	3
Euro/Swiss franc	13	1	30	2	62	2	72	2
Euro/Other	22	2	44	2	123	4	162	4
Other currency pairs	28	2	50	3	139	4	149	4
All currency pairs	1 239	100	1 934	100	3 324	100	3 981	100

资料来源:国际清算银行(2010)。

---

[1]　见 DeRosa(2009)。
[2]　在 2007 年和 2004 年的研究报告中,美元的这一比重分别达到 85.6% 和 88.0%。
[3]　国际清算银行(2007)的研究报告对欧元是否撼动了美元的统治地位作出了回答:"虽然人们都期待着欧元能够打破美元在外汇市场中的统治地位,但这一结果并没有发生。虽然美元兑欧元仍然是最重要的交易方式,占到以名义金额计算的总成交量的 27%,但是不涉及美元,而以欧元兑其他货币的交易方式仅占到所有外汇交易的 8%。"
[4]　国际清算银行(2007)的报告显示,23 种新兴市场货币在 2007 年和 2004 年的交易量分别为 19.8% 和 15.4%。

外汇交易现在基本上稳定地由几家实力雄厚的交易银行集中进行。事实上,根据国际清算银行的研究显示,2009 年外汇交易量排名前 5 位的银行占到了全球外汇交易总量的 55％,而这一数字较 2009 年增长了近 25％〔盖拉多和希斯(Gallardo and Heath,2009)〕。[1] 但在外汇交易量快速增长的同时,从事大额外汇交易的银行的数量却在急剧减少。据粗略估计,占到全球外汇交易总量 75％ 的货币中心银行的数量在 1998～2010 年间减少了约 2/3(国际清算银行,2010)。将这一类银行按区域划分,10 年间英国从 24 家减少为 9 家,美国从 20 家减少为 7 家,瑞士从 7 家减少为 2 家,日本从 19 家减少为 8 家,新加坡从 23 家减少为 10 家。而这一现象可以被视作金融服务行业整合大趋势的一种体现。与此同时,电子交易的迅猛发展更是对外汇市场产生了实质性的影响。图 1-1 的下半部分给出了以所参考银行为对手方的全球外汇市场的交易量。需要注意的是,外汇交易的传统形式主要是在交易银行之间进行的(例如,国际清算银行的研究报告中所"报告的"那些银行),但从 2001 年开始,这一形式开始发生转变。其原因在于,随着电子交易形式的发展,交易银行之间不再频繁地互相进行交易,转而是与其他金融机构进行交易。在 2010 年的研究报告中,交易银行与其他金融机构之间的外汇交易量首次超过了传统交易银行之间的外汇交易量。而根据国际清算银行的分类标准,所谓的非参考性金融机构包括小型银行、共同基金、货币市场基金、保险公司、养老型基金、对冲基金、货币基金以及中央银行等。[2] 如果考虑到全球外汇交易总量增长的 85％ 都是由交易银行与这些所谓的其他金融机构完成的,外汇交易的形式其实已经发生了巨大的转变。

1.2　国际货币体系

1.2.1　布雷顿森林体系与史密森时期

第二次世界大战结束后的 25 年间,国际货币体系采取的是固定汇率制度。固定汇率制度的基础是《布雷顿森林协议》,这一协议于 1944 年,即第二次世界大战行将结束之际,由同盟国共同订立。《布雷顿森林协议》规定,所有成员国的

---

〔1〕 盖拉多和希斯(2009)绘制了一份相关图表,可以从中对外汇交易的集中度作出估算。可参考该书第 85 页图 1 的左侧表格栏。

〔2〕 见 King and Rime(2010,p.28)。

中央银行都只能以美元、英镑和黄金作为外汇储备。更为重要的是,成员国同意将本国货币与美元稳定在一个目标汇率上,同时汇率的波动幅度必须控制在1%以内;而美元则以 35 美元兑 1 盎司黄金进行挂钩。这一体系的部分协议直至 1971 年才被废除。

然而在这一时期,经常会出现由于各国中央银行无法应对市场压力而导致的周期性的货币价值重估或者贬值,以至于不少学者将布雷顿森林体系称作"爬行盯住体系"。在经历了多次"美元危机"之后,1971 年美元兑黄金贬值为 38 美元兑 1 盎司,同时汇率波动区间放宽至 2.25%。布雷顿森林体系的这一修订——被称作《史密森协议》——实质上使得固定汇率制度的崩溃延缓了 2 年。1973 年,美国总统理查德·尼克松宣布彻底废弃布雷顿森林体系中的固定汇率制度,自此以后,国际上绝大多数的货币汇率开始对美元自由浮动。

1.2.2 欧元

1999 年 1 月 1 日,欧洲货币联盟(European Monetary Union,EMU)的 11 个成员国,即奥地利、比利时、芬兰、法国、德国、爱尔兰、意大利、卢森堡、荷兰、葡萄牙和西班牙,共同接受使用一种新的通用货币,即欧元。而 11 国的原有货币,如德国马克、法国法郎等,仍可以与欧元共同流通一段时期,但这些货币必须按固定汇率与欧元进行兑换。2002 年 1 月 1 日,欧洲中央银行正式发行欧元纸币与硬币,标志着欧元进入可完全兑换时期。自此之后,陆续有其他国家加入欧元区:2001 年希腊加入,2007 年斯洛文尼亚加入,2008 年塞浦路斯与马耳他加入,2009 年斯洛伐克加入,2011 年爱沙尼亚加入。目前欧元区已经发展至 17 个国家。但值得一提的是,英国与丹麦至今未加入欧元区,瑞士还没有成为欧洲货币联盟的成员。

其实欧元的创建之路异常艰难,发展之路历经了近 20 年。其雏形是于1979 年 3 月所建立的欧洲货币体系,部分欧洲国家在这一阶段曾尝试使用固定汇率体系,即著名的汇率机制(Exchange Rate Mechanism,ERM)。在这一机制下,成员国将本国货币盯住欧洲货币单位(ECU,一篮子货币),同时汇率可以在2.25%~6%的区间内自由浮动。

为了坚持固定汇率制度,汇率机制这一尝试代价巨大。在 1979~1999 年运行的 20 年内,汇率机制的核心利率调整了不下 50 次。更严重的是,这一机制分别在 1992 年 9 月和 1993 年 8 月爆发了两次大规模的货币危机。在两次危机中,欧洲中央银行为了维持固定汇率制度而损失惨重。最终在第二次危机之后,汇率的浮动幅度上限被放宽至 15%,这一调整也实质上使得汇率机制名存实亡。[1]

1.2.3　固定汇率时期

20 世纪曾出现过多种固定汇率制度形式,尤其对于一些小币种和新兴市场货币,这一现象更为普遍。但是这些制度中只有少数几种取得了成功。例如,奥地利在 1995 年加入欧洲汇率机制之前,奥地利先令曾稳定地与德国马克挂钩了近 20 年。

然而,更多的是一些固定汇率制度以失败告终的案例。[2] 历史经验多次证明,一旦以盯住为策略的汇率制度崩溃了,其后果将是极为严重的。具体可以回顾 1994 年墨西哥比索危机,1997 年泰铢、捷克克朗和印度尼西亚卢比危机,以及 1998 年俄罗斯卢布危机。

固定汇率制度最为简单的一种形式就是将一种货币完全与另一种货币的价值挂钩。[3] 另外,有相当一部分的固定汇率制度由货币发行局这样一个机构进行运作,港元就是很好的例子。在货币发行局的管理下,政府应当将外汇储备维持在与本国货币发行量缺口相当的水平,然后将本币与外汇储备按照所设定的汇率进行兑换。

固定汇率制度的另一种典型模式是一篮子盯住体系。泰铢在 1997 年 7 月崩溃之前,正是采用了这样一种盯住策略。泰国央行在这一时期曾将泰铢与由美元、德国马克和日元等组成的一篮子货币进行挂钩,但是其具体所盯住的几种货币始终未曾真正公开过。

还有一种固定汇率制度,其虽然也将本币与其他货币进行挂钩,但允许本币在之后一段时期内逐步贬值。墨西哥比索在 1994 年 12 月的危机之前以及印度尼西亚卢比在 1997 年 7 月的危机之前都采取了这一模式。

有一些货币所采取的汇率策略介于浮动汇率制与盯住汇率制之间。例如,新加坡政府曾对新加坡元采取了一种所谓的管理浮动制度。

1.2.4　汇率干预

虽然在布雷顿森林体系—史密森制度废除之后,美元的价值是由美元与美

---

〔1〕 汇率机制仍然存在,例如,根据"汇率机制 II"的规定,丹麦克朗只能在中心汇率的 15% 区间内浮动。丹麦中央银行则进一步严格限制丹麦克朗的浮动区间仅为 2.25%。
〔2〕 见德罗萨(DeRosa,2001)对汇率危机的讨论。
〔3〕 见德罗萨(DeRosa,2009)对新兴市场国家的多种固定汇率制度的讨论。

国主要贸易伙伴国货币的自由市场供给关系所决定的,但这种说法对市场力量的决定权有所夸大,事实上各国的政府机构都经常会对汇率进行操纵。

在 20 世纪 80 年代曾出现过一次对外汇市场的大型干预政策。当时的 G5 峰会(G7 峰会[1]的前身)于 1985 年 9 月发起了"广场干预"(Plaza intervention),这次会议决定应将美元维持在一个价格低位。据此,各成员国的央行应共同大量抛售美元以促使其贬值。作为一次最成功的协同干预政策,"广场干预"在外汇的发展史上有着重要意义。美元在干预后的 24 小时内,贬值超过 4%。2 年后,1987 年 2 月在法国的卢浮宫举行了另一次具有历史意义的会议,该次峰会则将议题聚焦在了汇率的波动性问题上。

但在很多时候,一国政府及其央行对于外汇市场的干预会受到经济形势及其政治倾向的影响。例如,美国前总统乔治・布什在执政期间对外汇干预政策并没有展示出过多的兴趣;而另一位前总统克林顿则频繁使用这一政策,以维护其强势美元策略。

如今,除了日本央行仍在坚定地运用干预政策来调节日元价格及其波动性以外,全球几大央行基本上已经放弃了干预政策。而对于一些新兴市场国家的央行,则把外汇干预政策作为一个重要工具与货币政策同时使用。

1.2.5　汇率危机

简单而言,汇率危机主要表现为固定汇率制度的终结。在这一过程中,不仅仅汇率将会出现剧烈波动,同时利率、债券价格、股票价格也都会剧烈震荡。对这些历史性危机的了解,不仅对经济学家有着重要意义,而且对外汇交易员以及风险经理人士也具有一定的价值。

所有汇率危机的始作俑者正是前面所提到的,1971 年 8 月布雷顿森林体系下的固定汇率制的崩溃[2]。另一次有名的危机发生在 1992 年 9 月,即欧元发行之前的汇率制度时期。在这次危机中,英国被迫退出了欧洲汇率机制,而投机家乔治・索罗斯以使得英格兰银行破产之举而名震全球金融界。1993 年 8 月欧洲汇率机制爆发第二次危机,主要涉及法国法郎在该体系中所应充当的角色问题。1994 年的危机则涉及墨西哥比索所采取的爬行盯住策略的崩溃。

---

〔1〕 G7 代表了 7 个工业化国家集团,分别为美国、日本、加拿大、英国、意大利、德国和法国。G5 中不包括意大利和加拿大。现在人们所熟知的 G8 则包括了俄罗斯。

〔2〕 根据鲁特(Root,1978)的分析,他认为这一措施的恶劣影响在于,尼克松于 1971 年 8 月 15 日就宣布美元与黄金脱钩,而欧洲国家在此期间都关闭了外汇市场,直至 8 月 23 日才开放。

1997 年夏天,东南亚国家的货币经历了剧烈震荡。泰铢和印度尼西亚卢比纷纷放弃了其长期坚持的固定汇率制。马来西亚林吉特和菲律宾比索对美元都出现了大幅贬值。韩元在当时作为一种不可完全兑换货币,也出现了一定的贬值。只有港元作为一种亚洲地区的可完全兑换货币,避免了贬值的厄运。

对于这一次危机,基本的宏观经济分析可以通过总结出一些与上述这些国家国内经济环境相关的简单随机变量来作出一定解释。其实在这些国家汇率危机爆发之前,其中大多数国家的银行体系已经濒临彻底破产。更为严重的是,多个国家的经常性账户面临着不可维持性的巨额缺口,且都在为偿还巨额外汇债务而疲于奔命。谈到巨额债务问题,就必须提到 1998 年的俄罗斯债务危机与 2002 年的阿根廷债务危机。汇率危机与债务危机之间常常存在连锁反应,当一国政府宣布已到期的主权债务发生违约时,该国所坚持的固定汇率政策也会同时崩溃。

除上面的解释之外,有时人们也会将汇率危机归咎于对冲基金与货币投机者的参与。现在人们普遍认为资本流动会导致巨大的危机,虽然这一观点多少有些偏颇。无论人们最终得出危机的原因是什么,或如何理解那些批评,至少固定汇率制度的发展历史清楚地展示了汇率完全可能造成一段时期内剧烈的经济动荡(有时影响也会分为数个阶段)。

1.3　即期外汇与市场规则

1.3.1　即期外汇

即期汇率是指两家银行在交易日内对货币交易的报价(加元兑美元是一种例外,这一交易可在同一家银行内完成)。

外汇结算日也称交割日,所涉及货币的国家都必须保证这一天是银行的正常营业日;在大多数情况下,应保证这一天处于美国银行的正常营业日内[1]。许多交易人士都会使用一种由 Copp Clark 专业机构所开发的名为 Day Finder 的交易用日历。图 1-2 展示了该日历对 2010 年 12 月 21 日这一交易日的图例。注意到,2010 年 12 月 21 日的即期交易的交割日应为 2010 年 12 月 23 日。

〔1〕 银行间远期外汇市场最关键的报价通常都是以美元作为标的。如果结算日恰逢美元休市,那么非美元的跨货币间结算就很难计算。因此,虽然在技术上可行,尤其是对那些交易量较小或不频繁交易的币种,应尽量避免在美元休市时进行结算。

日本是一个例外,12 月 23 日为其法定假日(这一天为日本天皇诞生日)。如果在 12 月 21 日对日元结算,那么交割日将为 2010 年 12 月 24 日。

9

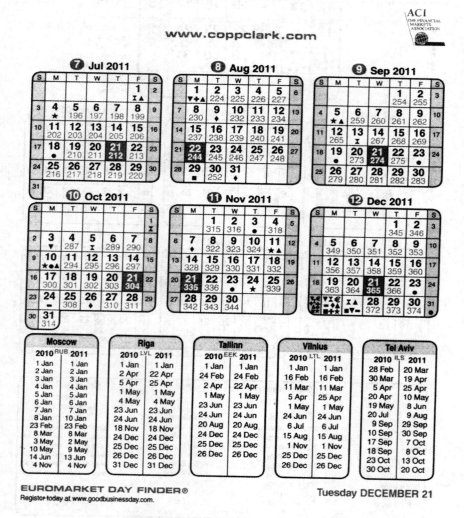

图 1—2　欧元市场 Day Finder 日历

全球外汇交易市场最先于悉尼时间周一上午 6：00，在新西兰和澳大利亚开市。随后东京、新加坡与中国香港开市,形成澳大拉西亚[1]交易时区。接着外汇市场的中心移至伦敦,并伴随着法兰克福、巴黎、米兰、马德里以及苏黎世等地开市。纽约是西半球外汇交易的核心。纽约时间下午 17:00,全球外汇市场休市,转入下一交易日。

1.3.2 报价规则

外汇交易员根据"买入—卖出"(bid-ask)规则对即期汇率报价。例如,对1 000万美元按照 89.98/90.00 进行报价,表示交易员希望按照 1 美元兑 89.98 日元的汇率用日元买入美元,或者按照 1 美元兑 90.00 日元的汇率用美元买入日元。100 万美元常简称为"1 美元",而 10 亿美元常称为"1 码"(yard)美元。

外汇报价的最小单位称为"点"(pip)。例如,当美元兑日元的报价为 89.98/90.00时,可得出价差为 2 点。

外汇交易的节奏非常快,交易一旦出现差错,则会付出高昂的代价。因此,外汇交易领域对于报价已形成了一套规则,并配有相应的交易指导。其中,最为基本的一个准则就是将货币配对中出现的第一个货币作为交易的直接标的。例如,如果想要购入1 000万的美元/日元,就是指用日元购入1 000万美元。汇率中的货币层次如下:

EUR	Euro(欧元)
GBP	Sterling(英镑)
AUD	Australian Dollar(澳元)
USD	U.S. Dollar(美元)
Non-Euro	Other European Currencies(其他欧洲货币)
JPY	Japanese yen(日元)

在专业的外汇市场规则中,在表格中所处位置较高的币种能够与其下面的币种进行交易,如欧元能与其他所有币种进行交易(EUR/GBP, EUR/USD,EUR/JPY)。

请注意,在即期外汇报价中存在两种标准。在美式报价中,是以一单位的外汇能兑换成多少美元进行报价(例如,英镑报价1.700 0,表示 1 英镑与1.700 0美元等值)。通常以美式报价法表示的有英镑、澳元、新西兰元以及欧元;其他货币则都以欧式报价,指 1 美元可以兑换成多少外汇(例如,90.00 日元兑 1 美元或

[1] Austral-Asian,泛指大洋洲与太平洋区域。——译者注

1.085 0瑞士法郎兑1美元)。

而实际交易中常常令人困惑的是,大多数的外汇交易在进行期货与期权交易时以美式报价,但在即期市场中却是以欧式报价。

1.4　外汇交易

1.4.1　双向报价

外汇交易员随时都准备以买入—卖出报价法,对潜在客户或其他银行进行大额货币交易。银行间市场存在互惠型与非互惠型交易关系之分。在互惠型交易关系中,两家银行会根据交易需求互相提供双向报价(如买入—卖出报价),这一类交易关系主要存在于货币中心银行之间,构成了外汇市场的核心。非互惠型交易关系仅仅是一种客户性质的交易工具,主要存在于小银行与大型货币中心银行之间。一般情况下,交易员会对小银行作出外汇报价,而相反的情况则很少发生。

在外汇市场中,一般习惯由询价方决定本次交易的规模。表1—2给出了Ballistic Trading 对冲基金公司对 Martingale 银行关于1 000万美元的美元/日元汇价进行询价的过程,即希望获取 Martingale 银行对该交易量的相关买入—卖出报价。

表1—2　　　　外汇交易询价模拟:**Martingale 银行纽约分行**

与 **Ballistic Trading 对冲基金公司**

	To	MARTINGALE NY	0130GMT 030110
	HIHI FRIENDS		
1	JPY 10 PLS		
2	♯ 98 00		
3	I BUY		
4	♯ VALUE 3MARCH10		
5	♯ TO CONFIRM 10 MIO AGREED AT 90.00 I SELL USD		
6	♯ MY JPY TO MARTINGALE TOKYO		
7	♯ THANKS AND BIBI		
8	TO CONFIRM AT 90.00 I BUY 10 MIO USD		
9	VALUE 3MARCH10		
10	MY USD TO DIFFUSION BANK NY		
	THANKS AND BIBI		
	ENDED AT 0132GMT		

注释

Ballistic Trading 公司对 Martingale 银行纽约分行作出询价。

第 1 行,确认此次交易为美元兑日元交易,购入1 000万美元。

第 2 行,Martingale 银行的报价为 89.98/90.00,整数位"90"已为双方明确。

第 3 行,Ballistic 公司同意以 1 美元兑 90 日元购入美元。

第 4 行,Martingale 银行确认以 90.00 的汇价售出1 000万美元。

第 4~7 行,Martingale 银行确认此次交易,要求 Ballistic 公司与 Martingale 银行东京分行进行日元交割。

第 8~10 行,Ballistic 公司确认此次交易,要求 Martingale 银行与 Diffusion 银行纽约分行进行美元交割。

　　表1-2 中的交易磋商(均为假设的交易对手)通过电子交易网络来完成,最终的交易结果是 Ballistic 对冲基金公司按照 1 美元兑 90.00 日元的价格买入1 000万美元,该交易可以看作一次即期外汇交易。为了对此次交易做记录,Martingale 银行还将为 Ballistic 公司寄送一份书面确认单(见表1-3)。

表 1-3　　　　　　　　　　外汇确认单

Martingale Bank

Foreign Exchange Department

New York

March 1,2010

Ballistic Trading,Inc.

Greenwich,CT

Account:44-3309-2234

We confirm to you the following foreign exchange trade:

Trade Number	8660-071403
Trade Date	March 1,2010
Value Date	March 3,2010
Exchange Rate	90.00
Currency We Sold	U.S.Dollar
Amount Sold	$ 10 000 000.00
Currency We Purchased	Japanese Yen
Amount Purchased	¥900 000 000.00

　　If you have any question about this transaction or have reason to question its accuracy contact us at once.

　　This transaction is governened by a master trading agreement signed by you and Martingale Bank.

13

对于大额订单,如主要货币为 1 亿美元以上的交易金额(小币种的金额可稍低一些),交易银行可能会先询问这一订单是否为"全额"(full amount)。如果对方回复这一订单为全额,表示该对手对这一金额的交易不用立即去进行对冲。为什么交易银行会关心这一问题呢? 因为在正常情况下,交易银行完成一次与客户的交易后,它将会重新平衡自己的交易账户。例如,当客户以日元购入 1 亿美元后,此时银行实际上对美元形成了看空,应立即在外汇市场上通过互惠型交易伙伴再购入美元。而非全额订单的问题就在于,当交易银行完成与客户的交易之后,为了使自身的交易账户重新平衡,它将在市场上进行一次反向交易,这就会使银行与客户之间在市场上形成看涨与看空的博弈。

1.4.2　限价订单与止损订单

外汇交易员都会接受限价订单和止损订单。限价订单是指客户对他所愿意买入或卖出的外汇给出一个明确的价格。止损订单则是一种更为复杂的交易工具,其目的在于及时结束一项亏损交易,以避免更大的损失。比如在前面的例子中,假设交易方按照 1 美元兑 90.00 日元的价格购入美元的同时,又以 88.00 的价格设定止损。这意味着当美元/日元的汇率价格出现 88.00 或者更低时,交易员就会接受止损令并出售这份 1 000 万美元的头寸。但是,银行对于止损订单的态度常常只是尽力做到而已,这就使得银行无法保证在要求的止损位做到精确止损,如在本例中 88.00 的汇价。

对于止损订单而言,最有意思的问题是,当美元跌至接近 88.00 时,该如何处理? 其实如果交易员对市场有着良好的感觉,那么止损订单能让他们有套利的机会。在前面的例子中,客户要求以 90.00 美元/日元的价格买入美元,并在 88.00 的价格设定止损。如果美元的价格跌至 88.15 时,交易员认为该价格将继续下跌并能在 88.00 的价格处帮助客户进行止损,那么他可以先用自己账户内的资金看空 1 000 万美元,然后当汇率跌至 88.00 时再帮助客户进行止损操作。当美元真的跌至 88.00 时,那么该交易员就可以赚取 15 点的价差(先以自己的账户在 88.15 的价格处看空美元,再以 88.00 的价格帮助客户进行止损)。事实上,通常客户都会在一个低于止损价格的水平上被止损,交易员将能赚取更多。不过应考虑到类似的操作也充满了风险,例如交易员在 88.15 的价格对美元看空,但美元兑日元的汇率又出现了反弹,那么他将无法对客户进行止损操作,而让自己在一个美元升值的市场上暴露在空头风险中。

对于限价订单与止损订单处理的相关信息,统一称为订单公告板,这对交易员而言非常有价值。但从客户的角度更希望这些信息都能被完全保密。有时一名在市场上较具影响力的交易员的订单公告就能解释近期外汇震荡的原因。止损订单会使汇率产生突然剧烈的波动,特别是当大量止损订单集中出现于某一特殊的价格水平时。但是,即便止损订单会对市场产生复杂的影响,其仍对投资者充满吸引力。

近年来,随着奇异期权的使用越来越广泛,止损订单对外汇市场的影响也越来越大。对于交易员以及客户而言,对于奇异期权的风险管理也常常有赖于对止损订单的有效执行。

1.4.3　直接交易、经纪人与电子交易

以前外汇交易员都是通过一种被称为直接交易的计算机信息传送服务设备进行沟通。每一名交易员都能够与其他银行的交易对手进行简要的信息交流以达成外汇交易。交易员之间交谈的内容通常都非常简略,这就要求双方对外汇市场非常熟悉。

通常情况下,交易员直接与其他交易银行进行价格磋商,但有时也需要借助于专业的外汇经纪人。外汇经纪人在银行间市场上具有独立的身份,他们通过私人的直通电话线路以及计算机方式与客户银行进行沟通。他们的任务就是对每一种外汇找到最高买入价以及最低卖出价。对经纪人而言,订单信息必须严格保密,直到交易撮合成功之后才可以进行披露。经纪人对价格信息积极地收集与发布,在外汇市场上起着重要作用。

20 世纪 90 年代,经纪人开始受到电子交易平台,如电子经纪人系统(EBS)、路透匹配平台 2000/2 等的竞争。根据英格兰银行(2009)的调查,伦敦外汇市场的交易 18% 由经纪人完成,24% 借助于电子经纪人。纽约联邦储备银行(2009)的调查则显示,17% 的交易借助于电子经纪人,而 20% 由经纪人完成。

电子经纪人只不过是计算机对外汇市场产生影响的一方面,更为复杂的是,有些交易银行通过计算机来生成买入—卖出报价。例如,"自动交易员"(外汇行业对这一功能的称呼)已经能够完成一单以数百万美元为标的的小额交易,不过大额交易还得由真正的交易员来操作。其实自动交易员并非是完全自动化,银行也不会在没有监控或者没有业务人员的时常干预之下,放任一台机器对账户进行交易。但应考虑到自动交易员也有其一定的优势,一定程度上它能对买入—卖出进行连续性的报价。

计算机对于外汇市场的最大影响就在于电子交易功能。这些平台不仅能够

外 汇 期 权

根据需求进行买入—卖出报价,而且客户可以在网上完成外汇交易。交易的计算机化使得外汇市场的发展更为丰富、交易更为迅捷,传统交易所内易出现的差错也更少发生。电子交易平台主要分为两种机构类型。在跨银行交易系统[1]中,外汇交易员可以通过交易银行所报出的价格进行对比与执行交易;单一银行专有的交易平台[2],属于外汇市场中比较高端的平台类型,只有少数几家大型的外汇交易银行搭建了自有平台,而这类平台也只对特定的客户开放。另一平台类型为零售型外汇公司[3],其业务针对小型投机性客户。银行间市场每单交易金额最低为100万美元,而零售型外汇公司通常允许客户的交易金额低于这一标准。正是因为这类公司能够将许多小额订单聚合在一起进行交易,所以它们也被称作外汇"聚合器",而这些聚合在一起的订单还会被零售型外汇公司再投放到银行间电子交易市场进行交易。

外汇交易量的快速增长很大程度上应归功于电子交易的发展。据国际清算银行(2007)的研究估计,银行间市场平均交易量的34%是通过电子平台完成的,其中,德国与瑞士的电子经纪平台最为发达,分别占到银行间交易总量的55%和44%。如果加上电子交易的份额,这一比重将分别达到67%和58%。不过在有些国家,例如比利时,电子交易的比重还不足10%。英格兰银行(2009)的调查显示,电子交易方式约占到伦敦外汇市场交易总量的15%。而相比之下,纽约联邦储备银行(2009)的调查显示,电子交易方式已经占到纽约外汇市场交易总量的26%。

在所有的电子交易平台上,都可以执行"算法交易"(algorithmic trading)。外汇市场的"算法交易"概念是从股票市场借鉴而来,但两者之间的应用存在一些本质上的区别。在外汇市场中,有些"算法交易"通过高频率交易以获取微小的套利机会(如通过三角套利来赚取价差);有些是基于对货币配对的协动性的预期;有些则通过计算机对宏观经济数据的公布作出分析来快速执行交易指令;等等。

电子交易同时还增强了对外汇的价格发现功能。尤其对于一些主要货币,价格发现功能显著缩小了买入—卖出价差的幅度。盖拉多和希斯(2009)对1996~2008年间欧元/美元、英镑/美元、日元/美元以及澳元/美元绘制了一幅

---

〔1〕 纽约联邦储备银行 2009 年 10 月的调查报告进行了举例,包括 FXAll、Currenex、FXConnect、Globalink 与 eSpeed 等平台。

〔2〕 见金和莱姆(King and Rime,2010)。

〔3〕 金和莱姆(2010)进行了举例,包括:以美国为总部的 FXCM、FX Dealer Direct、Gain Capital 和 OANDA;欧洲的 SAXO 银行和 IG Markets;日本的 Gaitame.com。

22 天买入—卖出价差的移动平均数趋势图。图中,1996～2001 年间 3 种非美元货币之间的买入—卖出价差保持在 4～5 个点的区间内,而澳元/美元的价差基本都在 8 个点左右。之后价差开始缩小,非美元货币之间的价差维持在 2～3 个点,澳元/美元为 4 个点。有趣的是,在两位学者的研究报告中,汇率价差的最高点出现在 2008 年 9 月雷曼兄弟公司破产之际,当时的汇率价差出现了快速上升,非美元货币间的价差达到了 8 个点,澳元/美元则达到了 12 个点。

一般而言,任何能够降低交易成本、增强流动性以及吸引新交易者加入的创新都会受到热烈欢迎,而电子交易对于外汇市场在上述几个方面都做到了。并且,电子交易的另一大优点在于降低了相关交易工具的创新成本,如各类外汇期权。不过,对于电子交易方式也存在着一定的争议,尽管有些非议至今还未充分体现。例如,有学者就担心电子交易会吸收市场流动性或者造成不必要的市场波动。确实电子交易可能会对外汇市场形成持续性的密集冲击,但至今还没有出现这一交易方式会吸干流动性的问题。而且,由美国联邦储备委员会的经济学家开展的研究显示,汇率震荡与电子交易方式间并没有直接的联系。[1]

1.4.4　外汇交易结算

银行间即期外汇交易通过在交割日对货币实物的交换进行结算。由于每一次外汇结算都涉及两个国家的银行存款的交换,因此每一笔外汇交易都是跨境交易。例如,银行 A 按欧元/美元 1.400 的价格从银行 B 购入 1 000 万欧元,那么在交割日银行 A 就可能在其法兰克福分行的账户从银行 B 收到 1 000 万欧元,而银行 B 可能在其纽约分行的账户从银行 A 收到 1 400 万美元。

现在重新回顾之前虚构的 Martingale 银行与 Ballistic 对冲基金公司之间的美元/日元交易的例子。Ballistic 公司按 90.00 的价格购入美元(表 1－3 给出了该笔交易的确认单)。假设此次交易在纽约交易时间的上午完成,而到了下午,美元开始升值。当美元/日元的价格上升到 91.00 的水平时,Ballistic 公司决定抛售美元以赚取汇率价差。当该公司对 Martingale 银行进行美元/日元的汇率询价时,被告知此时的汇率为 90.95/90.97,那么 Ballistic 公司肯定会以 90.95 的价格对美元进行看空。

Ballistic 对冲基金公司现在可以对该笔交易进行结算,并最终以美元或日元

---

〔1〕 查鲍(Chaboud,2009)认为:"尽管算法交易在外汇市场的使用越来越频繁,但是仍无法证明算法交易与日益增加的汇率波动性之间存在因果关系。甚至可以认为,算法交易的广泛运用反而降低了市场波动。"

的形式实现盈利。在交易之初,Ballistic 公司构造了一个1 000万美元的美元看多头寸和一个9 亿日元的日元看空头寸。当 Ballistic 公司在第二阶段完全抛售这1 000 万美元,那么950 万日元的差额即为此次交易的利润。如果 Ballistic 公司希望利润以美元为标的,那么它可以通知银行按 90.95 的价格购入9 亿日元,那么利润就变为104 453美元(9 500 000日元/90.95)。

但是,并不是所有的外汇交易都会用货币的实物交换方式来结算,特别是当交易双方为非银行间客户的时候。有些交易银行会为其客户提供以净收益或净损失作为结算方式的便利性服务。净结算方式还适用于那些本身财务状况并不十分雄厚,但需要进行大额外汇交易的客户进行交易。

1.5　利率平价与外汇远期

1.5.1　直接远期

远期外汇是指在即期交割日之后的未来某一时刻对外汇结算价格的报价。它可以对未来任一时刻的即期价格进行磋商,而时间的跨度一般为 1 周、1 个月、3 个月、6 个月或 1 年。图 1—2 给出的欧元市场 Day Finder 日历就是对具体的远期交割日的习惯性约定。

远期汇率又称远期直接汇率,通常由交易双方协商确定。远期汇率确定的形式分为两种:一种是直接对未来时刻的即期买入—卖出价格进行报价;另一种是对远期的浮动点数进行双向报价。在后一种方式中,远期汇率对即期汇率价格增加或减少一些点数即形成远期汇率价格。

例如,即期欧元/美元的报价为 1.399 8—1.400 0,而 3 个月远期点数为0.006 8—0.007 0(远期点数一般以外汇点数形式给出)。那么,在这一例子中,通过对即期价格加上远期点数就能得出 3 个月远期价格。

交易者买入价	交易者卖出价
1.399 8	1.400 0
+0.006 8	+0.007 0
1.406 6	1.407 0

1.5.2　利率平价

在前面的例子中,由于欧元的利率低于美元的利率,使得欧元的远期浮动点数为正。同样,如果欧元的利率高于美元的利率,那么欧元的远期浮动点数将为负。即期汇率、远期点数和利率之间的这种关系称为抛补利率平价定理(Covered Interest Parity Theorem)。这一理论不仅对远期汇率的决定作出了解释,同时在货币期权理论中非常重要。

利率平价理论的基本思想是根据即期汇率价格来设定远期汇率价格,以弥补两种货币之间的利率差。这类似于"没有免费的午餐"的思想:投资者无法做到在汇率与利率上都获利,不可能既通过选择更高的利率来取得收益,又能借助远期外汇市场对外汇风险进行套期保值以锁定收益。远期汇率一定会对这种情形作出调整。

考虑这样一个案例:一名投资者持有欧元,但希望从相对收益率更高的美元投资工具中获利。假设 90 天欧元票据的收益率为 4.00%,90 天美元票据的收益率为 6.00%,欧元/美元的即期汇率为 1.400 0。

投资者可能首先考虑先将欧元转换为美元,以投资于高收益率的美元票据。在此顺便说一句,本案例中执行的这样一组投资策略称为套息交易。接下来投资者所面临的问题是,在赚取欧元与美元的收益率差价时,他还必然会暴露在有关即期汇率未来走势的风险中。如果之后美元对欧元出现贬值,那么所套取的部分甚至全部的收益率差价都会丧失。如果美元汇率出现暴跌,甚至整个套息交易就会出现净损失。但是,如果美元在之后升值,那么投资者的收益则会高于所预期的 2%的价差收益。

套期保值也无法绕过上面的问题,即使投资者千方百计想利用看空美元的远期汇率来对外汇风险进行套期保值,也做不到这一点。问题的关键就在于,此时市场上欧元/美元的远期汇率应该是多少? 实际上,市场上对于这个唯一的远期汇率将在 1.406 9 上达成一致。除此之外,任何其他的远期汇率都将会提供无风险套利的机会。例如,假设投资者在一开始持有 1 000 000 欧元。如果他购买 90 天欧元票据,那么到期时将得到 1 010 000 欧元。从另一个角度,如果投资者先将欧元兑换成美元,那么他将得到 1 400 000 美元,投资于 90 天美元票据之后,到期将得到 1 421 000 美元。唯一的无风险远期汇率价格[1]:

$$\frac{1\ 421\ 000}{1\ 010\ 000}=1.406\ 9$$

对于这一远期汇率价格,交易者基于完全套期保值的思想,在对美元票据和

---

[1] 此处假定一年 360 天,按单利计息。欧元都按照交易方的买入价格在即期卖出、远期买入。

欧元票据的投资选择上无差异。

上述过程即称为抛补利率平价理论。其公式可分为美式与欧式两种。

利率平价(美式):

$$F = S \frac{(1+R_d)^{\tau}}{(1+R_f)^{\tau}}$$

利率平价(欧式):

$$F' = S' \frac{(1+R_f)^{\tau}}{(1+R_d)^{\tau}}$$

如果期初为 t,投资到期日为 T,持有时间为 τ,则有:

$$\tau = T - t$$

这里,F 表示在交割日 T 的远期汇率的美式报价;S 表示即期汇率的美式报价;R_d 表示国内利率;R_f 表示国外利率;F 和 S 分别表示远期与即期的欧式报价。公式中,国内与国外利率都是以单利方式计息,但是在一般情况下,利率平价公式的连续复利形式运用更为广泛。

利率平价(美式):

$$F = S e^{(R_d - R_f)\tau}$$

利率平价(欧式):

$$F' = S' e^{(R_f - R_d)\tau}$$

1.5.3 专业化远期交易

交易者在远期市场的交易目的,就是将一笔已经到期的外汇交易延迟或者说推移到未来某一个结算日。有两种专业化远期交易可以达到这一交易目的,分别是即期隔夜拆借(spot/next)与次日隔夜拆借(tom/next)两种互换交易(即前面所提到的远期互换)。这些概念可以借助一个初始的即期外汇交易来理解。假设交易者按照欧元/美元 1.170 0 的价格购入 1 000 万欧元,该交易在两家银行的正常营业日内进行结算。

如果在交易日,交易者突然决定将交割日延迟一天,那么他可以进行一次即期隔夜拆借互换交易。即期隔夜拆借互换同时包含了两次交易。在互换的第一步,交易者按即期欧元/美元汇率抛售 1 000 万欧元(即期部分);同时,他再于第二天按即期价格买入 1 000 万欧元(隔夜部分)。通过对原先的即期交易进行交叉,实质上就是对即期隔夜拆借交易中的第一步进行一次对冲,实现了将原先的交割延迟一天的目的。同时,由于即期交易与即期隔夜拆借互换交易的时间差中会出现即期汇率的波动,可能会产生一定的现金差额。但除非汇率出现剧烈震荡,这一现金差额一般都很微小。

次日隔夜拆借与即期隔夜拆借的概念相似,只是将初始的即期交易再延迟一天(所涉及的交易日同样都加一天)。参照上面的例子,在交易的次日部分,交易者在次日按即期价格先抛售1 000万欧元,次日交割与初始的即期交割形成一个组合,使结算先完成一次交叉。次日隔夜拆借的第二步,是在下一个交割日再按即期价格买入1 000万欧元——同样是在两家银行的正常营业日内完成即期结算。

按照这样的方式,无论是使用即期隔夜拆借还是次日隔夜拆借,都无须对标的货币进行实物交割,就能对1 000万欧元的多头头寸延展一天。理论上,交易者借助即期隔夜拆借与次日隔夜拆借可以一直将交割日延期,从而使其头寸无限期延长。另外,交易者可以通过将一次即期交易与一次某一未来期限的远期交易进行对冲,这样构造的互换交易也可以使其头寸延展至少一天以上。虽然即期隔夜拆借与次日隔夜拆借为投资者所共知,但在实际交易中并不常用。特别是一些新兴市场的中央银行对类似的操作有着严格的监控,严防投机者对其货币的看空操作。

1.5.4　非交割远期交易

远期交易也可以用非交割方式完成。在非交割远期(non-deliverable forward, NDF)中,交易双方可以约定在某一远期交割日对外汇远期进行结算。约定的固定结算日是指在远期结算日之前的两家银行的营业日。一般双方会约定,适用的固定汇率是中央银行在某一固定日期给出的即期汇率。结算金额的计算公式如下:

$$结算金额＝名义本金－\frac{名义本金×远期汇率}{固定汇率}$$

其中,名义本金就是指远期合约上所约定的面额。

由于有些不可完全兑换货币的实物交割存在困难,非交割远期对此类货币的交易就非常重要。有时当一国政府突然暂停货币兑换或者进行资本控制时(如1997年的马来西亚),非交割远期市场就会变得非常火爆。英格兰银行曾于2009年10月对伦敦外汇市场的非交割远期合约进行调查,报告显示该类交易涉及美元兑巴西雷亚尔、韩元、人民币以及印度卢比,还有少量交易涉及美元兑欧元、英镑及其他货币。调查同时显示,伦敦非交割远期市场的日交易量约达到265亿美元。

1.5.5　2007～2008 年间抛补利率平价的偏离

　　抛补利率平价作为一种套利关系,在正常的市场环境下有着重要意义。泰勒(Taylor,1986)在 1985 年 11 月通过对抛补利率平价进行一次为期 3 天的实证检验证实了这一观点。通过与交易员之间的电话沟通,泰勒每隔 10 分钟对英镑/美元和美元/德国马克采集一次同期数据,观察即期汇率、远期汇率以及 1 月期、3 月期、6 月期与 12 月期的 LIBOR(伦敦银行间同业拆借利率)。数据结果充分支持抛补利率平价理论,泰勒无法从中获得套利机会。

　　泰勒(1989)对他所认为的四个市场震荡时期进行了第二次检验,分别是 1967 年 11 月英镑贬值、1972 年 6 月英镑开始浮动,以及 1979 年和 1987 年的两次英国大选时期。这一次,泰勒从这四个阶段至少发现了数次套利机会。泰勒将当时的这一现象归因于外汇市场参与者数量的持续上升以及信息技术的快速发展。

　　泰勒的第一次研究主要是检验抛补利率平价在正常市场条件下的有效性,但不适用于震荡的市场环境;而其第二次研究,与 2007～2008 年间金融危机时期的市场环境有着惊人的相似之处。图 1－3 截取了彭博财经在该阶段的数据,该图对 3 月期美元 LIBOR 和欧元/美元远期市场的美元隐含利率进行了比较。抛补利率平价在 2006 年表现正常,但当危机开始初步显现时,LIBOR 开始低于远期的隐含利率。2008 年 9 月中旬,当著名的投资银行——雷曼兄弟公司——破产时,金融危机彻底爆发。从图 1－3 中可以看到,远期市场所隐含的 LIBOR 比真实的 LIBOR 高出数百个基点。Hui,Genberg 和 Chung(2010)从理论上验证了当时对美元紧缺的金融机构,通过对外汇进行大规模的远期互换,可以有效地实现对美元融资。

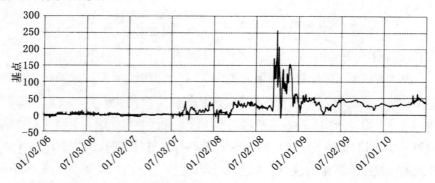

资料来源:Bloomberg Finance L.P.。

图 1－3　抛补利率平价的偏离

　　早在 2007 年年中危机爆发之际,当时确实对美元突然出现了大量的融资需求。一些并不是以美元作为标的资产的金融机构在需要对美元进行融资时发现,如果先借入本币,再以此进行远期互换,那么融资成本将会大大降低。具体的操作是:这些机构先借入本币,在远期互换的第一步先按照即期汇率将本币兑换美元,第二步再对美元远期进行看空兑换回本币。当时情况下,对美元的巨大需求也反映了远期合约中隐含的美元点数远远高出抛补利率平价所反映的美元利率。[1]

　　虽然基于数据而言,2007～2008 年间抛补利率平价出现了严重的偏离,但是,如果真的想要从 LIBOR 与远期市场之间的利率缺口套利也绝非易事。在当时的市场环境下,充满了对于违约的担忧,交易参与者数量急剧减少甚至找不到交易对手,交易机会无处可觅。泰勒(1989)曾指出问题的核心:"抛补利率平价理论的关键在于,当市场表现对该理论出现了偏离时,交易者只能在那一刻才可以抓住潜在的套利机会。"也就是说,当现实对抛补利率平价偏离时,并不能真的被视作一次套利机会,事实上由于根本无法在市场上找到交易对手,这可能只是对利润在理论层面上的幻觉。此外还有一些其他的可能性解释,有学者发现,有些银行会按低于实际 LIBOR 水平作出报价,原因就在于,所有银行都害怕报出一个高于 LIBOR 的报价;哪怕是一个正常水平的 LIBOR,也会引起外界对于其资金紧缺困境的怀疑。[2]但无论从哪个角度对这一现象去理解,尽管这一特殊时期对抛补利率平价出现了偏离,都无法根据泰勒所设想的方式去从异常现象中实现套利。[3]

---

〔1〕　见 Baba,Packer and Nagano(2008)。
〔2〕　见 Finch and Gotkine(2008)。
〔3〕　众所周知,中国的人民币市场中存在着严重的抛补利率平价的异常现象,Wang(2010)认为,这应归因于中国政府严格的资本管制。

第2章 货币期权交易[1]

本章将探讨本书的核心——外汇期权。有关普通的外汇欧式看跌期权与看涨期权,以及一些较为常用的外汇奇异期权形式,将在本书的最后几章进行详细论述。

2.1 银行间货币期权市场

商业银行与投资银行构成了货币期权市场的主体。作为外汇即期与远期市场核心的货币中心交易银行,同样也是货币期权市场最重要的参与者。基于这一因素,本书中统一使用"银行间外汇期权市场"这一术语概念。

货币套期保值者、交易员、投机者与投资经理都经常会用到货币期权,有时中央银行也会动用这一工具。

20世纪70~80年代,现代货币期权交易开始在芝加哥、费城和伦敦的期货与期权市场出现。当时,主要集中于对少数几种主要汇率进行期权和期货期权的交易。直到20世纪90年代,当越来越多的货币期权交易被一些银行所采纳时,交易才出现了结构性的变化。

当期权交易为银行间外汇市场所接受时,其交易量开始出现爆炸式增长。同时,货币期权对全球汇率开始产生重要影响。20世纪90年代,货币奇异期权开始快速发展。如今,交易员已经习惯于对多种货币奇异期权进行双向买入—卖出报价,不过,对奇异期权的报价主要集中于障碍期权。而对于一些非障碍奇异期权,如一篮子期权、平均利率货币期权、复合期权以及双币种期权,交易量较小且市场表现并不活跃。

货币期权市场真正可以称得上是全球唯一的24小时期权市场。同时,货币

---

[1] 货币期权(currency options)与外汇期权(foreign exchange options)的概念在本书中互用。——译者注

24

期权市场在所有期权市场中交易规模最大。货币期权市场与外汇市场类似,主要为银行间场外市场。在上一章已经谈到,国际清算银行(2010)的研究显示,货币期权交易同外汇即期与远期交易一样,表现出持续地高速增长。研究得出的货币期权交易量(对重复计算进行了调整)如表2-1所示。

表 2-1 货币期权交易量

年份	日交易量(10 亿美元)
1998	87
2001	60
2004	119
2007	212
2010	207

根据该研究数据,2010 年 6 月货币期权的名义金额和预计的市场价值分别达到 12.1 万亿美元和 4 560 亿美元;而 2007 年 6 月这一数据分别为 13.7 万亿美元和 2 790 亿美元。[1]

国际清算银行(2007)的研究显示,美元货币期权在所有货币期权中最为重要,约 75%的场外期权以美元兑其他货币作为标的。其中,交易量最大的分别为美元/欧元、美元/日元以及美元/英镑期权(见表 2-2)。尽管美元兑其他货币期权的交易量相对较小,但考虑到货币配对下的绝对交易量,这些期权仍具有相当大的交易规模。

表 2-2 **2007 年 4 月基于货币配对的外汇期权交易量** 单位:10 亿美元

	4 月 1 日	4 月 4 日	4 月 7 日
U.S. dollar vs. other currencies	48	92	158
Euro	16	31	43
Japanese yen	17	27	38
Pound sterling	3	9	19
Swiss franc	2	3	6
Canadian dollar	3	6	9

---

[1] 国际清算银行(2007)研究显示,2007 年场外利率期权的名义金额与市场价值分别为 56.575 万亿美元和 7 660 亿美元。尽管利率期权的上述两类数据金额都非常大,但 2007 年利率期权的交易量为 2 150 亿美元,与外汇期权的交易量(2 120 亿美元)相当。

续表

	4月1日	4月4日	4月7日
Australian dollar	3	8	9
Swedish krona	—	—	0
other	3	10	32
Euro vs. other currencies	10	20	37
Japanese yen	6	10	16
Pound sterling	2	3	4
Swiss frona	1	4	8
Canadian dollar	0	0	0
Australian dollar	0	1	1
Swedish krona	—	—	2
other	1	3	7
Japanese yen vs. other currencies	0	1	6
Other currency pairs	4	4	10
All currency pairs	60	117	212

资料来源:国际清算银行研究报告。

表 2—3 中显示了英格兰银行(2009)和纽约联邦储备银行(2009)对各自银行中心的银行间外汇交易期权的货币配对的调查结果。

表 2—3   纽约与伦敦外汇期权交易量(2009 年 10 月日平均数据;对重复计算进行了调整)   单位:10 亿美元

	伦敦		纽约
U.S.Dollar versus		U.S Dollar versus	
Euro	27 484	Euro	6 479
British pound	5 327	Japanese yen	3 358
Japanese yen	11 373	British pound	1 370
Swiss franc	3 261	Canadian dollar	2 033
Australian dollar	5 136	Swiss franc	594
Canadian dollar	2 248	Australian dollar	1 413
Norwegian krona	215	Argentine peso	1
Swedish krone	191	Brazilian real	1 780
New Zealand dollar	452	Chilean peso	24

续表

	伦敦		纽约
South African rand	208	Mexican peso	801
Mexican peso	1 964	All other currencies	2 578
Polish zloty	88	EURO versus	
Singapore dollar	228	Japanese yen	563
Russian ruble	1 204	British pound	541
Turkish lira	1 204	Swiss franc	712
Brazilian real	4 118	ALL OTHER CURRENCY	2 839
South Korean won	2 417	PAIRS	
Chinese yuan	591	Total	25 086
Indian rupee	3 195		
All other currencies	3 769		
EURO versus			
British pound	2 881		
Japanese yen	3 145		
Swiss franc	4 490		
Swedish krona	1 204		
Norwegian krone	901		
Polish Zloty	882		
Canadian dollar	122		
Australian dollar	151		
All other currencies	3 414		
STERLING versus			
Japanese yen	647		
Swiss franc	150		
Australian dollar	385		
Canadian dollar	119		
All other currencies	498		
ALL OTHER CURRENCY PAIRS	7 403		
TOTAL	101 063		

注:由于对数据进行了四舍五入处理,加总后略有差异。

资料来源:英格兰银行(2009)和纽约联邦储备银行(2009)。

接下来介绍货币期权的交易机制。

2.2 期权的基本概念

期权所有者只享有执行的权利,而不承担执行的义务。以货币看跌期权为例,它可以使行权者在期权到期日或到期日之前按固定汇率(期权执行价格)将一定数量的外汇卖给期权的出售者。对于货币看涨期权,它可以使行权者在到期日或到期日之前按执行价格从期权出售者购入一定数量的外汇。如果期权没有其他特点(如障碍内或障碍外期权),称为普通期权。对一种外汇的看涨期权就意味着对另一种外汇的看跌期权,这是从货币配对角度给出的一种简单易懂的定义。例如,在表2—4的左边数字栏给出了美元看跌期权/日元看涨期权(即日元看涨期权);右边数字栏给出了美元看涨期权/日元看跌期权。

表 2—4　　　　　　　　　　　**美元/日元看涨与看跌期权**

货币配对	美元/日元	美元/日元
看跌/看涨	美元看跌/日元看涨	美元看涨/日元看跌
美元面值	$ 1 000 000	$ 1 000 000
日元面值	89 336 700	89 336 700
执行价格	89.336 7	89.336 7
期限	90	90
市场数据		
即期汇率	90.00	90.00
直接远期汇率	89.336 7	89.336 7
期权定价		
美元点数	0.000 306 58	0.000 306 58
美元总价值	$ 27 389	$ 27 389
日元点数(4 位)	2.465 0	2.465 0
日元总价值	2 464 996	2 464 996
面额百分比	2.74%	2.74%

2.2.1 面值

在表2—4中,每份期权的面值为1 000 000美元,以美元/日元标注的期权执行价格为89.336 7。期权的日元面值可以通过将美元面值与执行价格相乘得出,即89 336 700日元。

2.2.2　执行标准

银行间货币期权主要为欧式,这意味着期权只能在到期日执行。或者更严格地说,欧式期权的持有者只有一个 24 小时的执行时间窗口。银行间货币期权中只有一小部分为美式,能够在到期日之前的任一时间点执行。

大多数期权一般在纽约时间上午 10:00 截止交易(又称纽约截止时间);部分期权会在东京时间下午 15:00 截止交易(又称东京截止时间)。

2.2.3　执行机制

一旦对货币期权行权,该期权就会转换成一次即期外汇交易,将按照执行价格在即期交割日进行外汇交割。例如,假设在表 2－4 中日元看涨期权持有者在到期日(假定为周一)选择行权,那么期权持有者就应该对期权出售者的美元银行账户内支付1 000 000美元;而期权出售者按照货币期权的约定,应对期权持有者支付89 336 700日元。这笔交易应该在所涉及的两家银行的正常营业日内完成,如果不涉及节假日问题,该笔交易应于周三完成。

对于表 2－4 中日元看跌期权的持有者而言,如果美元/日元的即期价格高于89.336 7,那么选择行权将是合理的。假设在期权到期日美元/日元的即期价格为92.00,那么期权持有者在行权之后将按照期权面值获得1 000 000美元,而按照约定仍只需支付89 336 700的日元面值。

对日元看跌期权行权之后,将使期权持有者处于对美元看多、对日元看空的头寸状态。正常情况下,行权人在对期权行权后都会再进行一次即期交易作为对冲,以实现收益。例如,行权人在行权后可以再按市场上的美元/日元汇率价格用美元买入89 336 700日元。那么此次交易的收益将为28 948.91美元。

$$\$ 1\,000\,000 - \frac{89\,336\,700\,yen}{92.00} = \$ 28\,948.91$$

或者,期权持有者可以将 1 000 000 美元全部兑换成日元。那么,收益为2 663 300日元。

$$\$ 1\,000\,000 \times 92.00 - 89\,336\,700 = 2\,663\,300\,yen$$

2.2.4　期权价格

货币期权交易者会以几种等价的方式对客户报价,如货币报价法或面值百分比报价法。表2—4中美元看跌/日元看涨期权就是按1日元兑0.000 306 58美元报价。[1]通过将1日元可兑换的美元数量乘上日元面值,可得该期权的美元金额:

$$0.000\ 306\ 58\left(\frac{USD}{JPY}\right)\times 89\ 336\ 700JPY=\$\ 27\ 389$$

其次,1单位美元面值可兑换2.465 0日元,再乘以美元面值,可以得到期权的日元价格[2]:

$$2.465\ 0\left(\frac{JPY}{USD}\right)\times \$\ 1\ 000\ 000=2\ 464\ 996JPY$$

第二种方法一般更为常用,因为按1单位美元可兑换2.465 0日元的方式更符合美元/日元的报价习惯。在外汇即期交易员的报价术语中,通常就会把这份期权的价格叫作246点日元。

还有第三种报价方法最为简单,即按面值百分比法报价。在表2—4中,美元看涨期权/日元看跌期权可以按面值的2.74%报价。计算公式如下:

$$\frac{\$\ 27\ 389}{\$\ 1\ 000\ 000}=2.74\%$$

2.2.5 Delta 与期权识别

银行间期权市场是全球最为专业的交易市场之一,因此这一市场自身也形成了一套有利于识别不同货币期权的简单易行的规则。在实际交易中,交易员通过 delta(而不是报出执行价格)来区分不同的期权。

货币期权的 delta 可以通过将期权价格对标的即期汇率求偏导得到。delta是布莱克与斯科尔斯(1973)的期权定价论文中所创造的最为重要、最有用的概念之一。delta 概念的重要性体现在多个方面,作为对冲交易与期权复制的关键要素就是其中之一(将在后面的章节详细论述)。下面将讨论 delta 如何有效地识别期权。

标准货币期权(如非奇异期权)的 delta 值位于0～1之间。除非特别说明,看涨期权的 delta 将按照现实中交易处理方法,乘以100。例如,delta 值为0.50在实际交易中就称为50 delta。在数学处理上,看跌期权的 delta 值为负,处于

---

〔1〕 如果对小数点后的数字进行完整计算,表2—4中日元看涨期权与日元看跌期权的价格会与真实价格产生细微的偏差。但是,这两份期权实际上都应该是平价期权。这一点上,似乎会与著名的平价看涨期权与平价看跌期权之间的平价理论存在冲突(第4章将对此作详细论述)。

〔2〕 数字上差异的原因在于,执行价格根据利率平价理论计算得出后,精确至小数点后两位。这一点与银行间市场对美元/日元报价的精确标准一致。

－1～0 之间。类似地,在实际交易中,看跌期权的 delta 会乘以－100。例如,
delta 值为－0.50 在实际交易中也称为 50 delta。

2.2.6　四类重要交易

特殊利率期权是指在期权到期日按当时市场上远期价格来行权的期权。这
种期权又称平价期权,delta 值约为 50。对于此类期权的特征将在之后的章节
讨论。

跨式期权是指包含一组具有相同执行价格的看涨期权与看跌期权的期权。
平价跨式期权则是指包含相同平价价格的看涨期权与看跌期权的期权。由于平
价看涨期权与平价看跌期权的 delta 值相互抵消,因此跨式期权没有delta值。

风险逆转期权是指按差不多相等的 delta 值买入一份看涨期权和一份看跌
期权(两份期权的执行价格不同)的期权。或者,也可以按差不多相等的 delta 绝
对值售出一份看涨期权并买入一份看跌期权。例如,一份"25 delta"风险逆转期
权包含了按 25 delta 分别买入一份看涨期权并售出一份看跌期权。该期权的初
始 delta 值为 50(所包含的每份期权的 delta 值为 25)。其他比较常见的风险逆
转期权有 15 delta 和 10 delta。

另一种重要的交易策略为蝶式期权。一份蝶式期权包含了四份期权。例
如,在一份 25 delta 的蝶式期权中,包含买入两份平价看涨期权,并按 25 delta 和
75 delta 分别售出一份看涨期权。在波动率曲面估计这一问题上,蝶式期权有着
重要的运用。

在实际交易中,上述四类期权交易一般都会按照标准的期限(1 周、1 个月、3
个月、6 个月和 1 年)来执行。

2.2.7　案例:银行间期权交易确认单

表 2-5 给出了银行间外汇期权确认单的图例,对该行业标准可以从以下几
个重要角度进行理解。

- 期权价格在交易日之后(两家银行的营业日)按美元支付。
- 对期权的行权必须在纽约时间上午 10:00 之前完成。
- 期权不可以转让给第三方。

由于期权交易会遵守一些术语,因此在银行间期权确认单上会采取相应的
规范方式。有经验的交易员都知道,这类确认单是具有一定法律效力的合同文
本,所以对确认单所涉及的事项会十分谨慎。

表 2—5   场外期权交易确认单

Martingale 银行

New York, New York

March 1, 2010

Ballistic Trading 合伙公司

Greenwich, CT

尊敬的女士/先生

此份确认单旨在对 Martingale 银行与 Ballistic 公司之间的外汇期权交易的具体事项作出确认。

一般事项

交易日期:	2010 年 3 月 1 日
购买方:	Ballistic Trading 合伙公司
出售方:	Martingale 银行
看涨期权标的货币:	日元
看跌期权标的货币:	美元
期权种类:	欧式
名义美元金额:	$ 1 000 000
名义日元金额:	￥89 336 700
到期日:	2010 年 6 月 8 日
执行价格:	89.336 7
期权价格:	$ 27 389

此份期权的价格为 27 389 美元,应于 2010 年 6 月 8 日进行支付。期权持有者可以按美元/日元 89.336 7 的价格从出售者购入 89 336 700 日元,但只能在 2010 年 6 月 8 日纽约时间上午 10:00(到期日)以电话通知的方式对出售者行权,可以具体提出购入日元的金额。日元的支付交割将于 2010 年 6 月 10 日完成。如果交割日不是纽约正常的营业时间,执行将在下一个交易日完成。

此期权不可以转让给第三方,任何转让都会被视作无效而不具有执行效力。

除非在到期日的纽约时间上午 10:00 之前提出不执行,否则在到期日该时间点,假如此期权处于价内,将被自动执行。

如果接受此期权价格,表示你们对于此份期权的标的货币具有充足的资产或负债;对于相关货币、相关期权的货币或相关资产或负债,以该货币从事一定的交易或投资;或者你们是此货币在商业活动中的使用者,将由于对此货币相关的业务而进行此次期权交易。

交易方应认同纽约联邦法院对此次交易的管辖权并接受对交易纠纷的调解。此次期权交易同时受到纽约冲突法相关法律原则的监管与相应解释。

Martingale 银行

2.2.8 银行间货币期权的保证金方法

在正常情况下,如果客户想要交易银行间货币期权,就会被要求先在相关的交易银行具备即期外汇交易的经验,而这主要是由于期权交易有些类似于即期交易。并且,这也能让银行作为一个依据有效地考察客户是否适合进行期权交易。注意到,银行的外汇即期交易的权利一般也只授予信用良好或者具有丰富交易经验的金融机构。

有时,银行间期权交易者也会允许它们的客户在没有即期交易经验的情况下购买非交割期权。非交割期权可以让期权持有者在到期日对价内期权行权时直接实现收益,而无须对实物货币进行交割,这一点也与之前提到的非交割远期交易的概念相似。

银行间期权购买者必须在交易日之后(两家银行的营业日)对期权进行全额支付。

有些交易银行对持有完全处于价内期权的客户给予直接套利的交易策略,这也称为"delta 释放"(delta release)。

银行间货币期权的空头必须通过交易银行才能实现保证金管理。事实上,这将取决于看空者与相关银行之间的关系实质,很多时候,期权的空头被要求先订立一份契约,同意当期权的价值上升时会追加保证金。在一般套利操作中,交易者会使用期权分析来对头寸进行保证金管理,例如对期权面值进行 delta 分析。更复杂一些的,可以使用风险价值(value-at-risk)测算来进行保证金操作。

尽管银行间市场是最大的货币期权交易市场,但也有其他一些较具影响力的市场交易,如费城股票交易所(PHLX)的货币期权上市交易,以及芝加哥商品交易所的货币期货期权上市交易。

2.3　外汇期权的上市交易

费城股票交易所对外汇期权进行上市交易。期权清算公司作为每一名期权购买者与出售者的交易对手。美国证券交易委员会对费城期权交易活动进行监管。

2.3.1　合约规格

费城股票交易所上市交易的货币期权的合约规格如表 2—6 所示。表中所有的看涨与看跌期权都以外币兑美元的欧式期权表示。费城股票交易所的期权,如上市交易的股票期权、股指期权、债券期权以及货币期权,都有标准化的执行价格。费城股票交易所的货币期权市场的营业时间为周一至周五,东部时间上午9:30～下午 16:00。

表 2—6　　　　　费城股票交易所货币期权：标准化货币期权合约规格

Currency	Size	Premium Quotations	Minimum Premium Change	Strike Intervals
Dollar-Based				
Australian dollar	10 000AUD	100 dollars per unit	0.01＝＄1.00	0.5cent
Canadian dollar	10 000CAD	100 dollars per unit	0.01＝＄1.00	0.5cent
Euro	10 000EUR	100 dollars per unit	0.01＝＄1.00	0.5cent
Japanese yen	1 000 000JPY	100 dollars per unit	0.01＝＄1.00	0.005cent
Swiss franc	10 000CHF	100 dollars per unit	0.01＝＄1.00	0.5cent
Mexican peso	100 000MXN	100 dollars per unit	0.01＝＄1.00	0.05cent
New Zealand dollar	10 000NZD	100 dollars per unit	0.01＝＄1.00	0.5cent
South African rand	100 000ZAR	100 dollars per unit	0.01＝＄1.00	0.05 cent
Swedish krona	100 000SEK	100 dollars per unit	0.01＝＄1.00	0.05cent

2.3.2　报 价 标 准

费城股票交易所的期权交易都以美元报价，并以 1 点表示＄100 进行标准化。例如，费城股票交易所的欧元期权(10 000 欧元)报价为 2.13，其价格则为：
$$＄2.13×＄100＝＄213$$
费城股票交易所的日元期权(面值为 1 000 000 日元)报价为 2.70，其价格为：
$$＄2.70×＄100＝＄270$$

2.3.3　到 期 日

费城股票交易所货币期权的到期日设定在到期月第三个周五后的那个周六，而第三个周五则是合约期限中的最后一个交易日。货币期权合约的期限周期一直能够保证 6 个到期月份：3 月、6 月、9 月、12 月是 4 个固定的季度月，其他 2 个为短期月份。标准化期权在到期日的东部时间晚上 23:59 到期。

2.3.4　期 权 的 执 行

价内期权在到期日自动行权，并以美元进行现金结算。

2.3.5　头寸限制

费城股票交易所对单个机构或者个人对标的货币可以支配的最大合约数量设定了头寸限制。目前,头寸限制对市场中各方交易者(看涨期权多头、看跌期权空头、看涨期权空头与看跌期权多头),针对澳元、英镑、加元、日元、新西兰元和瑞士法郎设定的最大合约数量为600 000份,对欧元为1 200 000份,墨西哥比索、瑞典克朗与南非兰特为300 000份。美元对其他货币的期权会被汇总以便计算头寸限制。

2.3.6　费城股票交易所 Flex 期权

费城股票交易所 Flex 期权对非美元货币期权以美元进行结算,这类期权可以按需要设定特殊的执行价格以及到期日。

2.4　货币期货合约

货币期货主要在芝加哥商品交易所的国际货币市场(CME[IMM])和其他几个交易所进行交易。从交易量的角度,芝加哥商品交易所国际货币市场是全球最重要的货币期货交易所。本书主要参考芝加哥商品交易所的衍生品框架来展开对货币以及货币期货期权的讨论。

CME(IMM)货币期货在 CME Globex 电子交易平台进行交易。与农产品以及其他金融商品的期货合约类似,CME 货币期货在一个公开叫卖的环境下交易。

芝加哥商品交易所的清算所对交易所内所有上市交易的货币期货与期货期权进行清算。CME 清算所对于每一份货币期货合约会介入买入者与出售者之间,以此为每份合约的履行作出担保。这一政策确保了每位交易者在看多或看空时,无论他们的交易对手是谁,都能在净基础上完成交易。美元货币期货与期货期权交易都受到商品期货交易委员会的监管。

2.4.1　合约规格

上市交易的期货合约在到期日、交易量以及点值方面都有固定的规格(见表2-7)。例如,CME 日元期货合约的名义金额为12 500 000日元,CME 正常的交易时间为中部时间上午 7:20~下午 14:00,这些标准适用于货币期货与货币期货期权。在电子交易平台 Globex 上进行的交易于下午 17:00 至下一个交易日(工作日或周日)的下午 16:00 完成。

外汇期权

表2—7　　　货币期货与期货期权的上市交易:芝加哥商品交易所

Currency	Size	(Futures Tick Size) futures Tick Value	Exchange Symbol Globex* / Open Outcry	Option Strike Intervals	Examples of Strike Intervals	Maximum Price Fluctuation
Dollar-Based						
Australian	100 000AUD	($ 0.000 1)$ 10.00	6A /AD	$ 0.005 0	$ 0.880 0 and $ 0.885 0	$ 0.006 0
Brazilian real	100 000BRL	($ 0.000 05)$ 5.00	6L /BR	$ 0.005 0	$ 0.540 0 and $ 0.545 0	$ 0.003 0
British pound	62 500GBP	($ 0.000 1)$ 6.25	6B /BP	$ 0.010	$ 1.560 0 and $ 1.570 0	$ 0.006 0
Canadian dollar	100 000CAD	($ 0.000 1)$ 10.00	6C /CD	$ 0.005 0	$ 0.955 0 and $ 0.960 0	$ 0.006 0
Chinese renminbi	1 000 000CNY	($ 0.000 01)$ 10.00	RMB /—	$ 0.001 00	$ 0.139 00 and $ 0.140 00	$ 0.000 60
Czech krouna	4 000 000CZK	($ 0.000 002)$ 8.00	CZK /CKO	$ 0.010 000	$ 5.220 0 and $ 5.230 0	$ 0.000 250
Euro	125 000EUR	($ 0.000 1)$ 12.50	6E /EC	$ 0.005 0	$ 1.360 0 and $ 1.365 0	$ 0.006 0
Japanese yen	12 500 000JPY	($ 0.000 001)$ 12.50	6J /JY	$ 0.000 050	$ 0.011 100 and $ 0.011 150	$ 0.000 060
Mexican peso	500 000MXN	($ 0.000 025)$ 12.50	6M /MP	$ 0.000 625	$ 0.077 500 and $ 0.078 125	$ 0.001 500
New Zealand dollar	100 000NZD	($ 0.000 1)$ 10.00	6N /NE	$ 0.005 0	$ 0.695 0 and $ 0.700 0	$ 0.006 0
Polish zloty	500 000PLN	($ 0.000 02)$ 10.00	PLN /PLZ	$ 0.001 00	$ 0.337 00 and $ 0.338 00	$ 0.002 50
Russian ruble	2 500 000RUB	($ 0.000 01)$ 25.00	6R /RU	$ 0.000 250	$ 0.032 750 and $ 0.033 000	$ 0.006 0
Swiss franc	125 000CHF	($ 0.000 1)$ 12.50	6S /SF	$ 0.005 0	$ 0.925 0 and $ 0.930 0	$ 0.006 0
Cross rates						
Euro /British pound	125 000EUR	(0.000 05) 6.25	RP /UE	$ 0.002 50	$ 0.867 50 and $ 0.870 00	£ 0.003 00
Euro /Japaneseyen	125 000EUR	(¥0.01)¥1 250	RY /UH	¥0.50	¥122.00 and ¥122.50	¥122.50 and ¥0.60
Euro /Swiss franc	125 000EUR	(CHF0.000 1)CHF12.50	RF /UA	CHF0.002 5	CHF1.465 and CHF1.467 5	CHF0.006 0

注:各种交叉汇率期货合约也在 CME 上市交易 (www.cmegroup.com /trading /fx)。

资料来源:芝加哥商品交易所。

2.4.2　报价标准

CME(IMM)对期货合约按照美式报价。表 2－7 中列出了每一份期货合约的点值。

2.4.3　到期日

CME(IMM)货币合约的到期日是合约到期月第三个周三之前的第二个营业日。加元期货的到期日为合约到期月第三个周三的前一个营业日。巴西雷亚尔期货的到期日为合约到期月的最后一个营业日。人民币期货的到期日为合约到期月第三个周三的前一个北京营业时间。俄罗斯卢布期货的到期日为合约到期月的第 15 日,如果这一天不是营业时间,那么顺延至下一个莫斯科银行间外汇市场的营业时间。

2.4.4　保证金要求

芝加哥商品交易所的清算所对货币期货交易设置了最低初始保证金和维持保证金要求。对于投机者与套期保值者的交易规则有着不同的规定。CME (IMM)对不同的货币内价差有着特殊规定,如对一份 3 月份的瑞士法郎期货看涨并同时对一份 6 月份的瑞士法郎期货看跌。又如,对一份澳元期货看涨并对一份加元期货看跌的货币内价差有着另一种规定。此外,初始保证金可以用现金或美元债券作支付,但是用后一种手段支付时,会面临一定的贬值;也就是说,如果以 1 美元面值的债券作为初始保证金,其实际价值会低于 1 美元。

日变动保证金会对期货每天的盈亏进行结算。变动保证金是基于日结算价格的连续性变动。从理论上,结算价格应该是每个交易日结束时的最后一个有效价格,但在实际操作中,由于每个交易日结束时的那一刻,在一个公开叫卖的环境下,仍然会有许多交易在进行,所以想要确定一个公平的结算价格会变得十分困难。而当闭市时,如果没有交易发生,清算所可以通过合约月份之间的时间关系来采取一些特殊的处理。这些对结算价格的特殊处理可参见"交易规则813"(Exchange Rule 813)。

期货合约的多头在变动保证金增加时获利,当变动保证金下跌时亏损。期货合约的空头正好相反,当变动保证金增加时亏损,当变动保证金下跌时获利。

当开立期货合约头寸时,交易价格与当日结算价格的差额就构成了变动保证金。在此之后,变动保证金则是当日结算价格与前一日结算价格的差额。当头寸被关闭时,变动保证金是交易价格与前一日结算价格的差额。

2.4.5 头寸限制

IMM 对每一名投资者的货币头寸规模进行了限制,对投资者的头寸限制时会同时考虑其在 IMM 的期货合约与期货期权合约。其中,期货期权会作出相应的 delta 调整,期权的 delta 是指当标的资产变动一个单位时期权价格的美元变动金额。delta 的概念将会在之后章节作详细介绍。现在假定看涨期权的 delta 值为 0.5,那么 CME 市场监管部门在对投资者的头寸限制测算时,将把此份期权折算为 0.5 份期货合约。

商品期货交易委员会在 1992 年 1 月 2 日将对特定货币的投机性限制纳入《头寸会计准则》(Position Accountability Rule)的监管之下。根据这一准则,任何市场参与者对欧元、日元、英镑以及瑞士法郎的期货合约与期货期权合约在相关合约月份的净看多或净看空头寸超过10 000份时,"必须按照交易所的要求,提供关于头寸性质、交易策略与套期保值的及时信息"。

2.4.6 期转现交易

在外汇交易市场中,货币期货与即期外汇通过期转现(exchange for physical,EFP)交易联系在一起。在 EFP 交易中,货币期货合约的多头或空头与相等面值的即期外汇头寸相互转换。由于 EFP 交易一般按照场外价格执行,所以又称为场外交易。EFP 交易分为买入期货/卖出即期与卖出期货/买入即期两种,都按照双向价格方法报价。在正常的市场交易中,EFP 交易市场的期货到期价值会紧盯远期市场中互换点数的价格水平。

EFP 市场的一大重要功能就是让货币期货的交易者在非交易时间也能通过现货市场下达止损订单或限价订单。EFP 交易的目的是通过对期货与现货头寸进行互换,从而使两种头寸之间达到均衡。

2.4.7 基差概念

基差(basis)是指外汇期货价格与即期汇率价格的差值。货币期货的基差与货币远期交易中远期点数的概念类似。从理论上,基差是到期时间、即期汇率水平以及标的货币的利率价差的函数。日历基差(calendar basis)是指对同一种货币、不同到期日的两份期货合约的价差。

2.5 货币期货期权的上市交易

通过对期货合约的执行,货币期货期权可以出现多头与空头两种头寸形态。

2.5.1 合约规格

芝加哥商品交易所的指数与期权市场(Index and Options Market,IOM)对货币期货合约的美式看跌与看涨期权进行上市交易。在 IOM 中的交易受到商品期货交易委员会的监管。

2.5.2 报价标准

期货期权的报价标准与费城股票交易所货币期权的报价过程相似。期货期权的单位价格以美元为标的,再乘以可交割期货合约的外汇面值金额。一份以0.012 4美元报价的欧元期货期权价格计算如下:

$$\$ 0.012\ 4 \times 125\ 000 EUR = \$ 1\ 550.00$$

2.5.3 到 期 日

在 CME(IOM)上市交易的货币期货期权的到期日分为三种:按季度到期(以 3 月份为起点的季度周期);对一些连续性月份按月到期(如一些非季度周期内的月份);按周到期。按季度与按月到期的期权在合约到期月的第三个周三(到期日)之前的第二个周五停止交易(巴西雷亚尔、南非兰特、人民币和俄罗斯卢布的期货期权有一些其他的特殊规定)。

2.5.4 保证金要求

CME(IOM)使用其自有软件——标准资产组合风险分析(Standard Portfolio Analysis of Risk,SPAN)——来确定期货期权的保证金要求。SPAN 通过对头寸每一天的可能最大损失进行估计测算以设定保证金要求。其次,SPAN 也会通过资产组合风险分析法以及对变动的市场环境进行情形分析来生成日保证金要求。清算所成员每天都会收到 SPAN 数据系列以计算最低保证金要求。

2.5.5 货币期货期权的执行

CME(IOM)的期货期权可以在期权交易日内的任意一个营业日执行。在对期权行权时,代表期权持有者行权的清算所成员(银行)必须在行权日的下午 7:00 之前向清算所发出行权通知。

清算所在接到行权通知后会通过随机挑选的方式,将这些通知分派给在清算所开立了看空头寸的成员。然后,这些清算所成员在其客户中,对于这些特定的期货期权空头的一家或几家,进行行权的配对。

货币期货合约就是货币期货期权的标的可交割资产。通过行权,进行交割的期货头寸在交易日就成为了有效期货头寸,原先的期权持有者与出售者就分别成为期货合约中的多头与空头,具体规则如下:

期货期权的行权	看涨期权	看跌期权
期权持有者	期货的多头	期货的空头
期权出售者	期货的空头	期货的多头

当处于期权的执行周期(3 月、6 月、9 月和 12 月)行权之后,将立即进入可交割期货合约头寸。如果对一份 10 月份到期的期货期权行权,则将获得一份 12 月份的期货合约。期权执行价格与期货结算价格之间的价差会在清算所成员的账户以及客户的账户上反映。如果在 5 月份的某一天,6 月份欧元看涨期权的持有者按照 133.00 的价格行权,那么他将获得一份 6 月份欧元期货的看涨头寸,按照市场价格调整:

$$(1.34-1.33)\times125\,000 = \$1\,250$$

其中,1.34 为行权之日 6 月份期货合约的结算价格。行权之后,期货合约的初始保证金与变动保证金制度会立即生效。

第 3 章　欧式货币期权的估价

本章将会讨论欧式货币期权的估价。欧式货币期权是指只能在期权合约的到期日执行的外汇看涨/看跌期权。欧式期权有时也称为普通期权,因为其没有奇异期权的特点(如障碍期权)。本章将先讨论几种套利策略和平价理论,随后进一步重点讨论由加曼和柯尔哈根(Garman and Kohlhagen,1983)建立的欧式货币期权的布莱克—斯科尔斯—默顿(Black-Scholes-Merton)模型。

下面一些标准术语会在本书中非常有用:

C:欧式货币看涨期权的价值

P:欧式货币看跌期权的价值

S:即期汇率

K:期权的执行价格

R_f:外币的利率

R_d:本币的利率

为了便于理论上的分析,接下来的分析都假定基础的看跌/看涨期权的标的资产为 1 单位的外汇。S 和 K 都以单位本币为计量单位(如按美式即期汇率方法表示):1 单位的外汇可兑换 S 单位的本币。

根据上述约定,看涨期权的持有者有权按照 K 单位的本币来兑换 1 单位外汇,但不承担其义务;看跌期权的持有者有权按照 1 单位外汇来兑换 K 单位的本币,但不承担其义务。现时为 t;期权的到期日为 T;到期日之前的剩余时间为 $\tau(\tau = T - t)$。

3.1　套利定理

套利是指同时买入并卖出两种及以上的证券以赚取无风险利润。

套利机会在市场中时有出现,但一般只会存在很短的时间。套利机会一旦被发现,交易者会通过手中预留的资金来快速抓住这些机会。通过一系列的套利操作,被低估的资产会升值,而被高估的资产则会贬值。只有当市场中无套利机会时,套利操作才会终止。在均衡市场中,不会出现持续性的套利机会,这也就是所谓的无套利情形或无套利规则。资本市场的一个核心原则就是,所有的资产,包括外汇与外汇期权,都必须依照无套利原则进行定价。

依照无套利原则,货币期权的定价遵循四个基本定理(Gibson,1991; Grabbe,1983)。

3.1.1 期权的到期日价值

看涨期权与看跌期权的到期日价值如下所示:

$$C_T = Max[0, S_T - K]$$
$$P_T = Max[0, K - S_T]$$

其中,C_T、P_T和S_T分别为看涨期权、看跌期权以及即期汇率在到期日 T 的价值。

3.1.2 期权的价格非负

这也就是说,

$$C \geqslant 0, P \geqslant 0$$

这一基本原则表明,由于期权赋予持有者行权的权利而非义务,期权的价值永远不可能为负。

3.1.3 期权价格的上限

欧式看涨期权的最大价格为标的货币的即期价值:

$$C \leqslant S$$

如果违反了上述原则,那么通过出售期权并从即期市场上买入外汇就可实现套利,此时即期市场上的价格为 S。

同样地,欧式看跌期权的最大价格为与执行价格相等的本币价格:

$$P \leqslant K$$

3.1.4 期权价格的下限

货币看涨期权与看跌期权的下限如下所示:

$$C \geqslant e^{-R_f \tau} S - e^{R_d \tau} K$$
$$P \geqslant e^{R_d \tau} K - e^{-R_f \tau} S$$

其中,$e^{-R_{f}\tau}$和$e^{-R_{d}\tau}$分别表示外币与本币在连续复利下的现值。

为了验证看涨期权的不等式,考虑一个包含了两种投资组合的交易:在投资组合一中,包含一份看涨期权以及一份在到期日支付期权面值数量本币的零息债券(其现值为$e^{-R_{d}\tau}K$)。在投资组合二中,包含一份在期权到期日支付 1 单位外币的外币零息债券(其现值为$e^{-R_{f}\tau}S$)。在到期日的收益矩阵如下:

	$S_T \leqslant K$	$S_T > K$
投资组合一		
看涨期权	0	$S_T - K$
买入本币债券	K	K
总价值	K	S_T
投资组合二		
买入外币债券	S_T	S_T
总价值	S_T	S_T

买入一份投资组合一同时卖出一份投资组合二,可以建立一个在到期日收益非负的投资组合。

	$S_T \leqslant K$	$S_T > K$
投资组合一—投资组合二	$K - S_T \geqslant 0$	0

由于投资组合一在到期日的价值会大于或等于投资组合二,因此基于无套利原则,在到期日之前投资组合一的价值也将大于或等于投资组合二:

$$C + e^{-R_{d}\tau}K \geqslant e^{-R_{f}\tau}S_t$$

第一个不等式证毕。可以用相同方法证明欧式看跌期权。

3.2 欧式货币期权的看涨—看跌平价定理

看涨—看跌平价定理是看涨期权与看跌期权价格之间的一种套利联系。根据这一定理,期权到期日之前的任一时间点,具有相同执行价格及到期日的欧式看涨期权与看跌期权的价差,必须同本币金额(如执行价格)现值与外币金额现值的差值相等。

外 汇 期 权

如果要理解看涨—看跌平价定理,可以假定投资者买入一份看跌期权并卖出一份看涨期权,那么无论到期日的汇率水平如何,都会形成对本币的看多头寸与对外币的看空头寸。如果在到期日看跌期权处于价内,那么投资者将选择行权,抛售外币、得到本币。同样,如果看涨期权处于价内,那么投资者会被要求进行同样的操作,只不过这时是看涨期权的持有者会对投资者进行行权,要求其卖出外币、买入本币。如果看涨期权与看跌期权在到期日都处于平价,那么两份期权都失去了行权的价值,但注意到,外币金额与本币金额应该相等。

更正式地,欧式看涨—看跌平价定理可以通过构建两个投资组合进行解释。在投资组合一中,按照相同的执行价格与到期日买入一份欧式看跌期权并卖出一份欧式看涨期权。在到期日,这两份期权中的任意一份的外币执行数量都为1单位,执行价格为 S_T。在投资组合二中,买入一份在到期日支付期权上本币数量(K)的零息债券,以及卖出一份在到期日支付 1 单位外币的外币零息债券。投资组合一和投资组合二之间的等式关系可以通过下面的到期日收益矩阵表示:

	$S_T \leqslant K$	$S_T > K$
投资组合一		
买入看跌期权	$K - S_T$	0
卖出看涨期权	0	$-(S_T - K)$
总价值	$K - S_T$	$K - S_T$
投资组合二		
买入本币债券	K	K
卖出外币债券	$-S_T$	$-S_T$
总价值	$K - S_T$	$K - S_T$

显然,在到期日时两种投资组合的价值相等,因此在到期日之前构建这两种投资组合的成本也应该相等。投资组合一的成本为买入看跌期权与卖出看涨期权的价差;投资组合二的成本是买入一份在到期日支付执行价格本币的本币债券的现值与卖出一份在到期日支付 1 单位外币的外币债券的现值的价差。上述方法即为看涨—看跌平价定理,其代数表达式如下:

看涨—看跌平价定理(欧式期权):

$$P - C = e^{-R_d \tau} K - e^{-R_f \tau} S$$

看涨—看跌平价定理的一个直接应用就是,处于平价状态的具有相同到期日的欧式远期看涨与看跌期权的价值应该相等。将执行价格 K 的利率平价下的远期利率代入看涨—看跌平价公式:

$$K=F=e^{(R_d-R_f)\tau}S$$

可以得到:

$$P-C=e^{-R_d\tau}e^{(R_d-R_f)\tau}S-e^{-R_f\tau}S=0$$

借助看涨—看跌平价定理,期权交易者对处于价内(相对于远期汇率)的货币期权形成了一套简单有效的分解公式。假设现有一份处于价内的看涨期权,即现行的远期汇率高于期权执行价格($F>K$)。根据看涨—看跌平价定理,看涨期权的价格:

$$C=P+e^{-R_f\tau}S-e^{-R_d\tau}K$$

这一公式可以改写为:

$$C=P+e^{-R_d\tau}(F-K)$$

如果 C 是一份价内远期看涨,那么 P 应是一份具有相同执行价格的价外远期看跌。这样的远期看跌具有完全的期权性风险,交易者也将其称为波动价值。此外,表达式 $(F-K)$ 的绝对值称作远期平价,$e^{-R_d\tau}$ 为现值调整。总体来看,远期看涨的价值等于波动价值与远期平价的现值之和。

3.3　布莱克—斯科尔斯—默顿模型

欧式期权的定价模型是通过多位理论家逐步发展而来。其最初的基础就是著名的布莱克—斯科尔斯模型(Black-Scholes,1973),主要解决了以不分红普通股为标的的欧式看涨期权的定价问题。默顿(Merton,1973)将这一模型对以持续性分红股票为标的的期权进行了理论扩展。最后,加曼和柯尔哈根(Garman and Kohlhagen,1983)将上述模型运用到了欧式外汇期权之中。一般我们将布莱克—斯科尔斯—默顿公式简称为 BSM 公式。[1]

3.3.1　模型的三个假设

如同所有的理论模型一样,BSM 模型也需要先设定一些简化的假设:

---

〔1〕 货币期权的期权定价模型有多种不同叫法,例如布莱克—斯科尔斯模型、布莱克—斯科尔斯—加曼—柯尔哈根模型以及加曼—柯尔哈根模型。但必须承认,公式中最重要的思想来自布莱克、斯科尔斯与默顿的工作(但并非不尊重加曼与柯尔哈根的贡献)。布莱克曾写过一篇文章——《我们是如何得出期权公式的》("How We Came Up With The Option Formula",1989),描述了模型建立过程中的有趣经历以及默顿在此中的贡献。艾玛努尔·德曼(Emanuel Derman)的文章《追思费雪》("Reflections on Fischer",1996)更深入地揭示了布莱克在构建模型时的思想历程。

外汇期权

1. 不存在税收与交易成本,对于期权与货币的看涨与看跌不存在限制。所有的交易者都是价格接受者;也就是说,没有一个经济体可以通过巨额的买入或卖出来操纵市场价格。

2. 外币利率与本币利率都是无风险利率,且在期权的持有期内保持不变。所有利率都按连续复利表示。

3. 即期汇率的瞬时波动都遵循扩散过程形式。

BSM 模型的扩散过程:

$$\frac{dS}{S} = \mu dt + \sigma dz$$

其中,μ 表示瞬时偏离,dt 表示瞬时概念。从另一个角度解释,μ 代表即期汇率的风险溢价,σ 为瞬时标准差。dz 为随机变量的微分,其遵循正态分布,均值为 0,标准差为 dt 的平方根,连续性数值之间相互独立。

假设 1 是许多金融模型中的标准假设,也称为无摩擦市场假设。

假设 2 是基于外汇期权的特点,对原始的布莱克—斯科尔斯模型的重要修正(模型建立之初只考虑了以无分红的普通股为标的的看涨期权与看跌期权的定价问题)。外汇利率的作用与默顿建立的普通股期权中连续分红的作用类似。

假设 3 特别指出了汇率波动的随机过程遵循扩散过程。并且,即期汇率 (S_t) 的扩散过程遵循对数正态分布。自然对数收益率的表达式:

$$\ln \frac{S_t}{S_{t-1}}$$

自然对数收益率遵循以 $(\mu - \frac{\sigma^2}{2})$ 为均值、以 σ 为标准差的正态分布(Hull,2009)。

在使用 BSM 模型时,必须掌握以下 6 个参数的含义:

S:以单位本币报价的即期汇率

K:以单位本币报价的执行价格

τ:剩余持有期限(按年计)

R_f:外币利率

R_d:本币利率

σ:即期汇率的年化标准差

3.3.2 局部套期保值概念

BSM 模型的核心概念在于,从理论上通过货币期权对外汇进行看涨或看跌可以有效地实现局部套期保值(local hedge)。局部套期保值策略必须不断地应对即期汇率中的微小变动进行调整。下面回顾前一章中日元看涨期权的例子:

美元看跌/日元看涨	
美元面值	$ 1 000 000
日元面值	89 336 700
执行价格	89.336 7
即期汇率	90.00
期限	90 天
美元利率	5.00％
日元利率	2.00％
波动率	14.00％
美元面值	$ 27 389
执行标准	欧式

当美元/日元的即期汇率为 90.00 时,日元看涨期权的价格为 $ 27 389。假设即期汇率突然上升到 90.20,如果其他条件都不变,此份期权的价格会跌到 $ 26 277,即下跌 $ 1 111。

假定在汇率变动之前,投资者买入一份美元/日元的看涨期权来实现对 $ 1 000 000 面值的美元/日元的即期汇率看涨。从直观上理解,通过对美元/日元的即期汇率看涨来对美元看跌期权进行套期保值是完全矛盾的,但是如果仔细考虑到,当美元/日元的即期汇率上升时,美元看跌期权或者日元看涨期权的价格必然会下跌的情况,那么之前的操作将是完全合理的。如果美元/日元的即期汇率真的出现上升,这一套期保值策略就会生效。例如,美元/日元上升 20 点,从 90.00 升至 90.20,那么通过套期保值可实现收益 $ 2 217。

考虑到期权价格上发生的实际损失仅为 $ 1 111,所采取的套期保值的规模显然过大。如果采用一个更小规模的套期保值,例如参照金额比例:

$$\frac{1\ 111}{2\ 217} = 0.501\ 1$$

即对 $ 501 127 进行看涨,就可实现完全套保。根据这一金额,当即期汇率从

90.00涨至90.20时,可以从汇率变动中获利$1 111。

比值0.501 1就是对期权理论中 delta(δ)的粗略估计。正如前面所提到的,delta 是指当即期汇率上升或下降 1 单位时,期权价格的变动幅度。当即期汇率,或者其他变量发生变动时,delta 就会随之变动。delta 的绝对值处于[0,1]的区间内,普通欧式期权的 delta 值取 1。

一份完全处于价外期权的 delta 值会非常接近于 0,这是由于即期汇率的单位变动几乎无法影响期权的价值;除非即期汇率出现剧烈的波动,价外期权才有可能被执行。在另一种极端情况中,对于完全处于价内的期权,当标的即期汇率出现变动时,期权价值会几乎作出相应单位幅度的上升或下降(因为 delta 的绝对值接近于 1)。而在该期权的到期日时,即期汇率的变动影响会被包含到期权价值内。对于一份 delta 绝对值为 1 的期权,当标的即期外汇的头寸与期权的面值相等时,期权价格的上升或下降金额将与标的外汇的变动金额相等。

回到局部套期保值的讨论中,如果在到期日内都能及时地重估 delta 值并依此维持合适的即期套期保值规模,那么期权头寸就能完全规避即期汇率波动所带来的影响。由此可见,在这种状态下,总的期权头寸与套期保值操作都是无风险的。从另一个角度来说,动态套期保值过程实现了对标的期权的复制,如之前案例中的美元看跌/日元看涨期权。根据资本市场理论,这样一个套期保值组合的收益率应恰好等于无风险利率。尽管完全套保策略很难在实际中真正实现,但实际上,其在理论上的最大应用就在于能作为期权定价模型的关键核心。

3.3.3 即期汇率的 BSM 模型

基于在货币期权与标的外汇之间能够实现完全套保的假定,加曼和柯尔哈根根据布莱克、斯科尔斯与默顿的模型推导出了 BSM 模型的偏微分方程:

$$\frac{1}{2}\sigma^2 S^2 \frac{\partial^2 C}{\partial S^2} - R_d C + (R_d S - R_f S)\frac{\partial C}{\partial S} + \frac{\partial C}{\partial \tau} = 0$$

这一方程即货币看涨期权的定价模型。结合到期日支付函数

$$C_T = Max[0, S_T - K]$$

作为约束条件,可通过偏微分方程解得 BSM 模型的看涨期权价格。看跌期权的价格可通过相同思路得到。

BSM 模型(即期):

$$C = e^{-R_f\tau}SN(x + \sigma\sqrt{\tau}) - e^{-R_d\tau}KN(x)$$

$$P = e^{-R_f\tau}S(N(x + \sigma\sqrt{\tau}) - 1) - e^{-R_d\tau}K(N(x) - 1)$$

$$x = \frac{\ln\left(\dfrac{S}{K}\right) + (R_d - R_f - \dfrac{\sigma^2}{2})\tau}{\sigma\sqrt{\tau}}$$

其中，$N(\cdot)$ 为累积正态密度函数。[1]

期权理论价格的一阶导即为 delta。看涨期权 delta 的表达式如下：

$$\delta_{call} = e^{-R_f\tau}N(x + \sigma\sqrt{\tau})$$

在下一章将重点讨论 delta 以及其他一些期权偏导问题。

3.3.4 远期汇率的 BSM 模型

远期汇率的定价模型可以通过对即期汇率模型进行代换得到。远期的结算日 F 可以作为期权的到期日。看涨期权与看跌期权的公式如下：

BSM 模型(远期)：

$$C = e^{-R_d\tau}[FN(y + \sigma\sqrt{\tau}) - KN(y)]$$

$$P = e^{-R_d\tau}[F(N(y + \sigma\sqrt{\tau}) - 1) - K(N(y) - 1)]$$

$$y = \frac{\ln\left(\dfrac{F}{K}\right) - (\dfrac{\sigma^2}{2})\tau}{\sigma\sqrt{\tau}}$$

公式中所有变量的含义与前面一致。远期汇率可以通过利率平价公式得出：

$$F = S\,e^{(R_d - R_f)\tau}$$

3.3.5 考克斯—罗斯风险中性分析

考克斯和罗斯(Cox and Ross, 1976)通过对 BSM 期权定价理论分析后提

---

〔1〕 阿布拉莫维茨和斯特根(Abramowitz and Stegun, 1972)在《数学公式手册》一书中对变量 x 的累积正态密度函数进行了多项式估计，得出：

$$y = \frac{1}{1 + 0.231\,641\,9x}$$

$$N(x) = 1 - Z(x)(b_1y + b_2y^2 + b_3y^3 + b_4y^4 + b_5y^5) + e(x)$$

$$Z(x) = \frac{1}{\sqrt{2\pi}}e^{-\frac{x^2}{2}}$$

其中，$b_1 = 0.319\,381\,530$；$b_2 = -0.356\,563\,782$；$b_3 = 1.781\,477\,937$；$b_4 = -1.821\,255\,978$；$b_5 = 1.330\,274\,429$。

当 $x < 0$ 时，$N(x) = 1 - N(x)$；误差项的绝对值应小于 7.5×10^{-8}。

出,投资者对待风险的态度其实并不重要。

考克斯和罗斯指出,在布莱克—斯科尔斯偏微分方程中,并不包含与投资者的风险偏好相关的变量(例如,被视作外汇风险溢价的变量 μ,并没有出现在期权定价模型中)。也就是说,对于风险厌恶型投资者与风险中性投资者而言,同一份期权的价值应该相等,至少从理论上都可以实现完全套保。

现在讨论风险中性投资者会如何衡量外汇看涨期权的价值。在到期日,会出现两种情况:一种是期权没有价值(期权处于平价或是价外);另一种是通过行权来套取汇率现价与执行价格之间的价差。风险中性投资者都不会考虑第一种情况,而只考虑第二种情况。期权的价值等于未来即期汇率的条件期望减去期权执行价格后的价差,再以无风险利率进行贴现的现值。其中的数学期望是以在到期日处于价内的期权为前提条件。期权在到期日处于价内的概率以及即期汇率在到期日的期望价格,都可以通过即期汇率的累积对数正态密度函数导出。根据格米尔(Gemmill,1993),以及加罗和拉德(Jarrow and Rudd,1983)的研究,期权定价模型可以分解为以下各项:

$$[e^{-R_d\tau}][N(x)][e^{(R_d-R_f)\tau}S\frac{N(x+\sigma\sqrt{\tau})}{N(x)}-K]$$

上式中,第一个括号内项为现值因子;第二个括号内项[1]为期权在到期日会处于价内的风险中性概率;第三个括号内项为以到期日处于价内期权为条件的预期收益。

3.3.6　模型的几何分析

图 3—1 给出了本章将进行讨论的美元看跌/日元看涨期权的图例。期权按照其剩余到期日的四个阶段划分 90 天、30 天、7 天以及到期日。横轴表示即期汇率价格;纵轴表示期权按日元点数给出的理论价格。

在到期日,期权的价值为:

$$C_T=Max[0,S_T-K]$$

从图形来看,期权在到期日的价格轨迹类似于一根"曲棍"。三种有效期权都位于轨迹的上方。

―――――――――

　　[1] 外汇交易员经常会将各种事件发生的概率按照"deltas"报出。比如,交易员认为某一事件很可能会发生,他就会说,"我报 90 delta"(I am a 90 delta);如果认为某一事件不太会发生,则会说,"15 delta"。有一种比较简便的分析方法,在数学上,当外汇的利率不是很大时,BSM 看涨期权公式的 delta:

$$e^{-R_f\tau}N(x+\sigma\sqrt{\tau})$$

应趋近于 $N(x)$ 的值。$N(x)$ 项就是期权在到期日会处于价内的风险中性概率。

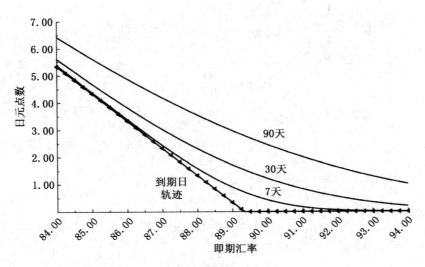

图 3—1　美元看跌/日元看涨期权

期权线相对于即期汇率的斜率即 delta。随着剩余到期日(期权时间)的减少,看涨期权的理论曲线将向左下方移动——实质上,曲线出现了下移(变得越来越凸,对此下一章将进行讨论)。最终在到期日,曲线将在到期日轨迹上终结。

3.3.7　一个算例

接下来讨论一个用 BSM 模型计算欧式货币期权价值的算例。

美元看跌/日元看涨期权	
美元面值	$1 000 000
日元面值	89 336 700
执行价格	89.336 7
即期汇率	90.00
期限	90 天
美元利率	5.00%
日元利率	2.00%
波动性	14.00%
执行标准	欧式

根据 BSM 模型,首先将上述期权归为看涨期权(日元看涨期权)。为了得到期权的价值,首先应算出 x 的值:

51

$$x = \cfrac{\ln\left(\cfrac{\frac{1}{90.00}}{\frac{1}{89.336\,7}}\right) + \left(5.00\% - 2.00\% - \cfrac{(14\%)^2}{2}\right)\cfrac{90}{365}}{14\% \times \sqrt{\cfrac{90}{365}}} = -0.034\,759\,9$$

另一个相关表达式:

$$x + \sigma\sqrt{\tau} = x + 14\% \times \sqrt{\frac{90}{365}} = 0.034\,759$$

接下来求得累积正态密度:

$$N(x) = 0.486\,136$$

$$N(x + \sigma\sqrt{\tau}) = 0.513\,864$$

可以得到此例中看涨期权的价值:

$$C = e^{-2.00\%\frac{90}{365}}\left(\frac{1}{90.00}\right) \times (0.513\,864) - e^{-5.00\%\frac{90}{365}}\left(\frac{1}{89.336\,7}\right) \times (0.486\,135\,5)$$

$$= 0.000\,306\,58$$

将这一价值乘以期权的日元面值,89 336 700 日元,得到期权的美元价值,27 389美元。

3.4　货币期权如何在银行间市场进行交易

专业的银行间市场交易员根据期权定价理论,形成了一套专门的货币期权报价方法。交易员不会以美元或其他货币作为报价方式,而是会以波动率作为单位进行报价。一旦报出的波动率被接受,交易员会根据 BSM 模型再算出期权的实际货币价格。

考虑这样一个例子,一名投资者想要进行一笔期限 3 个月、平价远期美元看跌/日元看涨期权交易。观察市场之后,发现交易员报出的 1 个月日元波动率(volatility,简写"vol")报价为:14.00%买入、—14.10%卖出。

投资者可以根据 BSM 公式,计算出平价期权的价格(见表 3－1)。根据所给出的波动率水平,可以得出期权的买入价为 $27 389(对投资者而言,可以按此价格卖出);期权的卖出价为 $27 584(对投资者而言,可以按此价格买入)。同时指出,银行间货币期权的买卖不存在手续费。

表 3-1　交易员对美元看跌/日元看涨期权的买入—卖出报价

	交易员买入价	交易员卖出价
货币配对 看跌/看涨	美元/日元 美元看跌/日元看涨	美元/日元 美元看跌/日元看涨
客户行为	卖出	买入
交易员行为	买入	卖出
美元面值	$1 000 000	$1 000 000
日元面值	89 336 700	89 336 700
执行价格	89.336 7	89.336 7
剩余到期日	90	90
市场数据		
即期汇率	90.00	90.00
直接远期汇率	89.336 7	89.336 7
美元利率	5.000 0%	5.000%
日元利率	2.000 0%	2.000%
报价波动率	14.000%	14.100%
期权定价		
美元点数	0.000 306 58	0.000 308 77
美元总价值	$27 389	$27 584
日元点数(4 位)	2.465 0	2.482 6
日元总价值	2 464 996	2 482 604
面额百分比	2.74%	2.76%
交易员套期保值		
Delta(乘以 100)	51.11	51.11
套期保值(即期)	$511 336	−$511 435

一些主要货币(2009 年 10 月数据)的波动率样本如表 3-2 所示。可以发现,期权波动率存在期限结构特征,不同汇率之间的这一差别非常明显。

表 3-2　一些主要货币的平价远期期权的波动率报价(取自 2009 年 10 月 20 日)

	1M	3M	6M
USD/CAD	15.065%	15.012%	15.175%
EUR/USD	10.507%	11.760%	12.558%

	1M	3M	6M
GBP/USD	13.335％	13.510％	13.580％
USD/CHF	10.850％	11.920％	12.575％
USD/JPY	13.830％	14.015％	14.420％
AUG/USD	16.042％	16.158％	16.335％
NZD/USD	17.540％	17.665％	17.850％
EUR/JPY	12.842％	13.050％	13.790％
EUR/GBP	12.035％	12.118％	12.132％
EUR/CHF	3.800％	4.175％	4.550％

表 3－2 中为平价远期期权的波动率水平。价外期权可以按照更高的波动率水平交易,这一现象称为"微笑曲线",将在第 5 章进行具体讨论。

在前面的例子中,交易者借助 delta 评估期权处于价外的程度来辨别不同的期权。根据比较简单的经验法则,平价远期看涨/看跌期权的 delta 值约为 50。25 delta 的期权即处于价外,15 delta 的期权处于价外的情况则更为严重。

一般而言,交易者只会在套期保值交易中配合即期外汇交易时,才会买入或卖出看涨/看跌期权,而这就使得交易者都是基于 delta 中性立场来买卖期权。即期套期保值交易的头寸规模可以通过将 delta 乘以期权面值的方法计算得到,如表 3－1 中底部数据。表中美元看跌/日元看涨期权的 delta 值为－51。其实际值为 0.51,但交易者将其乘以 100。从交易者的角度,如果他买入该期权,那么他需要买入约 ＄ 511 000 的美元/日元;如果他卖出该期权,那么他需要卖出同样数量的美元/日元。

投资者买卖期权一般出于实时交易(非套期保值)和套期保值两种目的。在后一种情况下,投资者通常还会和交易员之间再进行一次即期外汇交易。例如,客户买入表 3－1 中的美元看跌/日元看涨期权后,在即期套保交易中该客户将会同时买入(交易员卖出) ＄ 500 000 的美元/日元。

3.5　对于布莱克、斯科尔斯和默顿所作贡献的思考

首先,可以毫不夸张地说,布莱克、斯科尔斯和默顿所作的贡献根本性地改变了货币期权市场的发展格局。当然,布莱克—斯科尔斯模型同时也在很大程度上

影响了所有衍生品市场的发展,但是对于货币期权市场的影响最为深远和持久。

布莱克—斯科尔斯模型促使货币期权交易的基本范例方法越来越普及。在前面的例子中,期权根据 delta 而不是执行价格进行划分,例如,交易者可以对 50 delta 或 15 delta 的期权进行询价。同时,货币期权的报价方式都是按照波动率而不是货币金额给出。采用波动率方式报价的优点在于,不同货币之间的价格比、执行价格以及到期日期限都可以快速获得。在完成一笔期权买卖之后,交易者可以运用期权定价模型再将以波动率表示的价格转化为以货币表示的价格(如美元、美分)。

布莱克—斯科尔斯—默顿模型最具创新性的贡献在于,其提出了风险分析方法的理论框架。尽管在之后的市场发展中,金融数学研究者们推出了第二代、第三代期权模型,但是他们仍然沿袭了布莱克—斯科尔斯—默顿模型中所提出的术语,如 delta、gamma、theta、vega 和 rho。

第 4 章 欧式货币期权分析

前一章分析了行业标准的欧式货币期权的布莱克—斯科尔斯—默顿(BSM)模型。本章将着重运用模型来帮助读者理解期权价值的动态性以及期权风险分析。

4.1 基础案例分析

在 BSM 模型中,有五个因素决定了货币期权的价值:即期汇率、市场上期权波动率水平、外币利率、本币利率以及剩余到期时间。考察这些因素影响期权价值的一个简便方法是,检验每一个因素发生很小的变动时,期权价值所相应发生的变动。表4—1对第3章中的1个月美元看跌/日元看涨期权进行了测试。首先假设在案例中,期权的价值为 $ 27 389。当定价要素发生变动时,动态分析如下:

● 当即期汇率变动 1 日元,即由 90 日元上升至 91 日元时,期权价值将减少 $ 5 234。

● 当剩余到期日减少 1 天,即由 90 天减少为 89 天时,期权持有者将损失 $ 190。

● 当市场上期权波动率增加 1 个百分点,即由 14% 增加为 15% 时,期权价值将增加 $ 1 955。

● 当外币利率增加 1 个百分点,即由 2% 上升至 3% 时,期权价值将减少 $ 1 233。

● 当本币利率增加 1 个百分点,即由 5% 上升至 6% 时,期权价值将增加 $ 1 200。

表 4—1   **期权对参数的敏感性**

	基础案例	即期汇率	时间	波动率	外币利率	本币利率
货币配对	美元/日元	+1 日元	−1 天	+1%	+1%	+1%
看跌/看涨	美元看跌/ 日元看涨					
美元面值	$ 1 000 000					
日元面值	¥ 89 336 700					
执行价格	89.336 7					
剩余到期日	90		89			
市场数据						
即期汇率	90.00	91.00				
直接远期汇率	89.336 7					
美元利率	5.00%					6.00%
日元利率	2.00%				3.00%	
隐含波动率	14.00%			15.00%		
期权定价						
美元(点数)	0.000 306 6	0.000 248 0	0.000 304 4	0.000 328 5	0.000 292 8	0.000 320 0
美元总价值	27 389	22 154	27 198	29 344	26 156	28 588
变动		− $5 234	− $190	$1 955	$1 233	$1 200
即期等价						
Delta(乘以 100)	51.113	44.484	51.082	51.232	49.603	52.540
Delta 乘以面值	− $511 336	− $448 367	− $510 816	− $512 321	− $496 034	− $525 396

现实情况一般都会比上述表格内的变化更为复杂。在期权的持有期内,期权对于每一个定价因素的敏感性都是动态的,尤其当即期汇率贴近或是远离期权的执行价格时,影响最为显著。并且,期权对于某一个定价因素(如即期汇率)的敏感性分析,就是构建一个针对其他定价因素(如波动率、持有期限以及两个利率)的函数。

4.2   希腊字母

想要精确解析当定价因素发生变动时期权价值是如何变动的,就必须先了解看涨/看跌期权 BSM 模型的偏导数知识。偏导数是指保持其他变量不变时,当某一参数发生极小变动时,整个函数会出现的相应变动。市场交易人士对这些偏导数都按照希腊字母表中的字母进行了专门命名(只有一个例外)。

4.2.1   delta

期权分析中最重要的偏导数就是 delta(δ)。delta 是指期权价格对即期汇率的偏导数。在第 3 章中已经对 delta 进行了初步介绍,本章附录中对 delta 用基础的微积分方法进行了推导。看涨期权与看跌期权的 delta 表达式如下:

$$\delta_{call}\equiv\frac{\partial C}{\partial S}=e^{-R_f\tau}N(x+\sigma\sqrt{\tau})$$

$$\delta_{put}\equiv\frac{\partial P}{\partial S}=e^{-R_f\tau}(N(x+\sigma\sqrt{\tau})-1)$$

看涨期权与看跌期权 deltas 的约束条件如下:

$$0\leqslant\delta_{call}\leqslant1$$

$$-1\leqslant\delta_{put}\leqslant0$$

在表 4-1 中,美元看跌/日元看涨期权的 delta 为-0.511 3。但在现实交易中,货币期权交易员会将 delta 转化为 1 个单位,或者是以其他货币面额形式,如 $511 300。这一数值对交易者传递的信息是,当汇率出现微幅波动时,此期权将以面值约为 $500 000 实现类似于对即期头寸看空的效果。

讨论 4-1:运用 delta 对期权套期保值

外汇看涨期权的标准 delta 形式如下:

$$\delta_{call}\equiv\frac{\partial C}{\partial S}=e^{-R_f\tau}N(x+\sigma\sqrt{\tau})$$

可以通过将 BSM 看涨期权公式对即期汇率求偏导得到。

如果外汇存在溢价,期权的 delta 将更为复杂。实际上,期权溢价本身代表一种汇率敞口,因此交易者有时会将期权的 delta 对期权溢价进行调整。例如,彭博社公布的数据会为交易者提供对期权溢价调整了 delta 的期权选择项。

第三种 delta 为远期 delta。大多数的时间期权交易者会运用即期外汇交易对汇率风险进行套期保值,但有时交易者也会运用外汇远期对期权进行套期保值。尤其在一些新兴市场的货币期权交易中,由于存在资本管制的风险,这一策略更为普遍。如果远期与期权有着相同的到期日,那么可以从远期型 BSM 模型直接导出 delta:

$$\delta_{call}^{f}\equiv\frac{\partial C}{\partial F}=e^{-R_f\tau}N(x+\sigma\sqrt{\tau})$$

图 4-1 给出了 30 天与 90 天到期的平价远期、美元看跌/日元看涨期权对即期汇率的 delta 值。delta 公式的累积正态密度函数使图形为 S 形。

具有相同执行价格和到期日的看涨期权与看跌期权的 delta 关系如下:

$$\delta_{call}-\delta_{put}=e^{-R_f\tau}$$

可以通过将看涨—看跌平价公式对即期汇率求偏导得到。

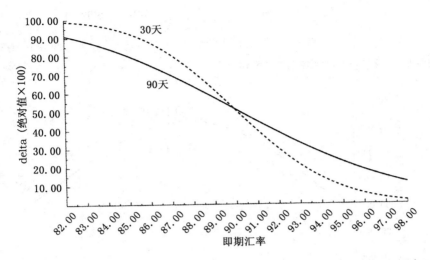

注:美元看跌/日元看涨期权:30 天和 90 天平价远期;vol＝14.00％;R_d＝5％;R_f＝2％。

图 4－1　delta

4.2.2　gamma

delta 的应用非常广泛,因此其本身的性质也需要进行讨论。delta 对即期汇率求导得出的偏导数称为 gamma(γ)。换言之,gamma 是期权价格对即期汇率的二阶偏导。其表达式如下:

$$\gamma_{call}=\gamma_{put}=\frac{\partial^2 C}{\partial S^2}=\frac{N'(x+\sigma\sqrt{\tau})e^{-R_f\tau}}{S\sigma\sqrt{\tau}}$$

其中,N'为正态密度函数:

$$N'(z)=\frac{1}{\sqrt{2\pi}}e^{\frac{-z^2}{2}}$$

看涨期权与看跌期权的 gamma 值相等情况,可以通过将看涨—看跌平价公式对即期汇率求二阶导数得出。

根据前面的公式,表 4－1 中美元看跌/日元看涨期权的 gamma 值为 513.62——这一 gamma 又称为原始 gamma,因为它必须再转换为单位形式才具有意义。更好地表达 gamma 的方式是,当即期汇率变动 1 个单位(此例中为 1 日元)时,delta 的变动量:

$$\gamma_{1\,big\,figure}=面值\times(\frac{1}{S_2}-\frac{1}{S_1})\times\gamma$$

外汇期权

$$\gamma_{1\,big\,figure} = \$1mm \times \left(\frac{1}{91} - \frac{1}{90}\right) \times 513.62 = -\$62\,713$$

上述结果表示,当美元/日元的即期汇率由 90 上升至 91 时,delta 的绝对值将从 $511 336 的水平减少约 $63 000。

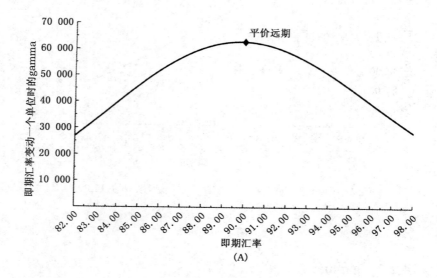

(A)

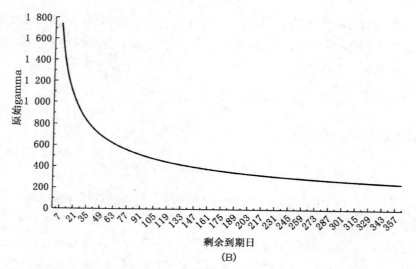

(B)

注:美元看跌/日元看涨期权;即期汇率＝90.00;执行价格＝89.336 7;vol＝14.00%;R_d＝5%;R_f＝2%。

图 4—2　gamma/即期和 gamma/时间

在图 4-2(A)中,期权在接近平价远期处得到最大 gamma 值;在图 4-2(B)中,剩余到期日越少,gamma 越大。通过比较图 4-1 中两种 S 形 delta 曲线也可发现,30 天期权的 delta 比 90 天期权的 delta 更为弯曲,或者说更具凸性。

期权的 gamma 与债券的凸性概念类似。例如,美元看跌/日元看涨期权的 gamma 越大,就意味着随着美元的下跌,期权的 delta 将会快速增加,使期权持有者可以逐步获取更多的利润。相反,随着美元的升值,同样期权的 delta 将会加速下降,使得即期汇率出现不利变动时,期权价值的损失规模能控制在一定限度之内。

4.2.3 theta

theta(θ)是指期权价值对剩余到期日的偏导数:

$$\theta_{call} \equiv \frac{\partial C}{\partial \tau} = R_f e^{-R_f \tau} S N(x + \sigma\sqrt{\tau}) - R_d e^{-R_d \tau} K N(x) - \frac{e^{-R_d \tau}\sigma}{2\sqrt{\tau}} K N'(x)$$

$$\theta_{put} \equiv \frac{\partial P}{\partial \tau} = R_f e^{-R_f \tau} S(N(x + \sigma\sqrt{\tau}) - 1) - R_d e^{-R_d \tau} K(N(x) - 1) - \frac{e^{-R_d \tau}\sigma}{2\sqrt{\tau}} K N'(x)$$

根据市场标准,theta 表示随着时间过去一天的"时间损耗"率。在表 4-1 的美元看跌/日元看涨期权案例中,每天的时间损耗率为:

$$\theta_{1\,day} = \frac{\theta_{call}}{365} \times 面值$$

$$\theta_{1\,day} = -\frac{0.000\ 776\ 5}{365} \times 89\ 336\ 700 = -\$190$$

如果给定到期日,theta 将在接近平价远期处行权并获得最大值[见图 4-3(A)]。theta 是对剩余到期日的敏感性[见图 4-3(B)]。接近到期日的期权,时间损耗率最快。

时间损耗可以借助第 3 章图 3-1 中的期权价值轨迹进行理解。随着时间流逝,期权曲线不断向到期日轨迹逼近。在这一过程中,曲线不断下降,意味着期权获得了更多的凸性。

一些欧式货币期权会体现出正的时间损耗;也就是说,随着到期日临近,这些期权的价值反而会上升。如果外汇的利率相对于本币的利率足够小,一份处于价内的看涨期权就会出现正的时间损耗。随着时间流逝,期权的价值会出现上升。

考虑这样一个例子,一份完全处于价内的欧式美元看涨/日元看跌期权,如果美元利率远远高过日元利率,那么就能得到正的时间损耗。假定波动率足够低,随着时间流逝,该期权的价值会越来越高,这就意味着期权持有者为了获得

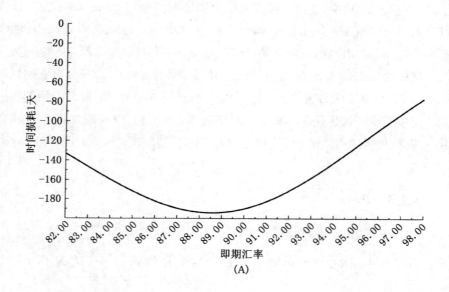

(A)

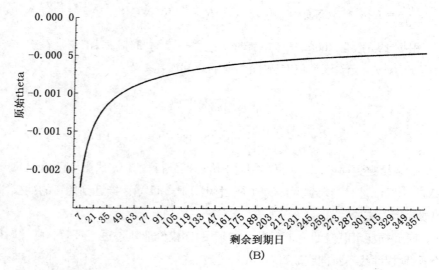

(B)

注:美元看跌/日元看涨期权:即期汇率＝90.00;执行价格＝89.336 7;vol＝14.00%;R_d＝5%;R_f＝2%。

图 4—3   theta/即期和 theta/时间

本币高收益率所需等待的时间越来越少。总的来说,欧式货币期权都体现出负的时间损耗。而且同时需要说明,由于美式期权在持有期内的任一时间点都可以行权,因此所有的美式货币期权都有负的时间损耗。

除了 theta 效应,时间的流逝还会以其他方式对货币期权的价值产生影响。

例如,在时间的流逝过程中,不同的波动率期限结构、外币与本币利率的变动都会对期权定价产生影响。在表 4-1 中,1 个月的期权最初是参照 1 个月的波动率和 1 个月的利率进行定价。但 1 周后,期权的剩余到期日变为 3 周,那么就会参照 3 周的波动率和 3 周的利率重新定价。这时波动率的期限结构是陡峭型的还是平坦型的,以及利率的期限结构,都会成为重要的影响因素。

4.2.4 delta、theta 和 gamma 之间的联系

delta、theta 和 gamma 之间通过 BSM 偏微分公式相互联系在一起。方程的表达式如下(第 3 章已作过介绍):

$$\frac{1}{2}\sigma^2 S^2 \gamma - R_d C + (R_d - R_f) S \delta + \theta = 0$$

偏导公式中直接使用了 γ、δ 和 θ 符号,其定义如前所述。给定一个 delta 值,可以直接得到相应的 gamma 和 theta 值。对于为什么一个很大的 gamma 值会导致快速时间损耗的问题,这一方程给出了理论解释。或者如同交易者所经常说的:"theta 就是对 gamma 的租金。"

4.2.5 Vega

波动率的增加会使得所有普通欧式期权的价值增加,这是由于如果投资者能感觉到波动率水平越高,那么期权最终能够在价内被行权的概率越大。期权价格对波动率的偏导称为 vega(唯一不在希腊字母表内的符号):

$$vega_{call} = vega_{put} \equiv \frac{\partial C}{\partial \sigma} = e^{-R_d \tau} K \sqrt{\tau} N'(x)$$

对于具有相同执行价格和到期日的看涨期权与看跌期权,它们的 vega 值相等。vega 是指当波动率变化 1 个百分点时(如从 20.25% 增至 21.25%),期权价值的变化量。将原始的 vega 值乘以期权的面值,再除以 100,就能得到期权的美元变化金额。在表 4-1 中,美元看跌/日元看涨期权的原始 vega 值为 0.002 189,因此期权以美元为标的的灵敏度为:

$$\frac{vega}{100} \times 面值$$

$$\frac{0.002\ 189}{100} \times 89\ 336\ 700 = \$1\ 955$$

在给定到期日的情况下,vega 在平价远期的执行价格处获得最大值[见图 4-4(A)]。但与 gamma 和 theta 不同,vega 是剩余到期日的增函数[见图 4-4(B)]。

vega的方程表明,期权对波动率的灵敏度会随着剩余到期日平方根的增大而增大。

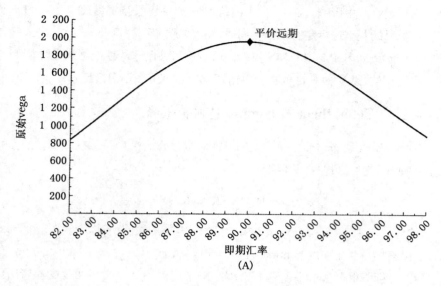

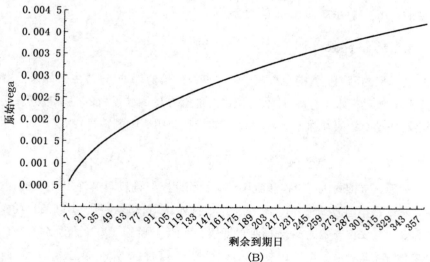

注:美元看跌/日元看涨期权:即期汇率＝90.00;执行价格＝89.336 7;vol＝14.00%;R_d＝5%;R_f＝2%。

图 4—4　vega/即期和 vega/时间

4.2.6　rho

本币利率与外币利率对期权溢价的影响比较复杂。根据风险中性的理论分析,期权本质上是对现金流以概率权重进行贴现。因此,期权价值是执行价格现值与可交割外汇金额现值的函数。

例如,当外汇利率上升,标的外汇金额的现值一定会下跌。因此,外汇利率上升会使得货币看涨期权的价格下跌(将以高于执行价格买入外汇);同时,会使得货币看跌期权的价格上升(将以高于执行价格卖出外汇)。

类似地,当本币利率上升,标的本币金额的现值则会下跌。因此,本币利率上升会使得看涨期权的价格上升(将以高于执行价格支付本币);同时,会使得看跌期权的价格下跌(将以高于执行价格买入本币)。

期权价值对利率的偏导称为 rho(ρ),表达式如下:

$$\frac{\partial C}{\partial R_d} = \tau e^{-R_d \tau} K N(x) \geq 0$$

$$\frac{\partial P}{\partial R_d} = \tau e^{-R_d \tau} K(N(x) - 1) \leq 0$$

$$\frac{\partial C}{\partial R_f} = -\tau e^{-R_f \tau} S N(x + \sigma\sqrt{\tau}) \leq 0$$

$$\frac{\partial P}{\partial R_f} = -\tau e^{-R_f \tau} K(N(x + \sigma\sqrt{\tau}) - 1) \geq 0$$

4.2.7　高阶偏导

高阶偏导可以进一步完善期权风险分析(见表 4—2 和表 4—3)。其中一些偏导的名字比较独特,如 zomma,是指 gamma 对波动率的偏导。这些别名经常会被直接使用,有时交易者会直接用这些希腊字母命名微积分计算方法,如 DgammaDvol。

表 4—2　　　　　　　　　**部分 BSM 模型的高阶偏导**

BSM 期权价值对参数的敏感性				
BSM 价值	即期汇率(S)	波动率(σ)	剩余到期日(τ)	利率(r)
期权价格(V)	delta(δ)	vega(ν)	theta(θ)	tho(ρ)
delta(δ)	gamma(γ)	vanna	charm	
gamma(γ)	speed	zomma	color	
vega(ν)	vanna	volga	DvegaDtime	

表 4—3 BSM 模型高阶偏导方程

希腊字母看涨期权		看跌期权
vanna	$\dfrac{\partial^2 V}{\partial S\partial\sigma}$	$-e^{-R_f\tau}N'(x+\sigma\sqrt{\tau})\dfrac{x}{\sigma}=\dfrac{\upsilon}{S}\left(1-\dfrac{x+\sigma\sqrt{\tau}}{\sigma\sqrt{\tau}}\right)$
charm	$\dfrac{\partial^2 V}{\partial S\partial\tau}$	$\begin{array}{l}-R_f e^{-R_f\tau}N(N+\sigma\sqrt{\tau})\\[4pt]+e^{-R_f\tau}N'(x+\sigma\sqrt{\tau})\dfrac{2(R_d-R_f)\tau-x\sigma\sqrt{\tau}}{2\tau\sigma\sqrt{\tau}}\end{array}\ \bigg|\ \begin{array}{l}-R_f e^{-R_f\tau}\left[N(x+\sigma\sqrt{\tau})-1\right]\\[4pt]+e^{-R_f\tau}N'(x+\sigma\sqrt{\tau})\dfrac{2(R_d-R_f)\tau-x\sigma\sqrt{\tau}}{2\tau\sigma\sqrt{\tau}}\end{array}$
speed	$\dfrac{\partial^2 V}{\partial S^2}$	$-e^{-R_f\tau}\dfrac{N'(x+\sigma\sqrt{\tau})}{S^2\sigma\sqrt{\tau}}\left(\dfrac{x+\sigma\sqrt{\tau}}{\sigma\sqrt{\tau}}+1\right)=-\dfrac{\gamma}{S}\left(\dfrac{x+\sigma\sqrt{\tau}}{\sigma\sqrt{\tau}}+1\right)$
zomma	$\dfrac{\partial^2 V}{\partial S^2\partial\sigma}$	$e^{-R_f\tau}\dfrac{N'(x+\sigma\sqrt{\tau})(x(x+\sigma\sqrt{\tau})-1)}{S\sigma^2\sqrt{\tau}}=\gamma\left(\dfrac{x(x+\sigma\sqrt{\tau})-1}{\sigma}\right)$
color	$\dfrac{\partial^2 V}{\partial S^2\partial\tau}$	$-e^{-R_f\tau}\dfrac{N'(x+\sigma\sqrt{\tau})}{2S\tau\sigma\sqrt{\tau}}\left[2R_f\tau+1+\dfrac{2(R_d-R_f)\tau-x\sigma\sqrt{\tau}}{\sigma\sqrt{\tau}}(x+\sigma\sqrt{\tau})\right]$
volga	$\dfrac{\partial^2 V}{\partial\sigma^2}$	$Se^{R_f\tau}N'(x+\sigma\sqrt{\tau})\sqrt{\tau}\dfrac{x(x+\sigma\sqrt{\tau})}{\sigma}=\upsilon\dfrac{x(x+\sigma\sqrt{\tau})}{\sigma}$
DvegaDtime	$\dfrac{\partial^2 V}{\partial\sigma\partial\tau}$	$Se^{-R_f\tau}N'(x+\sigma\sqrt{\tau})\sqrt{\tau}\left[R_f+\dfrac{(R_d-R_f)(x+\sigma\sqrt{\tau})}{\sigma\sqrt{\tau}}-\dfrac{1+x(x+\sigma\sqrt{\tau})}{2\tau}\right]$

注:表中，$x=\dfrac{\ln(S/K)+(R_d-R_f-\sigma^2/2)\tau}{\sigma\sqrt{\tau}}$，$N'(z)=\dfrac{e^{\frac{-z^2}{2}}}{\sqrt{2\pi}}$，$N(z)=\dfrac{1}{\sqrt{2\pi}}\displaystyle\int_{-\infty}^{z}e^{\frac{-z^2}{2}}dz$。

4.2.8 vanna 和 volga

vanna 和 volga 是波动率曲面插值构建中会用到的两个二阶偏导(将在第 5 章详细讨论)。

vanna 是指 delta 对波动率的偏导(DdeltaDvol)：

$$\frac{\partial}{\partial\sigma}\frac{\partial C}{\partial S}$$

这一公式同样可以通过 vega 对即期汇率求偏导得到。

volga 是指 vega 对波动率的偏导(DvegaDvol)：

$$\frac{\partial}{\partial\sigma}\frac{\partial C}{\partial\sigma}$$

vanna 和 volga 的方程表达式可参考表 4—3。

4.3 平价远期期权的特性

平价远期(at-the-money forward, ATMF)期权是交易比重最大的一类期权。由于这类期权具有清晰的波动率价值,所以它毫无疑问成为交易者们最为青睐的期权形式。在到期日,平价远期期权的gamma、theta 和 vega 在所有的期权中几乎具有最大值。因此,BSM 模型对于平价远期期权,可以通过简化方法进行简便计算(Brenner and Subrahmanyam,1994)。当期权在平价远期处行权,这表示:

$$K = F = S\,e^{(R_d - R_f)\tau}$$

同时简化累积正态密度函数:

$$x = -\frac{\sigma}{2}\sqrt{\tau}$$

$$x + \sigma\sqrt{\tau} = \frac{\sigma}{2}\sqrt{\tau}$$

平价远期看涨期权或看跌期权的价格公式调整为:

$$C = P = e^{-R_f\tau} S\left[N\left(\frac{\sigma}{2}\sqrt{\tau}\right) - N\left(-\frac{\sigma}{2}\sqrt{\tau}\right)\right]$$

肯德尔和斯图亚特(Kendall and Stuart,1943)提出,变量 y 的累积正态密度函数 $N(y)$ 可以如下方式进行近似估计:

$$N(y) = \frac{1}{2} + \frac{1}{\sqrt{2\pi}}\left(y - \frac{y^3}{6} + \frac{y^5}{40} - \cdots + \cdots\right)$$

为了对第一步近似估计进行简化,可以采取三阶导或者更高阶导的形式,进而有:

$$N(x) \cong \frac{1}{2} - 0.2\sigma\sqrt{\tau}$$

$$N(x + \sigma\sqrt{\tau}) \cong \frac{1}{2} + 0.2\sigma\sqrt{\tau}$$

可以得到平价远期期权的近似值:

$$C = P \cong 0.4\,e^{-R_f\tau} S\sigma\sqrt{\tau}$$

根据近似值表达式,表 4-1 中的美元看跌/日元看涨期权的价值——恰好为平价远期——为 0.000 307 453,如果再乘以日元面值,可以得到其价值为 $27 466。可以说,这已经与表 4-1 中的 $27 389 的价格非常接近。同时需要指出,虽然后一个值更为精确,但它实际上运用了对累积正态密度函数更为复杂的一种近似估计方式(可回顾第 3 章相关分析)。

需要注意这样一条经验法则,隔夜期权一般不采用上述估计方法。假设外币利率并不特别高,当波动率猛增至 24%,那么隔夜平价看涨期权或看跌期权的价值将会变为只有期权面值的 0.5%。

上述估计方法在通常的货币期权波动率范围内(低于 50%)比较有效。可以使用同样的方法对平价远期期权的 delta 进行简化：

$$\delta_{call} \cong e^{-R_f\tau}\left(\frac{1}{2}+0.2\sigma\sqrt{\tau}\right)$$

$$\delta_{put} \cong e^{-R_f\tau}\left(0.2\sigma\sqrt{\tau}-\frac{1}{2}\right)$$

布伦纳和苏布拉马尼亚姆对正态密度函数的估计得出了进一步的结论：

$$N'(x+\sigma\sqrt{\tau}) \cong 0.4$$

这一结论对期权定价过程中处于正常值范围内的期权都适用。同样，可以进一步简化平价远期期权的 gamma 和 vega：

$$\gamma \cong \frac{0.4\ e^{-R_f\tau}}{S\sigma\sqrt{\tau}}$$

$$Vega \cong 0.4\ e^{-R_f\tau}S\sqrt{\tau}$$

上述近似估计已经证明对场内交易者和做市商都非常有效，真正帮助他们实现了实时交易。

4.4　运用货币期权进行定向交易

定向交易是指同时建立外汇即期（远期）头寸与外汇期权头寸，通过对未来汇率趋势的准确预测来实现套利。由于汇率经常会出现难以预期的剧烈震荡，因此定向交易充满了风险。但是，如果一切能够按照投资者所设想的方式发展，定向交易也能够带来丰厚的利润。

正常情况下，货币交易都在即期市场内进行。交易者建立好头寸（看多或看空），然后等待汇率趋势按照他所期望的方式运行。如果投资者想要让原先的外汇交易日敞口延长，那么他需要重新进行安排以延展头寸。为了避免进行实物交割，对该头寸需要使用远期互换交易（如次日隔夜拆借、即期隔夜拆借），使头寸交易不落在远期日历表的交易日内。暂且不考虑精确的计算方式，当对低利率货币看多或者对高利率货币看空（相对本币而言），需要支付利率持有成本；相反，当对低利率货币看空或者对高利率货币看多，则能获取利率持有成本。

许多即期交易者会运用止损订单来避免汇率出现不利波动的影响。在交易者之间有这样一条普遍的信条——适当采取一些风险控制是非常必要的；只有这样，当汇率出现剧烈波动时，他们才能免受重大损失。

由于在货币期权交易过程中需要预测汇率波动的趋势，这就使得期权交易比即期交易更为复杂。在构建期权头寸时，常常需要考虑一些新的要素，不仅要设置好期权的执行价格和到期日,还必须将期权的波动率水平作为重要策略因素之一。

成功的定向期权交易需要考虑到方方面面,而不仅仅是成功地预测到汇率在将来是上涨还是下跌。例如,对于时间的掌握就非常关键,能够获利丰厚的交易者必须能够对未来某一时间点的汇率水平进行准确预测。最好的定向交易者对待风险管理问题都有着正确的态度,并能够综合考虑汇率趋势、时间结构以及波动率等因素。

4.4.1 平价远期期权与翼式期权

需要进行定向期权投资的交易者,必须先明确选择哪一种或哪一组期权进行投资。如果投资者对美元/日元汇率看跌,那么他是应该选择买入平价美元看跌/日元看涨期权,还是 25 delta 的日元看涨期权[也称为翼式期权(wing option)]?

表 4—4 通过汇率的敏感性分析(交易者也将此类表格称为“幻灯片”),对平价远期美元看跌/日元看涨期权(执行价格为 89.336 7)与 25 delta 日元看涨期权(执行价格为 85.062 0)的瞬时表现进行了比较。该表格对当即期汇率出现上升或下降时,头寸价值的表现以及风险特性作出了综合说明。在表 4—4 中即期汇率上下浮动的幅度为 2 日元,但可根据需要对幅度进行放宽或缩小。

表 4—4　　　　　　　　　**平价远期期权与 25 delta 期权的比较**

ATMF(执行价格 89.336 7)					
Spot	86	88	90	92	94
理论价值	$ 56 781	$ 40 358	$ 27 389	$ 17 697	$ 10 867
delta	− $ 750 787	− $ 636 689	− $ 511 336	− $ 387 288	− $ 275 978
gamma	$ 51 778	$ 60 179	$ 62 714	$ 59 018	$ 50 485
vega	$ 1 615	$ 1 877	$ 1 956	$ 1 840	$ 1 573
隔夜损耗	$ 182	$ 194	$ 190	$ 172	$ 142
25—delta(执行价格 85.062 0)					
理论价值	$ 25 616	$ 16 034	$ 9 485	$ 5 297	$ 2 793
delta	− $ 490 955	− $ 362 398	− $ 250 019	− $ 161 098	− $ 96 998
gamma	$ 65 628	$ 60 407	$ 50 117	$ 37 737	$ 25 953
vega	$ 1 949	$ 1 794	$ 1 488	$ 1 120	$ 770
隔夜损耗	$ 188	$ 166	$ 134	$ 99	$ 67

注:期权面值 $ 1 000 000;vol=14.00%;即期汇率=90;期限 90 天。

在两种期权之间作出选择并不容易。对于执行价格为 89.336 7 的期权而言,在初始即期汇率水平上,delta 和 gamma 值已经较高。但相比于执行价格为 85.062 0 的期权,投资者也必须为前者支付更多的成本。

波动率也增加了对两种期权进行选择的难度。根据表 4—4 的信息,在初始即期汇率水平上,平价远期期权比 25—delta 期权的 vega 更大。同时,在表中假定了两种期权的波动率相等。显然从现实交易来看,上述处理过于简单,一般 delta 越小的期权,波动率越大(仍应遵照之前期权模型的假设条件)。

在初始的 90.00 即期汇率水平上,ATMF 期权比 25—delta 期权的 delta、gamma、theta 和 vega 更大。但是,如果即期汇率下跌,25—delta 期权将逐渐取代前者成为新的 ATMF 期权,随着执行价格为 89.336 7 的期权逐渐进入价内,它的 gamma、vega 和 theta 将出现下降。

在两种期权之间作出投资选择比较复杂,但至少上面表格分析的作用在于,给定一个将来的即期汇率水平,可以作出一定的预测。

4.4.2 风险逆转期权

风险逆转期权(risk reversal)是最为激进的定向交易策略之一。实行风险逆转策略时,需要买入一份价外期权并同时反向卖出一份价外期权。

例如,可以买入一份 25—delta 的美元看跌/日元看涨期权并卖出一份 25—delta 美元看涨/日元看跌期权,以此来构建风险逆转期权。

风险逆转期权

买入 25—delta 85.062 0 美元看跌/日元看涨期权	$ 9 485
卖出 25—delta 93.373 5 美元看涨/日元看跌期权	($ 11 164)
净溢价	($ 1 680)

上面的交易策略对美元完全看空。如果日元看涨期权与日元看跌期权的波动率近似相等,那么风险逆转策略在构建之初几乎不存在投资成本。

如果这一风险逆转组合的预测是准确的,那么日元看涨期权的价值应当上升,而日元看跌期权的价值应当下跌。当未来汇率趋势符合预期时,投资者相当于免费得到了一份日元看涨期权。但是在现实情况中,交易者们对于风险逆转中的免费交易情况都非常谨慎,即使在策略构建中几乎不用支付任何成本。必须注意到,正是由于卖出日元看跌期权使得投资者暴露于风险敞口下,因此该交易并不是无成本的。如果美元/日元汇率出现上升,那么卖出日元看跌期权所带来的风险将导致重大损失。

表 4—5 中的上半部分可以用来解释风险逆转交易。首先注意到,风险逆转期权的 delta 绝对值约为 50(同时卖出 25—delta 日元看跌期权并买入 25—delta 日元看涨期权)。并且,由于对期权头寸同时进行看多和看空的抵消效应,该组合中的 gamma、vega 和 theta 值都非常低。

表 4—5 货币期权的定向交易

3 日期 25-*delta* 风险逆转期权(美元看跌),$1*mm* 面值,执行价格 85.062 0 和 93.373 5,*vol* 14.00%

即期汇率	86	88	90	92	94
价值	$ 22 276	$ 9 664	— $ 1 680	— $ 12 706	— $ 24 256
delta	— $ 583 177	— $ 521 782	— $ 500 056	— $ 520 865	— $ 576 691
gamma	$ 38 323	$ 21 248	— $ 2	— $ 19 929	— $ 34 096
theta	— $ 127	— $ 82	— $ 30	$ 15	$ 43
vega	$ 1 059	$ 517	— $ 145	— $ 759	— $ 1 186

3 日期 垂直价差期权(美元看跌),$1*mm* 面值,执行价格 89.336 7 和 85.062 0,*vol* 14.00%

即期汇率	86	88	90	92	94
价值	$ 31 165	$ 24 325	$ 17 904	$ 12 399	$ 8 073
delta	— $ 259 832	— $ 274 291	— $ 261 317	— $ 226 190	— $ 178 980
gamma	— $ 13 849	— $ 228	$ 12 596	$ 21 281	$ 24 532
theta	$ 6	— $ 27	— $ 56	— $ 73	— $ 76
vega	— $ 334	$ 83	$ 468	$ 720	$ 803

当即期汇率发生变动时,风险逆转期权会产生不同的期权属性。当即期汇率下跌时,风险逆转期权将更多地体现对日元看涨期权看多的特征,而对日元看跌期权看空的特征并不明显。当美元/日元汇率上升时,则主要体现对日元看跌期权看空的特征。因此,当即期汇率下跌时,风险逆转期权将会有正的 vega;当即期汇率上升时,将会有负的 vega。

必须注意到,如果风险逆转期权的趋势与投资者的期望相悖,交易者需要对负的 gamma 头寸进行套保。当即期汇率与看空的日元看涨期权的执行价格出现交叉时,此时交易者需要从 delta 角度对头寸进行套期保值。交易者会出现在美元下跌之前买入美元,而在美元上涨之前抛售美元的问题。在这种情况下,唯一可能的最好结果就是交易者在美元上涨之前(还未出现不利变动),以低于执行价的价格,按期权的全额面值买入美元。但这种操作也会出现是否还应该将风险逆转期权作为定向交易的问题。这主要还是取决于投资者的风险偏好以及交易操作的灵活性。现实中专业的外汇交易员确实会用到风险逆转策略,既有人遭受了重大损失,也有人赚取了巨额利润。

4.4.3　垂直价差期权

垂直价差期权(vertical spread)交易是定向期权交易组合中风险较小的一种策略,包括买入一份看跌或看涨期权,并同时卖出一份相同的但 delta 更低的期权。表 4—5(下半部分)列举了一份垂直价差期权。

垂直价差期权

买入 ATMF 89.336 7 美元看跌/日元看涨期权	$ 27 389
卖出 25—delta 85.062 0 美元看跌/日元看涨期权	($ 9 485)
净溢价	$ 17 904

上面的垂直价差策略对美元进行了看空。25—delta 日元看涨期权的看空头寸降低了头寸成本。但相应地,该策略也同时放弃了当汇率低于执行价格 85.062 0时所能获取的收益。对于面值为 $ 1 000 000 的垂直价差期权,最大的收益将为执行价格之间的价差,即 4.27 日元,或 $50 254。同样,可以用日元看跌期权构建类似的美元看涨价差组合。

表 4—5 中垂直价差期权的希腊字母符号(偏导数)在初始即期汇率(90.00)处都较低。当即期汇率移向看跌期权的执行价格区间时,价差期权开始体现出看跌期权的一些特征。这主要是由于组合中的看跌期权在接近其 ATMF 区间时灵敏度逐渐增强,而看涨期权由于远离其 ATMF 区间而灵敏度逐渐减弱。对于这一点也可以这样考虑:在初始即期汇率处,价差期权的 vega 为正;而当汇率下降时,vega 为负。

垂直价差策略被技术型交易员广泛使用,他们都相信自己能够准确预测未来即期汇率的水平以及在哪些点位遇阻。交易者卖出低 delta 值期权,就是为了通过抛售他们认为在到期日不具有价值的期权来进行套利,一般认为即期汇率在达到这类期权的执行价格之前会形成阻力位。非技术型交易员则主要运用垂直价差期权从中小规模的汇率波动中套利。如果能将卖出低 delta 期权获得的收益再买入一份更大头寸的反向期权,那么垂直价差期权将能实现最大利润。

4.4.4 蝶式期权

在所有的定向交易策略中,蝶式期权最好地诠释了交易时间与交易方向之间的联系。假定目前美元/日元即期汇率为90.00,交易者持有期为90天,目标汇率为87.336 7,相较于市场上3月期89.336 7,远期下浮2日元。通过构建下面的蝶式期权,可以实现无风险杠杆套利:

蝶式期权

买入一份89.336 7美元看跌/日元看涨期权	$ 27 389
卖出两份87.336 7美元看跌/日元看涨期权	($ 34 898)
买入一份85.336 7美元看跌/日元看涨期权	$ 10 270
净溢价	$ 2 761

到期日价值如下所示:

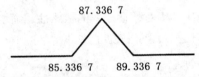

蝶式期权的核心位置为对87.336 7日元看涨期权的两个看空头寸(其面值为其他两种期权的两倍)。对执行价格为89.336 7和85.336 7期权的两个看多头寸称为"期权翼"。在到期日,汇率87.336 7处可获得最大利润,89.336 7日元看涨期权此时处于价内(高出2日元)。利润$ 22 900将远远高出期初投资成本$ 2 761。表4-6为剩余到期日为90天的蝶式期权分析。

表4-6   **1月期美元/日元蝶式期权**

	美元看跌/日元看涨	美元看跌/日元看涨	美元看跌/日元看涨	蝶式期权
头寸	1	−2	1	
货币配对	USD/JPY	USD/JPY	USD/JPY	$1/$2/$1
美元面值	$ 1 000 000	$ 1 000 000	$ 1 000 000	
日元面值	¥85 336 700	¥87 336 700	¥89 336 700	
即期汇率	90.00	90.00	90.00	
执行价格	85.336 7	87.336 7	89.336 7	85.336 7/87.336 7/89.336 7
期限	90	90	90	90
波动率	14.00%	14.00%	14.00%	14.00%

续表

	美元看跌/日元看涨	美元看跌/日元看涨	美元看跌/日元看涨	蝶式期权
R_d	5.00%	5.00%	5.00%	5.00%
R_f	2.00%	2.00%	2.00%	2.00%
价值	$10 270	$17 449	$27 389	$2 761
原始 Delta（乘以 100）	26.49	38.37	51.13	0.90
delta	−$264 949	−$383 655	−$511 336	−$8 975
gamma	$51 645	$60 151	$62 714	−$5 944
theta	−$139	−$171	−$190	$13
vega	$1 538	$1 834	$1 956	−$173

　　为了认识时间因素对蝶式期权的重要性,可以考察在不同到期日蝶式期权的价值(见图4-5)。注意到90天蝶式期权对即期汇率并不十分敏感,但随着剩余到期日的减少,蝶式期权对即期汇率的敏感性逐渐增强,尤其在到期日的表现值得注意。在到期日之前,由于即期汇率非常贴近中心执行价格,蝶式期权对即期汇率会变得非常敏感。

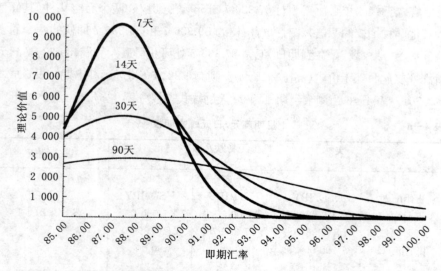

图4-5　蝶式期权(美元看跌;执行价格分别为85.336 7、87.336 7、89.336 7)

　　蝶式期权对波动率尤其敏感。当剩余到期日还很长时,蝶式期权会出现一个比较低的 vega(见表 4－6)。

当蝶式期权临近到期日并且处于"甜蜜汇率点"(sweet spot,表示即期汇率位于中心执行价格区域)时,期权组合的 vega 将变得显著。在这些因素下,蝶式期权实质上是一种短期波动交易;也就是说,它与波动率具有负相关性。当即期汇率出现剧烈波动时,会使得蝶式期权跌出价外。

4.5　运用货币期权进行套期保值

传统的货币套期保值都是借助远期合约来完成。例如,出口商会通过卖出远期合约来对预期的外汇收入进行套期保值;投资经理为了对持有的股票或债券进行套期保值,会执行一系列的滚动远期合约(德罗萨,1996)。

用远期合约进行套期保值也存在一些难点。首先,远期合约包含了本币利率与外币利率之间的价差。因此,当外币贬值时将会承受一定的成本,这表示此时外币利率应当高过本币利率;相反,当外币升值时,套期保值者将会获得利率价差,这表示外币利率会低于本币利率。通常出口商会比投资经理更关心这一问题,因为后者的套期保值成本可以通过未来的投资收益进行弥补。

任何货币套期保值操作都需要对与套保相关的现金流进行管理。外汇套期保值的会计处理在许多国家都并不统一。例如,投资经理卖出一份外汇远期合约,如果标的外汇出现升值,那么套期保值项目就会亏损。但是,由于套保项目的盈亏将会与以资产组合为标的的反向货币换算的盈亏相配对,实际的亏损就不会出现。不过,并不是每一个国家的会计准则都遵照这一方式。

运用货币期权进行套期保值时,也存在一定的问题和要求。货币期权与货币远期一样,也受到利率价差的影响。期权套期保值也需要对现金流进行管理。但是,期权对套期保值者也具有一些自身的优势。例如,出口商可以通过买入货币看跌期权来对未来的外汇收入进行套期保值。投资经理可以通过买入一组看跌期权来对投资组合中每一种货币敞口进行套保,以此实现对国际投资组合的套期保值。

期权的优点在于,可以帮助套期保值者规避风险,但又不放弃外汇升值时的潜在收益;而缺点在于,期权也有购置成本,有时波动率报价较为便宜,但有时也会非常昂贵。

如何降低期权保护的成本,是每个套期保值者必须考虑的问题。天下没有免费的午餐,但套期保值者确实也可以通过卖出没有价值的或对自己价值不大的期权来降低成本。例如,在出口商中风险逆转期权的运用就非常受欢迎。

假设一名日本出口商在未来会收到一笔美元,同时他会将美元转换为日元,但又害怕美元/日元的汇率会出现下跌。如果他愿意放弃美元/日元汇率未来上涨可能带来的潜在收益,那么他可以同时买入一份日元价外看涨期权并卖出一份日元价外看跌期权。在这样一个期权结构中,包括出口活动带来的美元/日元看涨头寸,以及买入一份日元看涨期权并卖出一份日元看跌期权的"一买一卖期权"(cylinder)或"领子期权"(collar)。基于期权执行价格之间的价差幅度,出口商也可以有一定的空间从美元/日元的升值中套利,但只能是从日元看跌期权的执行价格中实现。

最常见的风险逆转结构是同时运用 25-delta 的看跌期权与 25-delta 的看涨期权。从实际的市场环境而言,两种期权之间的溢价会非常接近从而完全抵消。这类交易策略由于在期初是"无成本"的,因此对于那些非常相信自己预测的套期保值者很常用。尽管领子期权交易不存在溢价,即构建时无须支付成本,但其实并不是完全无成本的。因为当美元/日元的汇率出现潜在升值,高出了日元看跌期权的执行价格,那么此时所付出的损失实际上提前支付给了日元看涨期权的购买成本。此外,还有一种可能的损失情况,尽管损失程度有限,当美元/日元汇率跌至日元看涨期权的执行价格以下时,由于期权组合的保护区间存在一个价差,此时也会出现损失。

上述对领子期权策略的介绍并不是一味赞扬其优点或批评其缺陷,只是希望再次强调在期权套期保值运用中没有免费的午餐。第 10 章将会介绍一些非障碍期权策略,实践证明对套期保值者非常有用。

附录:BSM 模型 delta 推导

BSM 方程的偏导数求导只需要一些基础的微积分知识。以下是一些常用的微积分运算公式。

1. 一些初级的微积分运算法则

多项式求导法则:

$$\frac{d[ax^n]}{dx} = anx^{n-1}$$

乘法法则:

$$\frac{d[uv]}{dx} = u\frac{dv}{dx} + v\frac{du}{dx}$$

$\ln(x)$型求导法则：

$$\frac{d\ln(x)}{dx} = \frac{1}{x}$$

e^x型求导法则：

$$\frac{de^x}{dx} = e^x \; ; \frac{de^u}{dx} = e^u \frac{du}{dx}$$

累积正态密度函数 $N(z)$ 求导法则：

$$\frac{dN(z)}{dx} = N'(z)\frac{dz}{dx}$$

其中，$N'(z)$ 为概率密度函数，其表达式为：

$$N'(z) = \frac{1}{\sqrt{2\pi}} e^{\frac{-z^2}{2}}$$

并且，其有如下性质：

$$N(-x) = 1 - N(x)$$

2. BSM 模型

$$C = e^{-R_f\tau}SN(x+\sigma\sqrt{\tau}) - e^{-R_d\tau}KN(x)$$
$$P = e^{-R_f\tau}S(N(x+\sigma\sqrt{\tau})-1) - e^{-R_d\tau}K(N(x)-1)$$

$$x = \frac{\ln\left(\frac{S}{K}\right) + (R_d - R_f - \frac{\sigma^2}{2})\tau}{\sigma\sqrt{\tau}}$$

3. 两个中间偏导数

下面的导数会在之后的分析中反复用到：

$$\frac{\partial x}{\partial S} = \frac{\partial}{\partial S}\left[\frac{\ln S}{\sigma\sqrt{\tau}} - \frac{\ln K}{\sigma\sqrt{\tau}} + \frac{\left(R_d - R_f - \frac{\sigma^2}{2}\right)\tau}{\sigma\sqrt{\tau}}\right] = \frac{1}{S\sigma\sqrt{\tau}}$$

$$\frac{\partial(x+\sigma\sqrt{\tau})}{\partial S} = \frac{1}{S\sigma\sqrt{\tau}}$$

4. 一个有用的结论

$$e^{-R_f\tau}SN'(x+\sigma\sqrt{\tau}) = e^{-R_d\tau}KN'(x)$$

可以简单地进行如下证明：

$$\frac{N'(x)}{N'(x+\sigma\sqrt{\tau})} = \frac{e^{-\frac{x^2}{2}}}{e^{-\frac{(x+\sigma\sqrt{\tau})^2}{2}}} = e^{x\sigma\sqrt{\tau}+\frac{1}{2}\sigma^2\tau} = e^{\ln(\frac{S}{K})+(R_d-R_f)\tau} = \frac{Se^{-R_f\tau}}{Ke^{-R_d\tau}}$$

5. 解出 delta

看涨期权 delta：

$$\frac{\partial C}{\partial S}=e^{-R_f\tau}N(x+\sigma\sqrt{\tau})+e^{-R_f\tau}SN'(x+\sigma\sqrt{\tau})\frac{\partial(x+\sigma\sqrt{\tau})}{\partial S}-e^{R_d\tau}KN'(x)\frac{\partial x}{\partial S}$$

第二项、第三项中的偏导都等于：

$$\frac{1}{S\sigma\sqrt{\tau}}$$

第二项、第三项约去后，得到：

$$\frac{\partial C}{\partial S}=e^{-R_f\tau}N(x+\sigma\sqrt{\tau})$$

看跌期权 delta：

$$\frac{\partial P}{\partial S}=-e^{-R_f\tau}N(-(x+\sigma\sqrt{\tau}))-e^{-R_f\tau}SN'(-(x+\sigma\sqrt{\tau}))\times\frac{\partial(-(x+\sigma\sqrt{\tau}))}{\partial S}$$

$$+e^{R_d\tau}KN'(-x)\frac{\partial(-x)}{\partial S}$$

与看涨期权中出现的情况类似，第二项、第三项可以相互约去，得到：

$$\frac{\partial P}{\partial S}=e^{-R_f\tau}(N(x+\sigma\sqrt{\tau})-1)$$

读者可以借助基础的求导公式，用类似方法求出 BSM 模型中其他所有的偏导数。

第 5 章 波动率

第 3 章中已经提到,在现代期权定价理论中波动率是一个关键因素。在布莱克—斯科尔斯研究论文发表后的 15 年里,作为模型的一个假设条件,波动率一直作为一个常量。然而,当 1987 年发生股市大崩盘后,波动率是一个常数的概念被彻底抛弃。市场参与者惊讶于股票与股指期权的波动率报价上升到如此高的水平,并且投资者对于有着高波动率的低 delta 期权产生了强烈需求。一些"波动率微笑"、波动率偏度的现象也在货币期权定价过程中逐渐被发现。

5.1 波动率的多重含义

"波动率"一词在期权领域随处可见。接下来将介绍 5 种最常见的波动率概念。

5.1.1 理论波动率

期权定价理论中最核心的假设之一,就是在扩散过程中即期汇率的极小百分比变化。

$$\frac{dS}{S} = \mu dt + \sigma dz$$

其中,dz 是均值为 0、标准差为 $\sqrt{dt}$ 的高斯型怀特噪音过程。σ 假设为一个已知常量,由于已在模型中存在,故称为理论波动率。

5.1.2 实际波动率

对于货币期权,实际波动率是指标的即期汇率变动的预期标准差。当基于历史变动测算得出时,可以表示历史波动率;当基于未来变动测算得出时,可以表示未来波动率。

外汇期权

实际波动率可以通过对一段时间的即期汇率的收益率百分比的样本标准差测算得出。即期汇率的收益率 R_t，可以通过即期汇率的自然对数的差值得出：

$$R_t \equiv \ln(S_t) - \ln(S_{t-1}) = \ln(\frac{S_t}{S_{t-1}})$$

其中，S_t 和 S_{t-1} 是即期汇率（美式）的连续观测值。样本标准差的无偏估计 $\hat{\sigma}$ 的表达式如下：

$$\hat{\sigma} = \sqrt{\frac{1}{n-1} \sum (R_t - \bar{R})^2}$$

其中，n 为样本观测量，$\bar{R}$ 为样本均值。通过统计上的转换，可以得到统计意义上更有效的估计（但是有偏），表达式如下：

$$\hat{\sigma}' = \sqrt{\frac{1}{n-1} \sum R_t^2}$$

帕金森（Parkinson, 1980）借助即期汇率的日最高值与最低值的自然对数比率，得出转换的极值估计量：

$$\hat{\sigma_p} = \sqrt{\frac{0.361}{n} \sum \ln(\frac{High_t}{Low_t})^2}$$

年化标准差可以通过将样本标准差的日数据乘以观测天数的平方根得到。一些交易者使用 365 天计数（日历化标准差）；还有一些喜欢用一年中可以交易的天数计数，约 252 天。在后一种方法中，日波动价格的 1%约等于年化波动率的 16%（252 的平方根约为 16）。

5.1.3 隐含波动率

在布莱克—斯科尔斯—默顿模型中，理论波动率是一个参数。一般而言，该模型主要运用于期权理论价值的计算。但在一些交易情况下，例如在交易所内交易的期权，期权的实际市场价格可以直接获得。那么在这种情况下，可以反向运用 BSM 模型，也就是说，可以从已知的期权价格中导出其隐含的波动率。方法之一就是运用牛顿算法找出多项式的根。该方法首先需要假定一个隐含波动率的值，再将该值代入 BSM 模型，得出一个初始的期权价格估计值，然后与已知的期权价格进行比较。利用两个价格之间的差值，也即误差项（error），并通过以下公式可得出一个新的波动率：

$$\sigma_{n+1} = \sigma_n + \frac{C - C(\sigma_n)}{vega(\sigma_n)}$$

其中，σ_{n+1} 是第 $(n+1)$ 个重复替代的波动率，σ_n 为前一个重复替代的波动率，C

为已知的期权价格，$C(\sigma_n)$ 为前一个波动率值所隐含的期权价格，vega 表示期权对波动率的偏导，其表达式为：

$$vega(\sigma_n) = e^{-R_f\tau} K\sqrt{\tau} N'(x)$$

在一般情况下，该算术式通过几步替代就能得出一个相对精确的隐含波动率的估计值。

平价远期期权的情形相对特殊，需要通过第 4 章中布伦纳和苏布拉马尼亚姆的估计值来推算出隐含波动率：

$$\hat{\sigma} \cong \frac{2.5C}{e^{-R_f\tau}S\sqrt{\tau}}$$

5.1.4 报价波动率

银行间市场的交易员对货币期权主要根据波动率报价，而不是美元形式。但是，根据 BSM 模型可以进而将报价波动率转换为货币价格。报价波动率实质上是一种隐含波动率，但是由于在银行间货币期权市场中，期权的报价波动率比其货币价格能够更早获得，因此被称为"报价"波动率。在现实情况中，交易者主要运用报价波动率，因此接下来直接将报价波动率简称为波动率。

在 BSM 模型中，假定波动率是一个已知常数。但是在第 3 章中(见表 3-2)已经简单地证明了不同货币间的波动率存在差异。

本章中提供的数据明显表示，即使是同一种货币，在不同的时期，波动率也会存在变动。只要市场参与者认为，标的即期汇率有很大可能性会发生剧烈波动时，期权波动率就会发生巨大的变化。而一旦波动率变动真实发生了，对于短期期权的需求将会激增，这主要是因为短期期权的 gamma 值较大。当然，长期期权的波动率也会增大，但一般情况下，它不会像短期期权的波动率变化幅度如此之大。

在任一给定时间点上，波动率根据期权处于价内或价外的程度而发生变动。正如在本书之前提到的，当 1987 年 10 月 19 日股市出现大崩盘时，人们才开始意识到波动率所具有的价值维度。以道琼斯工业指数为例，美国股票市场一天就跌去逾 22%。在此之后，价外股票看跌期权与价外股指看跌期权比平价期权的报价似乎表现得更为强势，这一现象被称为"偏度"(skew)。外汇市场也表现出了类似但并不完全一致的对 BSM 模型波动率不变假设的偏离。在外汇中该现象常被称为"波动率微笑"，表示低 delta 看跌期权与低 delta 看涨期权在波动率上有一定的对称性的反向关系。但有时也不完全如此，甚至对于一些主要货币,如日元,也会出现偏度。偏度是指在低 delta 看跌期权与低 delta 看涨期权需求之间存在一种相对不平衡性,即相比某一种期权而言,对另一种期权的偏好会产生一个相对溢价。

波动率可以构造为期权剩余到期日的函数,它的期限结构可以为任意形态,如正斜率、负斜率和平坦型等。徐和泰勒(1994)通过对 1985~1990 年间费城股票交易所的英镑、德国马克、瑞士法郎和日元的货币期权研究隐含波动率的性质后,认为:

波动率的期限结构有时会向上倾斜,有时也会向下倾斜,其方向(向上或向下)经常处于变动之中。一般而言,结构方向的变动大约每隔 2~3 个月就会发生一次……英镑、德国马克、瑞士法郎以及日元的期限结构其实在任一时刻都非常相似(p.73)。

另外应当注意,波动率和即期汇率水平之间有时也会存在一种非常微妙而又瞬息万变的关系。交易者将这类现象称为"美元飞行"(dollar—voler)[1],因为最先是从美元汇率水平与美元看涨/看跌期权的波动率之间发现这样的关系。

5.1.5 三个重要的波动率报价公式

波动率曲面的位置以及在何种程度下会出现波动率微笑或者波动率偏度,可以通过在第 2 章中所介绍的三种重要交易形式的波动率报价公式来决定:

平价期权:σ_{ATM}

风险逆转期权(25-delta):$\sigma_{RR25} = \sigma_{25\delta C} - \sigma_{25\delta P}$

蝶式期权(Vega 权重 25-delta):$\sigma_{VWB} = \dfrac{1}{2} [\sigma_{25\delta C} + \sigma_{25\delta P}] - \sigma_{ATM}$

本书将上述公式称为"标志性波动率"(iconic volatility)报价公式[也有学者称其为"核心波动率"(volatility pillars)]。交易员都会按照常规方式对到期日标准化的波动率进行报价(如 1 周、1 个月、2 个月、3 个月、6 个月以及 1 年,在接下来的讨论 5—1、5—2 和 5—3 中将进行详细分析)。并且,交易员一般会根据 10-delta 和 15-delta(而不是 25-delta)的执行价格,对风险逆转期权和蝶式期权进行报价。

讨论 5—1:平价期权波动率

在利率平价定理中,给出了外汇远期公式:

$$F = S e^{(R_d - R_f)\tau}$$

---

[1] Voler 在法语中意为飞行、飞逝。——译者注

在第 2 章中,已经证明了平价远期看涨期权与看跌期权(假定到期日相同)具有相同的价值。并且,令平价远期期权的隐含波动率为σ_{ATM}。

不过上述定义很容易与平价期权的波动率σ_{ATM}产生混淆。一般在市场中,σ_{ATM}报价是 0-delta(delta 中性)跨式期权的隐含波动率。跨式期权(straddle)是指包含一组在给定到期日具有相同执行价格的看涨期权与看跌期权的组合。对于跨式期权而言,包含的看涨期权与看跌期权必须具有相同的执行价格与 delta(符号相反)。为了使看涨期权与看跌期权的 delta 绝对值相等,相同的执行价格K_{ATM}必须符合:

$$e^{-R_f\tau}N\left[\frac{\ln\dfrac{S}{K_{ATM}}+(R_d-R_f+\dfrac{1}{2}\sigma_{ATM}^2)\tau}{\sigma_{ATM}\sqrt{\tau}}\right]$$

$$=e^{-R_f\tau}N\left[-\frac{\ln\dfrac{S}{K_{ATM}}+(R_d-R_f+\dfrac{1}{2}\sigma_{ATM}^2)\tau}{\sigma_{ATM}\sqrt{\tau}}\right]$$

但其实可以发现,平价期权的执行价格和远期价格(除非波动率为 0)存在差值,看涨期权与看跌期权的价格不可能相等。

$$K_{ATM}=(S\,e^{(R_d-R_f+\frac{1}{2}\sigma_{ATM}^2)\tau})$$

讨论 5—2:风险逆转期权波动率

看涨风险逆转期权可以通过按照相同的到期日与 delta 绝对值相等买入一份看涨期权并卖出一份看跌期权来构建。看跌风险逆转期权可以按类似方法卖出一份看涨期权并买入一份看跌期权。最常见的风险逆转期权为 25-delta 类型,其他也有 15-delta 和 10-delta 风险逆转期权。

风险逆转期权波动率的报价方式可以通过看涨期权波动率的有偏形式给出:

$$\sigma_{RR}=\sigma_{25\delta C}-\sigma_{25\delta P}$$

其中,delta 根据即期汇率计算得出。

讨论 5—3:蝶式期权波动率

蝶式期权可以通过卖出一份跨式期权并买入一份宽跨式期权[1](strangle)来构建。宽跨式期权包含同时买入一份具有相等 delta 绝对值的价外看涨期权与价外看跌期权。例如,一份 25-delta 宽跨式期权包含了一份 25-delta 看涨期权与一份 25-delta 看跌期权。因此,蝶式期权中的宽跨式期权部分在期初为 delta 中性。

---

〔1〕 同译为勒束式期权。——译者注

同时,由于蝶式期权中的跨式期权部分按平价(K_{ATM})执行(见讨论5—1),其在期初也为 delta 中性。

蝶式期权波动率表达式如下:

$$\sigma_{VWB} = \frac{\sigma_{25\delta C} + \sigma_{25\delta P}}{2} - \sigma_{ATM}$$

从表达式来看,上述公式有时也被称作 vega 权重蝶式期权(注意到式中 VWB)。但是对于蝶式期权,无论 vega 权重为多少,都是按照这一公式进行报价,只是在实际交易中,蝶式期权一般都是以 vega 权重进行交易。在蝶式期权中,跨式期权的 vega 大于宽跨式期权的 vega,因此 vega 权重的蝶式期权在构建时用到的跨式期权与宽跨式期权的数量不会相等,而权重选择的目标是使得蝶式期权的 vega 为零。据此交易策略,交易者在买卖蝶式期权时,其交易账户上就不会出现 vega 暴露的问题。再一次指出,跨式期权与宽跨式期权策略分别都是 delta 中性。总体上,由于蝶式期权涉及四份期权交易[买入两份期权(平价看涨期权与平价看跌期权)并卖出两份期权(25-delta 的看涨期权与看跌期权)],所以初看起来对交易者来说非常复杂。但实质上,从交易者的账面情况来看,蝶式期权并不会涉及 delta 和 vega 暴露的问题。

平价期权波动率对于给定到期日的波动率而言,是整个执行价格结构的重要指标。风险逆转期权波动率则可以用来测算波动率曲面的斜率与偏度。正如前面所提到的,由风险逆转期权的偏度可以测算出价外看涨期权相对于价外看跌期权的超额需求。蝶式期权则可以测算波动率曲面的"微笑"程度,即凸性。

凸性与偏度只会在一定限度内影响期权的价格[1]。而当其他条件都不变时,看跌期权的美元价格一定会与执行价格呈正相关。这是由于看跌期权组合(按某一执行价格买入一份看跌期权的同时,按更低的执行价格卖出一份类似的看跌期权)的价格永远为正。该策略的收益为零或为正,但同时也必须付出一定的成本。已知高执行价格期权的价格高于低执行价格期权的价格,可以表达如下:

$$\frac{\partial P}{\partial K} > 0$$

同样地,看涨期权可以表达如下:

$$\frac{\partial C}{\partial K} < 0$$

接下来讨论二阶条件。以蝶式期权为例,在之前的例子中,为了构建一个

---

[1] 见 Hodges(1996)。

25-delta 的蝶式期权,交易者需要卖出一份平价跨式期权(分别卖出一份看涨期
权与看跌期权构成蝶式期权的主体),并买入一份 25-delta 的宽跨式期权(分别
买入一份 25-delta 的看涨期权与看跌期权,构成蝶式期权的期权翼)。蝶式期权
策略在到期日无论是处于价外还是价内,都会变得没有价值,但构建这样一个组
合也必须支付一定形式的成本。因此,可以推导出看跌期权与看涨期权的二阶
条件:

$$\frac{\partial^2 C}{\partial K^2} > 0$$

$$\frac{\partial^2 P}{\partial K^2} > 0$$

上述四个不等式决定了偏度与凸性在多大程度上能够影响期权的价格。值
得注意的是,虽然这些公式并没有直接出现在期权定价模型中,却是以货币为基
础的套利策略的严格约束条件。

5.1.6 远期波动率

前面已经提到,从货币期权的波动率报价可以观察到期限结构。读者会很
自然地想到,市场参与者对于未来波动率的预期是否会对市场上的短期期权与
长期期权的定价产生影响。其实这一问题非常类似于传统的对于利率期限结构
的预期理论。如同从利率期限结构中得出远期利率一样,可以从波动率期限结
构中得出远期波动率。

因为波动率的平方(方差)为线性,因此可以用如下方式对远期波动率作出
定义:如果将波动率的期限结构按等距分割进行观察,然后令剩余到期日为 τ_1 和
$\tau_2(\tau_1 < \tau_2)$ 的期权波动率分别为 σ_1 和 σ_2。长期期权的波动率可分解如下:

$$\tau_2\sigma_{t_2}^2 = \tau_1\sigma_{t_1}^2 + (\tau_2 - \tau_1)\sigma_{t_1, t_2}^2$$

其中,σ_{t_1, t_2} 为远期波动率。例如,3 个月和 6 个月的波动率分别为 10% 和 15%
时,3 个月远期的波动率为:

$$\sqrt{\frac{0.5 \times (15\%)^2 - 0.25 \times (10\%)^2}{0.25}} = 18.71\%$$

卡姆帕和张(Campa and Chang,1995,1998)研究了是否银行间远期波动率
报价对未来的波动率报价具有预测性。他们对 1989 年 12 月~1995 年 5 月期
间,四种主要货币最高一年期限的期权波动率日报价展开分析,发现并不能拒绝
波动率报价可以预测未来波动率报价的期望假设。从另一个角度来说,两位学
者发现了当前的短期波动率报价、当前的长期波动率报价以及未来的短期波动

率报价之间的关系。在 1995 年发表的论文中,他们得出了如下结论:

与传统的利率期限结构的文献研究形成了鲜明的对比,我们得出,即使期限短至一个月,对所有的货币和到期货币配对而言,长期波动率报价与短期波动率报价之间的当前价差确实准确预测了未来短期与长期的汇率变化方向(pp.545—547)。

卡姆帕和张同时通过样本外检验(out-of-sample test),来测定远期波动率是否是未来即期汇率的波动率报价的有效预期。在样本期限的绝大多数时间内(1989 年 12 月~1993 年 7 月),借助博克斯—詹金斯(Box—Jenkins)时间序列模型,却发现远期波动率对未来波动率的预测效果并不理想。

5.2　一些关于历史波动率表现的介绍

5.2.1　长期的波动率表现

图 5-1~图 5-5 展现了 1995~2010 年间(欧元从 1999 年开始),一些主要货币之间的汇率平价远期期权的 1 月期和 1 年期波动率报价。

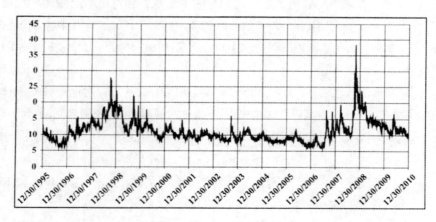

(A)美元/日元波动率:1 月期

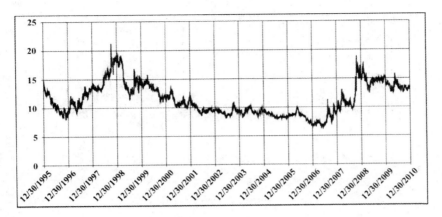

(B)美元/日元波动率：1 年期

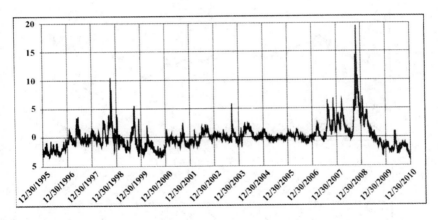

(C)美元/日元波动率：1 月期减 1 年期

资料来源：Bloomberg Finance L.P.。

图 5—1　美元/日元：1 月期和 1 年期期权的波动率报价日数据
(1995 年 12 月 30 日～2010 年 12 月 30 日)

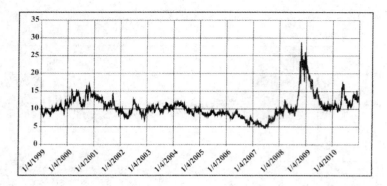

(A)欧元/美元波动率:1 月期

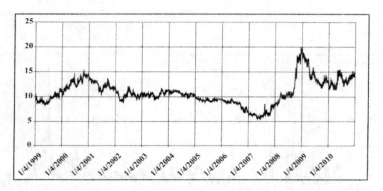

(B)欧元/美元波动率:1 年期

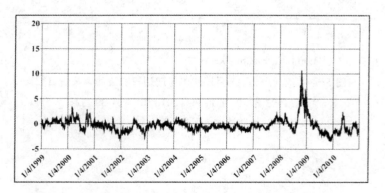

(C)欧元/美元波动率:1 月期减 1 年期

资料来源:Bloomberg Finance L.P.。

图 5—2 欧元/美元:1 月期和 1 年期期权的波动率报价日数据

(1999 年 1 月 4 日～2010 年 12 月 30 日)

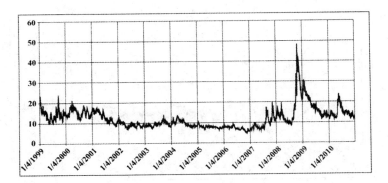

(A)欧元/日元波动率:1 月期

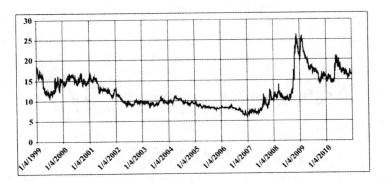

(B)欧元/日元波动率:1 年期

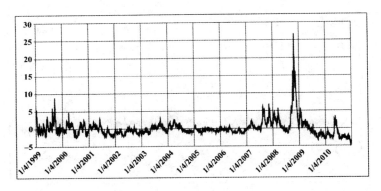

(C)欧元/日元波动率:1 月期减 1 年期

资料来源:Bloomberg Finance L.P.。

图 5－3　欧元/日元:1 月期和 1 年期期权的波动率报价日数据
(1999 年 1 月 4 日～2010 年 12 月 30 日)

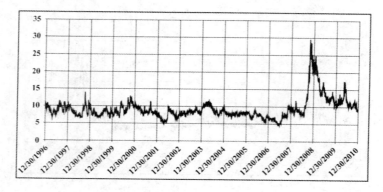

(A)英镑/美元波动率:1月期

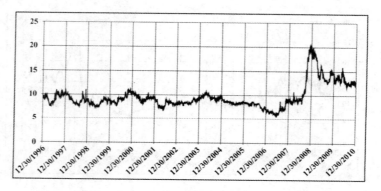

(B)英镑/美元波动率:1年期

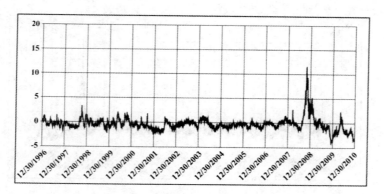

(C)英镑/美元波动率:1月期减1年期

资料来源:Bloomberg Finance L.P.。

图5—4 英镑/美元:1月期和1年期期权的波动率报价日数据
(1996年12月30日～2010年12月30日)

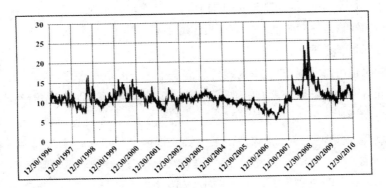

(A)美元/瑞士法郎波动率:1 月期

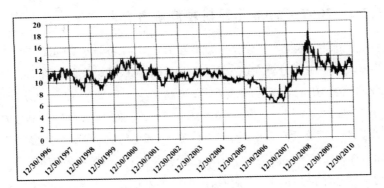

(B)美元/瑞士法郎波动率:1 年期

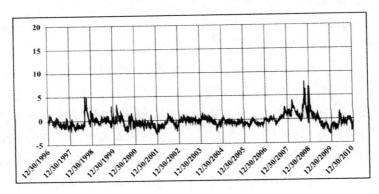

(C)美元/瑞士法郎波动率:1 月期减 1 年期

资料来源:Bloomberg Finance L.P.。

图 5—5　美元/瑞士法郎:1 月期和 1 年期期权的波动率报价日数据

(1996 年 12 月 30 日~2010 年 12 月 30 日)

上述图形表现了短期波动率的趋势,可以发现,1月期波动率一般比长期波动率(1年期)更具有波动性。每一组图形中最下面的一幅为1月期波动率超出1年期波动率的部分。

同时也可以发现,波动率的表现也会与市场上的危机爆发保持一致。例如,1998年8月俄罗斯联邦政府出现金融危机,在该时期政府同时宣布对部分主权债务违约、卢布与其他货币脱钩,并且银行对卢布远期合约延期偿付。而这些措施对金融市场的影响完全让人难以预料。首先根据本章的分析目的,波动率出现了上升(或称为"开始喊价"),此时期权价格也包含了汇率出现巨幅回转的可能性。短期波动率出现急剧上升(但与长期波动率相比幅度稍小),可参见图5—1~图5—5中(C)图的同期表现。接下来还会讨论一些其他危机所产生的类似效果。

5.2.2　2007~2008年间期权波动率表现

在第1章中已经提到,2007~2008年间信用市场与外汇远期市场出现了一定的偏离。本节主要分析在这一重要时期货币期权波动率的表现。正如人们所设想的,随着经济环境出现剧烈震荡,波动率将出现急剧上升,而这一现象在2008年10月尤为明显。从图5—1~图5—5中可以发现,所有汇率都表现出了上述特征,1月期美元/日元波动率报价高至35%,这一水平对任何时期的主要汇率而言都属于非常高的情况。前面已经介绍过,在危机爆发前期,雷曼兄弟公司的倒闭对金融危机有着重要影响,但事情的发展还远不只如此。在这一时期,外汇市场与美国的货币政策之间的相互影响也可作为一个非常值得研究的角度。

根据当时的背景情况,美联储(FED)从2004年6月30日起就开始收紧信用市场的流动性,美联储的隔夜目标利率从1%提升至1.25%(图5—6为美联储目标利率以及美元和日元的1月期LIBOR)。

在此之后,美联储按照25个基点的增额幅度持续调整联邦基金的隔夜目标利率,直至2006年6月29日实施最后一次紧缩,利率达到了5.25%。在整个过程中,美联储的政策导致几乎保持静态的、贴近零息的日元利率与美元利率之间的利差持续扩大。15个月后,美联储开始进行反向操作,逐步调低目标利率。2007年9月18日美联储开始了第一轮调整,联邦基金的隔夜目标利率调低至4.75%。而在之后几个月里,起初是为了应对经济增速的放缓,美联储的降息政策越来越激进(当时并未明显引发通货膨胀)。但不久之后,美联储调整其政策,通过降息以应对日益严重的经济危机的爆发。2008年12月16日,美联储进行了最后一轮降息,目标利率被调低至0.25%。

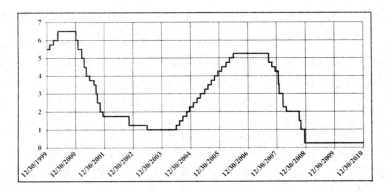

（A）美联储隔夜目标利率（2000～2010 年）

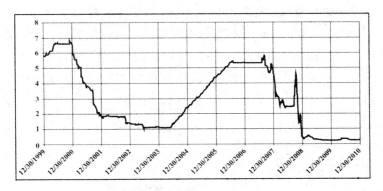

（B）美元 1 月期 LIBOR（2000～2010 年）

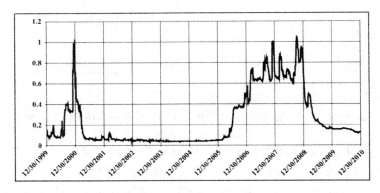

（C）日元 1 月期 LIBOR（2000～2010 年）

资料来源：Bloomberg Finance L.P.。

图 5－6　美联储联邦基金隔夜目标利率；1 月期美元 LIBOR 和 1 月期日元 LIBOR 日数据（1999 年 12 月 30 日～2010 年 12 月 30 日）

　　同时,在整个时期,即 2004～2008 年间,以及在这一时期之前的一段时间,日元的短期利率都几乎处于零息状态(实际情况中,都低于 1%)。美元/日元市场中非常显著的一个特点就是可以进行套利交易(carry trade)。此类交易必须通过非套保性对赌策略来进行,而无法借助无抛补利率平价理论(第 1 章中已经介绍)来实现。具体是指,投资者或交易者通过卖出日元,或借出日元来构建日元看空头寸,以实现与以美元为标的的储蓄存款和固定收益证券的看多头寸进行对冲。理论上,该交易可以套取美元与日元之间的利差,但前提条件是美元/日元汇率必须保持不变。当然,如果美元对日元出现了升值,投资者也能实现一定的收益。在 2008 年秋,市场上的观察者提出美元短期利率的下跌促使日元套利交易者开始重新考虑自身的头寸地位。[1]显然,当美联储开始积极降低目标利率时,市场环境对套利交易的乐观者而言就不再有利。而且在同一时期,日本央行仍然维持对隔夜利率接近于零息的策略。因此,套利交易者不得不思考是否还存在可以套取的价差。更糟的是,市场上对于美元兑日元将会持续下跌的问题表现出了深深的忧虑(见图 5—7)。

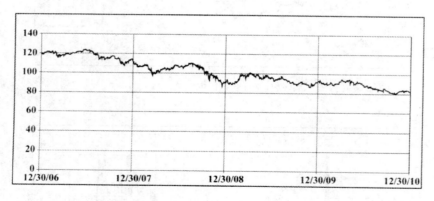

资料来源:Bloomberg Finance L.P.。

图 5—7　美元/日元日数据(2006 年 12 月 30 日～2010 年 12 月 30 日)

　　对于美元表现(相对于日元)的担忧引发了市场的剧烈震荡,却很好地揭示了美元/日元风险逆转期权在定价上的反常现象,而这也被视作在这一时期,整个套利交易过程中的一个重要特色。美元/日元 1 月期 25-delta 风险逆转期权的走势如图 5—8 所示。

---

　　[1]　Fackler, Martin, "In Japan, a Robust Yen Undermines the Markets", *New York Times*, October 27, 2008。

资料来源：Bloomberg Finance L.P.。

图 5—8　美元/日元 1 月期 25-delta 风险逆转期权日报价数据
（2006 年 12 月 30 日～2010 年 12 月 30 日）

　　经常会看到美元看跌/日元看涨风险逆转期权会以美元看涨/日元看跌期权的溢价形式进行报价。这种现象的产生主要是由于日本出口商需要对美元看多头寸进行保护（在将货物出售到美国时，他们的美元收益还未进行兑换）和套利交易者的需求。对于美元/日元的看涨头寸，可以通过买入低 delta 的美元看跌/日元看涨期权，并同时卖出低 delta 的美元看涨/日元看跌期权来实现部分套期保值。这就构建了股票市场中的"领子"头寸。对于美元可能出现贬值而造成的市场恐慌，对美元看跌期权，相比于美元看涨期权而言，形成了更大的定价压力。2008 年 10 月发生了一起重要事件，即 1 月期 25-delta 风险逆转期权的偏度的绝对值变得非常大，如图 5—8 所示。而这也对日元套利交易已经出现逆转的观点提供了支持。如果确实如此，就意味着套利交易者为了从风险逆转期权市场上获得套保，就必须支付一定的溢价。

　　美元/日元的这一情况比较特殊。在外汇市场的其他货币交易中，都对美元有强烈的需求。这样的情况比较常见，尤其在危机时期美元的竞价更为激烈。欧元/美元风险逆转期权（见图 5—9）表现出对欧元看跌/美元看涨期权的偏好。在实际市场交易中，投资者似乎更愿意将美元兑换成日元，但以欧元买入美元，这一现象在 2008 年 10 月欧元/日元的交叉汇率出现大幅贬值时表现得非常明显（见图 5—10 和图 5—11）。

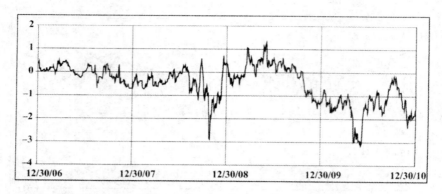

资料来源：Bloomberg Finance L.P.。

图 5—9　欧元/美元 1 月期 25-delta 风险逆转期权日报价数据

（2006 年 12 月 30 日～2010 年 12 月 30 日）

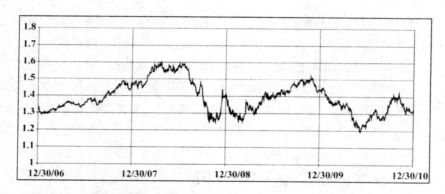

资料来源：Bloomberg Finance L.P.。

图 5—10　欧元/美元日数据

（2006 年 12 月 30 日～2010 年 12 月 30 日）

5.2.3　其他一些危机时期的波动率表现

最近的一次危机于 2010 年 5 月在希腊爆发。作为欧盟成员国与欧元的流通国，希腊政府宣布在没有外界援助的情况下，已无力偿付主权债务。投资者由于害怕主权债务危机会在欧盟国家中扩散，纷纷大量抛售欧元，导致欧元承受了巨大压力。期权市场相应提高了欧元期权的波动率报价，如图 5—12 所示。图中给出了 2010 年 5 月某一天内平价远期期权的 1 月期波动率。图 5—13 给出了 1 月期 25 delta 风险逆转期权的偏度趋势（欧元看涨—欧元看跌）。随着危机

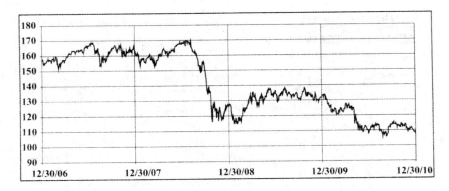

资料来源：Bloomberg Finance L.P.。

图 5-11　欧元/日元日数据

(2007 年 1 月 1 日～2010 年 12 月 31 日)

的深化,欧元看跌期权的走势变得越来越陡峭。

资料来源：Bloomberg Newswire Permissions Copyright © 2010。

图 5-12　欧元/美元:2010 年 5 月 3 日全天～2010 年 5 月 7 日全天的波动率报价

如果继续研究一些更早期的严重的货币危机时期波动率报价的表现,也将非常具有意义。在 1997 年的春夏之际,东南亚货币危机爆发,泰铢首当其冲遭到了投机客的疯狂攻击。1997 年 5 月,泰国央行通过抛售美元、买入泰铢的策略积极进行应对。不仅如此,泰国央行要求本国银行停止对海外客户(被

图 5—13　欧元/美元:1 月期 25 delta 风险逆转期权 2010 年 5 月 3 日
全天～2010 年 5 月 7 日全天的报价

认为主要是针对投机者)进行泰铢贷款,因此造成了泰铢价格的双重货币市场现象。之后,泰国央行的政策虽然短时间内收到了成效,但不久即告完全溃败。1997 年 7 月 2 日,泰国央行被迫对泰铢实行浮动汇率制度。图 5—14 给出了 1 月期美元/泰铢的波动率报价(THB 为泰铢的缩写)。随着危机的深化,波动率报价出现了快速升高。并且,当危机在东南亚地区出现国家之间的蔓延时,波动率依然持续上升。甚至到了 1998 年下半年,波动率仍维持在一个相对较高的水平。

另外一个值得研究的时期是 1992 年的夏秋之际,时值欧洲货币联盟经历了所谓的英镑危机。图 5—15 为马尔茨(Malz,1996)得出的英镑/德国马克的汇率表现。1990 年 10 月,英镑以 1 英镑兑 2.95 马克的中心汇率价格加入欧洲汇率机制。同时,英镑可以按照 6%的幅度围绕欧洲货币联盟给出的中心汇率进行浮动。英镑与德国马克之间的关系非常关键,因为后者充当了汇率的参照标准。但是,在 1992 年 9 月 2 日,英镑被踢出了欧洲汇率机制。图 5—16(马尔茨,1996)为 1 月期和 1 年期英镑/马克波动率表现。在英镑加入欧洲汇率机制之初,其波动率出现了下跌。然而,进入 1991 年 10 月,波动率开始显著上升,这一迹象在之后也被视作危机的预示。1992 年 6 月 3 日,当《马斯特里赫特条约》

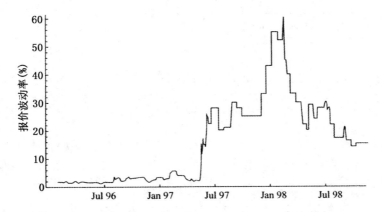

资料来源：MSCI Inc.。

图 5—14　1 月期美元/泰铢波动率报价：1995 年 1 月～1998 年 12 月的月观察数据

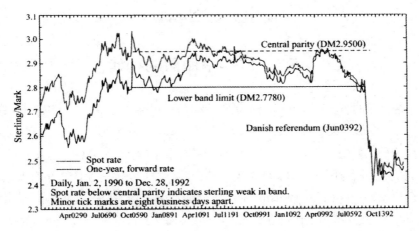

资料来源：Allan Malz：*Journal of International Money and Finance*，Elsevier Science，1996。

图 5—15　欧洲汇率机制下英镑/德国马克汇率

(Maastricht Treaty，欧洲货币一体化机制的核心)在丹麦公投中被否决时，英镑危机开始正式爆发。很快危机在短短几个月内全面蔓延，并在 1992 年 9 月 2 日达到顶峰，在这一天英镑遭到了疯狂抛售。而在此之后，事件并未就此结束，即使欧洲汇率机制放开了浮动限制，英镑在之后几周内仍对马克出现了严重贬值。直至 10 月，期权波动率报价才开始下跌，事件告息。

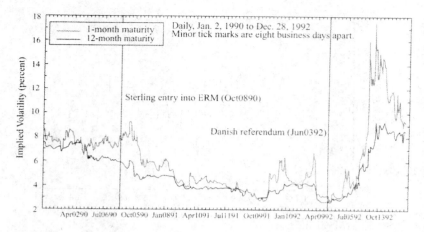

数据来源：Allan Malz：*Journal of International Money and Finance*，Elsevier Science，1996。

图 5—16　英镑/德国马克平价隐含波动率

5.3　波动率曲面的构建

波动率曲面(volatility surface)是指波动率报价相对于期权 delta 以及剩余到期日的三维图形。表 5—1 中给出了 2010 年 7 月 22 日欧元/美元波动率曲面的表例。

之前已经提到，期权交易者一般都参照到期日标准化的(如隔夜、1 周、1 月期、3 月期、6 月期和 1 年)平价远期风险逆转期权(25-delta 和/或 10-delta)和蝶式期权(25-delta 和/或 10-delta)对标志性波动率进行报价。这些报价有许多用途，包括可以直接用来执行交易。但问题是，报价本身并不提供连续性的波动率曲面。完整的波动率曲面——或者至少是能够在平面中任意获取某一点上的值——可以帮助交易者真正有效地对标准期权进行估价或者对价格进行重估。具体来说，需要借助执行价格或 delta，以及剩余到期日，对标志性标准化期权进行插值计算或者进行一定的推算。

插值法在应用数学领域和工程学科有着广泛运用，在运用过程中需要对数据进行认真的处理。而真正更为重要的，是在数据选取上的精确数学处理。报价数据必须及时有效，并且能够反映市场的波动率水平，以保证最终金融产品的价值性。插值法大多借助方差途径而不是标准差来实现。同时需要注意对节假日和周末的处理存在一定特殊性，虽然它们像普通交易日一样占据了相同的交易时间，但实际上市场在这一天闭市或近于闭市状态，价格并不会发生变化。

表 5—1　　　　　　2010 年 7 月 22 日欧元/美元波动率曲面

| Exp | ATM | | 25D Call EUR | | 25D Put EUR | | 10D Call EUR | | 10D Put EUR | |
	Bid	Ask	Bid	Ask	Bid	Ask	Bid	Ask	Bid	Ask
1D	15.541	16.781	15.059	16.813	16.500	18.200	15.118	17.548	17.818	20.068
1W	13.035	14.275	12.636	14.214	13.677	15.213	12.646	14.797	14.566	16.582
2W	12.805	13.750	12.364	13.571	13.559	14.726	12.339	13.993	14.489	16.018
3W	12.670	13.465	12.179	13.198	13.658	14.635	12.169	13.571	14.895	16.165
1M	12.525	13.125	11.956	12.729	13.595	14.330	11.911	12.979	14.888	15.842
2M	12.670	13.195	12.057	12.738	13.984	14.621	12.135	13.077	15.694	16.514
3M	12.850	13.330	12.197	12.823	14.370	14.950	12.350	13.218	16.416	17.157
6M	13.030	13.445	12.379	12.926	14.740	15.235	12.622	13.385	17.091	17.722
1Y	13.330	13.745	12.657	13.213	15.237	15.723	13.059	13.839	17.912	18.531
18M	13.070	13.495	12.493	13.067	14.799	15.291	12.911	13.721	17.318	17.950
2Y	12.925	13.375	12.358	12.972	14.537	15.053	12.772	13.641	16.910	17.578
3Y	12.495	12.970	11.942	12.598	13.826	14.364	12.227	13.165	15.821	16.526
5Y	11.920	12.400	11.399	12.076	13.003	13.532	11.418	12.404	14.406	15.121
7Y	10.996	11.584	10.464	11.306	11.936	12.575	10.313	11.560	13.150	14.025
10Y	10.220	10.970	9.647	10.733	11.036	11.834	9.339	10.966	12.092	13.193

ATM DNS|Spot Δexcl Prem|RR＝EUR Call-Put|BF＝(C＋P)/2-ATMD

数据来源：Bloomberg Finance L.P.。

5.4　vanna-volga 方法

波动率曲面的插值法也存在一定的缺陷,有时会对套利机会进行误导。因此,vanna-volga 方法作为一种替代方法,被广泛运用。

首先回顾,vega 是指期权价值对波动率所求得的偏导。同时,vega 本身也有一些非常重要的偏导形式:vega 对即期汇率所求得的偏导称为 vanna;vega 对波动率所求得的偏导称为 volga。vanna-volga 方法的思想就是,通过构建一系列的投资组合复制来获取波动率曲面上全部的价值点。这些投资组合包含价外看跌期权、价外看涨期权以及平价期权。复制的投资组合同时也包含了标的货币头寸(以使 delta 更为平缓)。假定波动率曲面上的某一点对应着某一给定到期日与 delta 的理论期权的执行价格,因此,所复制的投资组合就必须具有与平面上对应期权点相同的 delta、gamma、vega、vanna 和 volga。vanna-volga 平面上的点都应该是二阶偏导条件下的无套利点。

在运用 vanna-volga 方法时,首先需要获得标志性期权的交易报价(见表 5—2)。

表 5—2   **欧元/美元波动率的标志性报价**

(ATM,风险逆转期权与蝶式期权,2010 年 7 月 22 日)

Exp	ATM Bid	ATM Ask	25D RR Bid	25D RR Ask	25D BF Bid	25D BF Ask	10D RR Bid	10D RR Ask	10D BF Bid	10D BF Ask
1D	15.529	16.769	−1.599	−1.237	0.251	0.714	−2.953	−2.275	0.437	2.517
1W	13.025	14.265	−1.105	−0.935	0.040	0.520	−2.025	−1.690	−0.080	2.065
2W	12.785	13.730	−1.240	−1.105	0.095	0.460	−2.215	−1.950	0.110	1.750
3W	12.640	13.435	−1.515	−1.400	0.195	0.505	−2.770	−2.540	0.445	1.820
1M	12.485	13.085	−1.665	−1.575	0.210	0.445	3.010	−2.830	0.560	1.600
2M	12.670	13.195	−1.945	−1.865	0.315	0.520	−3.580	−3.415	0.970	1.875
3M	12.855	13.335	−2.190	−2.110	0.400	0.590	−4.080	−3.925	1.280	2.110
6M	13.030	13.450	−2.370	−2.300	0.500	0.665	−4.475	−4.330	1.610	2.325
1Y	13.330	13.745	−2.585	−2.505	0.590	0.750	−4.850	−4.695	1.945	2.650
18M	13.070	13.495	−2.305	−2.225	0.545	0.715	−4.405	−4.240	1.830	2.560
2Y	12.920	13.370	−2.175	−2.085	0.495	0.670	−4.130	−3.950	1.685	2.465
3Y	12.490	12.970	−1.875	−1.775	0.355	0.545	3.575	−3.370	1.285	2.120
5Y	11.920	12.395	−1.585	−1.475	0.245	0.440	−2.960	−2.735	0.745	1.605
7Y	10.994	11.579	−1.444	−1.296	0.159	0.402	−2.797	−2.497	0.438	1.505
10Y	10.215	10.965	−1.345	−1.145	0.060	0.375	−2.690	−2.285	0.115	1.490

ATM DNS│Spot Δexcl Prem│RR=EUR Call-Put│BF=(C+P)/2-ATMD

数据来源:Bloomberg Finance L.P.。

需要注意的是,在数据整合的过程中,必须保证报价的及时性与准确性,即使必须面对不同交易者的报价之间会出现一定的差异。接下来,通过一些简单的代数运算,就可以将报价数据转换为 25-delta 看涨期权与看跌期权:

$$\sigma_{25\delta C} = \sigma_{ATM} + \sigma_{VWB} + \frac{1}{2}\sigma_{RR}$$

$$\sigma_{25\delta P} = \sigma_{ATM} + \sigma_{VWB} - \frac{1}{2}\sigma_{RR}$$

看涨与看跌两种期权,再加上平价期权构成了投资组合复制的基石(尽管标的货币头寸是用来使复制投资组合的 delta 更为平缓)。三种期权的执行价格表达式如下:

$$K_{ATM} \equiv K_2 = S\,e^{(R_d - R_f + \frac{1}{2}\sigma_{ATM}^2)\tau}$$

$$K_{25\delta C} \equiv K_1 = S\,e^{\alpha\sigma 25\delta\,C\sqrt{\tau} + (R_d - R_f + \frac{1}{2}\sigma_{ATM}^2)\tau}$$

$$K_{25\delta P} \equiv K_3 = S e^{-\alpha\sigma 25\delta\,P\sqrt{\tau} + (R_d - R_f + \frac{1}{2}\sigma_{ATM}^2)\tau}$$

$$\alpha = N'\left(\frac{1}{4}e^{R_f\tau}\right)$$

其中,$K_1 < K_2 < K_3$。令 $V(t;K)$ 为到期日为 t、执行价格为 K 的任一期权的 vega($\frac{\partial C}{\partial \sigma}$)。目标是通过构建一个包含了 25-delta 看涨期权、25-delta 看跌期权以及 ATM 期权的组合,使其满足相应的一阶与二阶偏导条件(分别对即期汇率与波动率求导)。三种期权各自的权重形式如下[1]:

$$x_1 = \frac{V(t;K)}{V(t;K_1)} \frac{\ln \frac{K_2}{K} \ln \frac{K_3}{K}}{\ln \frac{K_2}{K_1} \ln \frac{K_3}{K_1}}$$

$$x_2 = \frac{V(t;K)}{V(t;K_2)} \frac{\ln \frac{K}{K_1} \ln \frac{K_3}{K}}{\ln \frac{K_2}{K_1} \ln \frac{K_3}{K_2}}$$

$$x_3 = \frac{V(t;K)}{V(t;K_3)} \frac{\ln \frac{K}{K_1} \ln \frac{K}{K_2}}{\ln \frac{K_3}{K_1} \ln \frac{K_3}{K_2}}$$

需要指出,如果所用到的期权执行价格等于某一个 K 值,比如 K_i,那么 $x_i = 1$(其他的 $x = 0$)。

给定执行价格 K 与到期日的期权(看涨)的 vanna-volga 价格表达式如下:

$$C(K) = C^{BSM}(K) + \sum_{i=1}^{3} x_i(K) [C^{MKT}(K_i) - C^{BSM}(K_i)]$$

其中,C^{BSM} 表示利用平价波动率得到的未调整的 BSM 价值。上述公式可以分为两部分,BSM 部分为第一项,而复制投资组合的市场价值与其 BSM 价值之间的差值的加权求和构成第二项。通过这些调整的期权价值导出的隐含波动率构成了波动率曲面。卡斯塔纳和默丘里奥(Castagna and Mercurio,2005)推导得出了 vanna-volga 波动率曲面的两个估计准则(详见本章附录)。

通过上述分析得出的波动率曲面具有良好的应用性质,不仅能够对某一份期权作出价格预测,并且对期权组合也同样适用。其实质是对风险的测度,如 delta 和 vega。正因此,这些优点使得 vanna-volga 方法被广泛运用,即使仍需注意真实的期权波动率只有通过实际交易才能获知。

---

[1] Castagna and Mercario(2009);Lipton and McGhee(2002);Wystup(2003);Castagna and Mercario(2005)。

5.5　粘性 delta 准则

　　任何波动率曲面公式所隐含的重要假设,即外汇期权应遵循著名的粘性 delta 准则(sticky delta rule)。[1] 粘性 delta 是指报价波动率与 delta 之间存在依存关系:波动率"粘住"delta(与执行价格的情况相反),表示一旦 delta 发生巨大变动,如即期汇率出现大幅变动,期权波动率将在平面上被重置于一个新的点上。

　　作为一个实证问题,波动率曲面相对保持稳定。在正常情况下,当即期汇率发生变动时,期权 delta 也将相应变动——这将引起期权移至平面上的一个新的点,继而获得一个新的报价波动率。并且随着时间的推移,也会导致期权在波动率曲面上滑落至一个新的波动率状态。但这并不表示波动率曲面不能或者不会发生变化(可以思考在本章提到的一些历史事件)。一些优秀的交易者在重要的事件或环境发生变化时,改变了期权的供求关系后,能够敏锐地察觉出波动率曲面可能发生的变化。当然,相比于日常事件而言,波动率曲面出现显著变化仍只是一个小概率事件。

5.6　风险中性密度

　　在第 3 章中,考克斯—罗斯风险中性方法将到期日即期汇率的条件期望减去执行价格所得差值的现值作为期权价值。其中,数学期望以到期日处于价内的期权为条件。因此,观察得到的货币期权的市场价格对未来的即期汇率隐含了一组风险中性概率密度。问题就在于,如何导出这些密度? 答案是,这些密度与蝶式期权的价差相关。

　　布里登和利曾伯格(Breeden and Litzenberger,1978)得出,风险中性密度 p 是期权价格对执行价格的二阶导(再乘以终值调整系数):

$$p(S,\tau,K)=e^{R_d\tau}\frac{\partial^2 C}{\partial K^2}$$

　　偏导项必须大于或等于零——如本章之前所讨论的套利边界情形。并且,该项可以借助蝶式价差,以执行价格 K 为中心进行估计:

$$\frac{\partial^2 C}{\partial K^2}\approx\frac{C(S,K+h)-2C(S,K)+C(S,K-h)}{h^2}$$

---

[1]　Derman(1999);Biseti,Castagna,and Mercurio(1997);Castagna(2010)。

　　马尔茨(1996)根据不同期限与执行价格的货币期权的报价波动率观察值来研究未来汇率的风险中性密度。他基于一系列重要的外汇历史事件,建立了一套相应的风险中性密度函数。图5—17中,马尔茨针对1992年英镑汇率机制危机中英镑/马克的表现构建了风险中性函数,并作出了如下评述:

　　在1992年春季阶段,分布形态仍紧密地围绕于S_T的高值周围。但随着英镑走弱,同时目标汇率区域的可信度逐渐降低,分布形态越来越分散并且中心值逐渐下移。在这一时期,为了抵御汇率出现重新洗牌风险而使得对应的市场价格很高,但方差估计值很低,分布呈现双峰形态(p. 735)。

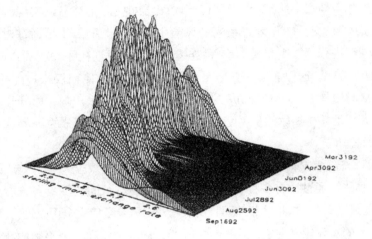

　　资料来源:Allan Malz:*Journal of International Money and Finance*,Elsevier Science,1996。

图5—17　1992年9月危机时期的英镑/德国马克汇率的概率密度函数

　　马尔茨在1992年9月基于危机的逐渐爆发而认为隐含的分布形态呈现双峰特征,也意味着随着市场逐步意识到英镑在欧洲汇率机制中最终无法避免以崩溃退出的命运,造成了完全处于价外的英镑/马克期权的相对价格出现过高的情形。

5.7　货币期权交易

　　现在回到第3章中已经涉及的银行间货币期权市场的运作话题。货币期权市场的"做市"主要集中于少数一些货币中心银行,这些银行拥有活跃的外汇操作平台。交易员积极地套取收益,即通过对期权市场进行做市,在尽量规避显著的金融风险的状态下,赚取买入一卖出价差。

外汇期权

 货币期权的交易者实际上并不通过买方与卖方来完成配对("背对背")交易。换言之,交易员在将一份期权出售给客户之后,并不期望从其他的交易员或客户那里将同样的期权再买入自己的交易账户。相反,交易员通常是在套期保值的基础上,不断地买卖不同的期权。他们连续地实现期权交易,形成一个累积型的期权账户以实现整体上的套期保值,进而对于不同时期内的汇率变动再实现一次套期保值。

 交易员的账户以货币配对形式进行归类,如美元/日元、欧元/美元等,以便进行套期保值交易。同时,对汇率波动中的定向型风险分两步进行管理。第一步,如第3章中所述,买卖期权同时配合即期汇率交易以实现套期保值。目的是使期权交易转化为一系列的风险中性事件。第二步是通过对即期(或远期)外汇进行再平衡交易,以一种连续性的方式对期权账户上的定向型风险进行相应管理。这样连续性套期保值交易的目的是,使期权账户上的总delta平缓,从而使其能与汇率波动风险相适应。货币期权账户内总的delta、gamma与theta则是某一具体的货币配对中单个货币期权组成部分的delta、gamma与theta的总和。

 同时需要考虑期权交易过程中所隐含的规模经济效应。一个大规模的货币期权交易账户通过持有多种看涨期权与看跌期权,从而实现看多或看空头寸。因此,通过不同头寸间的相互抵消,期权账户的风险敞口完全可以进行合并。而这一现象的实际意义在于,为了使账户内的delta维持在一个平坦的状态,进行多次套期保值交易的必要性将减弱,或者至少说只需要在一个小规模内进行多次套期保值交易。而这一原因本身可以对货币期权行业中所存在的寡头垄断现象作出解释。

 vega的讨论更为复杂,这是由于其在期权持有期内不能叠加。报价波动率的期限结构并不总是平行移动。如本章之前所提到的,短期波动率常常比长期波动率更具波动性。

 一些交易者会通过划分期权账户时间段的方式来解决上述问题。每一个时间段内包含了所有落入狭窄的剩余到期日内的期权,具体的如6个月~1年的时间范围。通过这种划分时间段的方式,vega可以通过几乎不损失精确性的方式进行叠加。

 另一种方法是通过到期日期限与加权vega估计值,对隐含波动率的历史时间序列数据进行回归分析。加权vega主要参照某一选定的到期日期限,一般选择6个月,目的是让期权组合内的vega实现标准化。期限较长的期权vega各自按照其到期日,对应观测得到的相关报价波动率的波动水平进行相应的平减调整。这样对于一个给定的货币配对,货币期权组合内的加权 vega 可以实现叠加,而期权账户内的加权 vega 也可以一个整体的方式进行分析。

由于同样的原因,期权的利率风险也由于利率期限结构的非平行移动而使得分析较为复杂。但幸运的是,期权对于利率风险的分析所涉及的期限一般不少于一年,或者说其重要性要低于即期汇率的波动风险与波动率问题。但是,利率风险(或称为 rho 风险)对于具有超过一年期限的货币期权的所有其他定价因素都具有重要影响。考虑到这一点,交易银行通常都会将长期货币期权交给利率产品的风险经理进行管理。

5.8　波动率交易

期权交易者为了对未来的报价波动率或实际波动率进行准确预测而构建头寸时,他们就需要考虑对波动率进行看多或看空。

从一般意义上而言,任何对普通看涨期权或看跌期权看多的头寸都是对波动率进行看涨。期权中对波动率看涨,表示随着报价波动率的上升,期权价值也将随之上升。同时,期权本身也是对实际波动率的看涨,这是因为随着即期汇率更为剧烈地震荡,期权在到期日落入价内的概率也将更高。

5.8.1　跨式期权

传统的波动率交易是通过买入跨式期权来对波动率看涨,或通过卖出跨式期权来对波动率看跌。跨式期权组合包含了一组具有相同执行价格的看涨期权与看跌期权。顺便指出,通过对看涨期权或看跌期权买入一份反向的,但具有相同期权 delta 值的即期外汇进行套保,可以模拟构建出一份跨式期权组合。

在对跨式期权看涨之后,只要即期汇率朝任一方向出现大幅波动,即可实现获利。一次足够剧烈的汇率震荡则完全可以实现对跨式期权溢价成本的弥补。需要注意的是,当报价波动率或隐含波动率上升时,跨式期权的价值将上升;而当报价波动率或隐含波动率下跌时,跨式期权的价值也将下跌。

对跨式期权看跌则是一种对波动率的看空交易。当即期汇率几乎不存在波动,或者报价波动率与隐含波动率下跌时,该交易策略的价值将会上升。然而,如果汇率突然出现剧烈震荡,对跨式期权看跌的策略就会造成重大损失。

5.8.2　gamma 套利

gamma 套利(gamma scalping)是指期权交易者对实际波动率与隐含波动率之间进行对冲,这一策略是从布莱克—斯科尔斯方法中得出。假设 1 月期欧元/美元期权的隐含波动率按 14.00% 报价,但交易者认为下个月欧元的实际波动率将比这一数值更大。基于这一观点,交易者可以买入一份 1 月期期权(可以是看跌期权、看涨期权,甚至是跨式期权),并同时通过即期外汇实现动态套期保值策略。

理论上,在不存在摩擦成本或交易成本的条件下,如果实际波动率在期权持有期内等于初始的 14.00% 隐含波动率,那么通过动态保值策略可以对初始的期权溢价进行补偿(至少粗略估计)。但如果实际波动率高于 14.00%,那么动态套期保值所获得的收益将超过期权的购置成本,从而这一策略将实现套利;反之,如果实际波动率最终低于 14.00%,那么这一策略将出现净损失。

上述套期保值策略产生损益的过程可以通过表 5−3 来理解,表中 gamma 套利策略根据波动的与稳定的 3 天期市场环境分别进行。在第 1 天,一份 $ 1 000 000 面值、剩余到期日 30 天的欧元看涨/美元看跌期权的购买价为 $ 12 382,而该期权可以通过买入 $ 431 114 即期外汇完成套保。在表格的上半部分,即波动的市场环境中,欧元/美元的隔夜汇率从 1.320 0 涨至 1.340 0(上涨两个点)。在新的即期汇率水平上,期权价值上涨了 $ 7 342,但即期套期保值亏损了 $ 6 532——实现隔夜净收益 $ 810。随着 delta 的上升,套保规模也扩大至 $ 580 794。在第 3 天,即期汇率跌至初始的 1.320 0 水平,期权的隔夜损失为 $ 7 866,但套保策略实现收益 $ 8 669,因此账户上的日净收益为 $ 802。

在表格的下半部分,当即期汇率的隔夜波动更为平稳,从 1.320 0 升至1.325 0(上升 50 个点)时,情形完全不同。显然,即期汇率的波动程度不足以弥补隔夜期权价值的损失,在两天时间内,Gamma 套利策略出现了亏损。

然而在两种市场环境中,套期保值本身在两天时间内都产生了收益。同时注意到,表 5−3 中即期汇率最终都回到了初始水平。套期保值能够产生收益的原因就在于,套期保值的规模通过对期权 delta 值的复制实现了动态调整。delta 产生变动时,套保规模随着即期汇率的波动也进行了相应的调整。而这些变化可以通过期权的理论价格对即期汇率的二阶导(即 gamma)进行预测,因此,这一策略称作 gamma 套利。

表 5—3   gamma 套利

1. EUR/USD:波动市场

	第 1 天	第 2 天	第 3 天	总计
即期汇率	1.320 0	1.340 0	1.320 0	
剩余到期日	30	29	28	
期权价值(USD)	$ 12 382	$ 19 724	$ 11 858	
Delta(USD)	− $ 431 114	− $ 580 794	− $ 428 335	
日时间损耗		$ 264	$ 267	$ 531
套期保值	$ 431 114	$ 580 794	$ 428 335	
套期保值日损益		− $ 6 532	$ 8 669	$ 2 137
期权日损益		$ 7 342	− $ 7 866	− $ 524
总损益		$ 810	$ 802	$ 1 612

2. EUR/USD:稳定市场

	第 1 天	第 2 天	第 3 天	总计
即期汇率	1.320 0	1.325 0	1.320 0	
剩余到期日	30	29	28	
期权价值(USD)	$ 12 382	$ 13 809	$ 11 858	
Delta(USD)	− $ 431 114	− $ 467 625	− $ 428 335	
日时间损耗		$ 266	$ 267	$ 533
套期保值	$ 431 114	$ 467 635	$ 428 335	
套期保值日损益		− $ 1 633	$ 1 765	$ 132
期权日损益		$ 1 427	− $ 1 951	− $ 524
总损益		− $ 206	− $ 186	− $ 393

注:1 月期欧元看涨/美元看跌期权, $ 1 000 000 面值,执行价格＝1.33,vol＝14％, $R(USD)=0.25\%$, $R(EUR)=0.50$。

在布莱克—斯科尔斯公式的基础上,动态套期保值操作可以通过按实际波动率卖出期权的复制方式实现。但这一方法仍然是较为粗略的,因为即期汇率的真实时间路径虽然可以通过标准差来描述,但标准差并不是该问题的唯一决定变量。

同时,表格中并没有给出当隐含波动率发生变化时的 gamma 套利情形。在波动的市场环境中,显然当交易者认为未来即期汇率会发生更为剧烈的波动时,隐含波动率将出现上升。如果隐含波动率真的上升到交易者为实际波动率设定的目标水平时，那么他就有机会提前终结此次交易。而实际上，随着期权价值的上升，交易者就能套取事先从 gamma 套利交易策略中预期的收益。另一方面，如果隐含波动率出现下跌，期权价值上也会遭受一定的损失。

5.9　定向交易与波动率交易的结合

在一定的市场环境中，隐含波动率可以通过即期汇率的波动，甚至是相应的汇率水平进行预测。在这种情况下，如果能将定向交易与波动率交易整合为一种策略，那么将创造出非常有利的交易机会。

仍旧采用之前使用的美元/日元的例子。假设目前美元/日元的即期汇率水平为 110，并且日本央行不想让日元汇率升值至低于 100。如果此时交易者设定 3 月期美元/日元的目标汇率将跌至 100 以下，并且，可以设想他认为美元汇率在跌至 100 以下之前，日本央行会出手干预。一般而言，央行的突然干预会导致期权的隐含波动率上升。因此，一种表达上述投资者观点的方式可以是，在 100 左右的执行价格水平，按 3 个月或更长的到期日期限买入美元看跌/日元看涨期权。这样，投资者就处于可以利用汇率的定向移动和隐含波动率上升来套利的头寸状态。

从广义上而言，每一次期权交易，只要不是完全的 delta 套保状态，都是定向交易与波动率交易的结合策略。有时，波动率的变动会与交易中的定向收益相抵消，甚至与定向交易一起形成双重损失。

附录：vanna-volga 估计

卡斯塔纳和默丘里奥（2005）对 vanna-volga 提供了两种估计方法：

估计方法一：

$$\sigma(K) \approx \sigma_1 \equiv \frac{\ln\frac{K_2}{K}\ln\frac{K_3}{K}}{\ln\frac{K_2}{K_1}\ln\frac{K_3}{K_1}}\sigma_{25\delta P} + \frac{\ln\frac{K}{K_1}\ln\frac{K_3}{K}}{\ln\frac{K_2}{K_1}\ln\frac{K_3}{K_2}}\sigma_{ATM} + \frac{\ln\frac{K}{K_1}\ln\frac{K}{K_2}}{\ln\frac{K_3}{K_1}\ln\frac{K_3}{K_2}}\sigma_{25\delta C}$$

当期权的执行价格 K 处于 K_1 与 K_3 之间时，σ_1 将是 vanna-volga 方法的隐含波动率的良好估计。

估计方法二：

$$\sigma(K) \approx \sigma_2 \equiv \sigma + \frac{-\sigma + \sqrt{\sigma^2 + d_1(K)d_2(K)(2\sigma D_1(K) + D_2(K))}}{d_1(K)d_2(K)}$$

其中，

$$D_1 \equiv \sigma_1(K) - \sigma$$

$$D_2 \equiv \frac{\ln\frac{K_2}{K}\ln\frac{K_3}{K}}{\ln\frac{K_2}{K_1}\ln\frac{K_3}{K_1}} d_1(K_1)d_2(K_1)(\sigma_{25\delta P} - \sigma)^2$$

$$+ \frac{\ln\frac{K}{K_1}\ln\frac{K_3}{K}}{\ln\frac{K_2}{K_1}\ln\frac{K_3}{K_2}} d_1(K_2)d_2(K_2)(\sigma_{ATM} - \sigma)^2$$

$$+ \frac{\ln\frac{K}{K_1}\ln\frac{K}{K_2}}{\ln\frac{K_3}{K_1}\ln\frac{K_3}{K_2}} d_1(K_3)d_2(K_3)(\sigma_{25\delta C} - \sigma)^2$$

$$d_1(x) = \frac{\ln\left(\frac{S}{x}\right) + (R_d - R_f + \frac{1}{2}\sigma^2)\tau}{\sigma\sqrt{\tau}}$$

$$d_2(x) = d_1(x) - \sigma\sqrt{\tau}$$

$$x \in \{K, K_1, K_2, K_3\}$$

估计方法二比估计方法一的运用更为广泛，卡斯塔纳和默丘里奥也认为方法二的精确度相对更高一些。

111

第6章 美式货币期权

美式货币期权可以让投资者在到期日之前的任一时间点上行权。部分银行间货币期权以及大多数的上市货币期权都具有美式特征。

6.1 套利条件

美式期权的行权特征使得其与欧式期权所含有的套利条件完全不同。令美式货币看涨期权与看跌期权分别为C'和P'。

6.1.1 即时行权价值

价内美式期权的最小价值等于即时行权价值：

$$C' \geqslant S_t - K$$
$$P' \geqslant K - S_t$$

在期权的持有期内，$0 \leqslant t \leqslant T$。

6.1.2 时间价值

当其他条件不变时，美式期权的价值是其剩余到期日的正函数：

$$C'(T-t_0) \geqslant C'(T-t_1)$$
$$P'(T-t_0) \geqslant P'(T-t_1)$$

$(T-t_0)$与$(T-t_1)$都表示剩余到期日，且$t_1 > t_0$。由于可以在到期日之前的任一时间点执行，剩余到期日的增量对于美式看涨期权与看跌期权的价值存在非负效应。而这一关系并不完全适用于欧式期权。

6.1.3 美式期权与欧式期权的联系

美式期权的最低价值等于具有相同条件的欧式期权的价值，即：

$$C' \geqslant C$$
$$P' \geqslant P$$

美式期权的价值下限可以通过即时行权价值结合欧式期权的价值下限(见第 3 章)的方式得出:

$$C' \geqslant Max[0, S-K, e^{-R_f\tau}S - e^{-R_d\tau}K]$$
$$P' \geqslant Max[0, K-S, e^{-R_d\tau}K - e^{-R_f\tau}S]$$

6.2 美式货币期权的看涨—看跌平价定理

欧式货币期权的看涨—看跌平价定理表达式如下:

$$P - C = e^{-R_d\tau}K - e^{-R_f\tau}S$$

美式货币期权的看涨—看跌平价公式为不等式形式:

$$C' + K - e^{-R_f\tau}S \geqslant P' \geqslant C' + e^{-R_d\tau}K - S$$

上式中,左边第一个不等式

$$C' + K - e^{-R_f\tau}S \geqslant P'$$

在到期日一定成立。考虑这样一个投资组合,包含:

(1)买入一份看涨期权 C';

(2)买入 \$$K$ 零息债券,在期权到期日其价值为 $e^{+R_d\tau}K$;

(3)对外币零息债券看空,在期权到期日按 S_T 的汇率价格支付 1 单位外币。

在到期日,投资组合超出看跌期权价值部分应符合如下关系式:

$$e^{+R_d\tau}K - K \geqslant 0$$

暂时不考虑即期汇率与执行价格之间的联系。通过买入一份投资组合并卖出一份看跌期权的方式,该策略的到期日价值分析可作如下证明:

到期前价值	到期日价值	
	$S_T > K$	$S_T < K$
C'	$S_T - K$	0
$+K$	$e^{+R_d\tau}K$	$e^{+R_d\tau}K$
$-e^{-R_f\tau}S$	$-S_T$	$-S_T$
$-P'$	0	$-(K-S_T)$
	$e^{+R_d\tau}K - K$	$e^{+R_d\tau}K - K$

如果将该投资策略持有至到期,上述表格中的分析保证了前面不等式中左

边第一个不等号的成立；但如果提前行权，该条件则无法实现。如果看跌期权的持有者选择行权，那么上述策略组合的投资者则必须支付 $\$K$ 并收到 1 单位 S 价格的外汇。而为了支付 $\$K$，投资者必须抛售本币债券。该债券此时的价值将高于 $\$K$，因此可以得到一定的应计利息。同时，1 单位可交割外汇可以使投资者足够偿付外币零息债券的看空头寸，并再得到一定的盈余。在表格的上方，买入看涨期权后头寸价值非负。综上所述，该策略的反向情况并不会发生，因为这意味着市场上存在一个无成本、无风险，但具有投资价值的头寸机会。

同样，不等式的右边：

$$P' \geqslant C' + e^{-R_t\tau}K - S$$

在到期日也一定成立。考虑这样一个投资组合，包含：

(1)买入一份看涨期权 C'；

(2)买入零息债券，在期权到期日到期，到期价值为 $\$K$（现值为 $e^{-R_t\tau}K$）；

(3)对外币零息债券看空，其现值为 1 单位外币。

在到期日，投资组合低于看跌期权价值部分应符合如下关系式：

$$e^{+R_f\tau}S_T - S_T \geqslant 0$$

即使出现提前行权的情况，也可以对平价定理不等式的右边不等号成立作出与之前类似的分析。如果右边不等号不成立，则会出现如下相反的情况：

$$P' \leqslant C' + e^{-R_t\tau}K - S$$

如果该不等式成立，那么无套利的约束条件将无法实现。按照这一反向的不等式条件，通过买入看跌期权并卖出价值更高的投资组合，将可以实现套利机会。根据这一策略：

(1)卖出一份看涨期权 C'；

(2)对零息债券看空，在期权到期日到期，到期价值为 $\$K$（现值为 $e^{-R_t\tau}K$）；

(3)对外币零息债券看涨，其现值为 1 单位外币。

如果看涨期权被提前行权，那么投资者必须按 $\$S$ 的汇率价格出售 1 单位外币，并按照期权执行价格 $\$K$ 得到一笔本币。由于对本币零息债券的看空头寸的现值低于 K，投资者还能得到一定的本币盈余。同时，投资者可以按高于 1 单位外币的价格抛售外币零息债券，并且也得到一定的应计利息。而且注意到，投资者拥有一份看跌期权，其价值非负。综上所述，由于在看涨—看跌平价定理不等式右侧的反向条件下，市场中存在一个无成本、无风险但具有套利价值的交易机会，其将无法实现。

6.3 美式货币期权定价的一般理论

布莱克—斯科尔斯模型的分析方法完全是针对欧式期权而发展起来的,但它对美式期权也具有一定的借鉴意义。同样基于 BSM 欧式货币期权的一组假设条件,假设:

● 不存在税收与交易成本,对期权或货币的看涨与看跌没有限制。资本市场与外汇市场上的所有交易者都是价格接受者,即没有一个经济体可以通过巨额的买入或卖出来操纵市场价格。

● 外币利率与本币利率都是无风险利率,且在期权的持有期内保持不变。所有利率都按连续复利表示。

● 即期汇率的瞬时波动都遵循扩散过程形式:

$$\frac{dS}{S} = \mu dt + \sigma dz$$

其中,μ 表示瞬时偏离;dt 表示瞬时概念;σ 为瞬时标准差;dz 为随机变量的微分,该变量服从均值为 0、标准差为 dt 平方根的正态分布。

期权定价理论证明了上述假设完全能够导出所有货币期权的 BSM 偏微分方程,这当然也包括了美式货币看涨期权与看跌期权。方程表达式如下:

BSM 偏微分方程(美式):

$$\frac{1}{2}\sigma^2 S^2 \frac{\partial^2 C'}{\partial S^2} - R_d C' + (R_d - R_f)S\frac{\partial C'}{\partial S} - \frac{\partial C'}{\partial \tau} = 0$$

$$\frac{1}{2}\sigma^2 S^2 \frac{\partial^2 P'}{\partial S^2} - R_d P' + (R_d - R_f)S\frac{\partial P'}{\partial S} - \frac{\partial P'}{\partial \tau} = 0$$

对于欧式期权,到期日收益必须遵循如下形式:

$$C_T = Max[0, S_T - K]$$

$$P_T = Max[0, K - S_T]$$

在第 3 章已经提到,布莱克和斯科尔斯以及之后的加曼和柯尔哈根都将这些到期日收益函数作为解决欧式看涨期权与看跌期权的偏微分方程的约束条件。

由于美式期权可以提前行权,因此其受到不同的约束条件限制。同时,美式期权的价值不应小于 0 或低于其内在价值:

$$C'_t \geqslant Max[0, S_t - K]$$

$$P'_t \geqslant Max[0, K - S_t]$$

其中,t 表示现时。上述约束条件在美式期权持有期内的每一个时间点上都必须成立。由于无法根据美式期权的约束条件解出相应的偏微分方程,因此,期权研究者们考虑借助其他的模型形式。有些偏向于数值化方法,如考克斯、罗斯和鲁宾斯坦(1979)的二项式期权,其他的偏向于分析估计方法,如杰斯克和约翰逊(Geske and Johnson,1984)的复式期权模型(compound option model),麦克米伦(MacMillan,1986)、巴龙—阿德西和惠利(Barone-Adesi and Whaley,1987),以及霍、斯特普尔顿和苏布拉马尼亚姆(Ho,Stapleton and Subrahmanyam,1994)的二次近似模型(quadratic approximation model)。另外,有限差分法也可以用来对 BSM 偏微分方程求得近似解,这将在本章后面部分进行讨论。

6.4 提前行权的经济意义分析

美式货币看涨期权与看跌期权通常都会在到期日前被提前行权。

提前行权的一个充分条件是,美式期权会按低于其内在价值出售:

$$C' < S_t - K$$
$$P' < K - S_t$$

以美式看涨期权为例,提前行权的机会成本就是放弃了的用提前行权日至到期日之间的执行价格的现值进行投资所取得的临时收益。其相当于:

$$K(1 - e^{-R_f\tau})$$

另一方面,如果选择不提前行权,其机会成本将是放弃了的用提前行权日至到期日之间的 1 单位可交割外汇的现值进行投资所取得的临时收益。其相当于:

$$S(1 - e^{-R_f\tau})$$

上述两个表达式的净差值可视作期权的利息机会成本。

吉布森(1991)得出了下面的美式看涨期权提前行权的必要而非充分条件:

$$S(1 - e^{-R_f\tau}) > K(1 - e^{-R_f\tau})$$

选择提前行权不仅仅要求期权处于价内,而且需要考虑本币利率与外币利率之间的利差。

上述分析较好地解释了为什么在期权完全处于价内,并且外币利率相对于本币利率更高时,投资者选择对美式货币看涨期权进行提前行权是最优选择。即使利息的机会成本很高,期权完全处于高波动率状态使得其仍具有持有价值,因此上述条件仅为必要而非充分条件。换言之,当期权由于汇率的剧烈波动而处于更深的价内状态时,利息的机会成本将可以完全被抵消。如果再考虑到即期汇率包含跳跃过程这一因素,这一观点将具有更重要的意义。

对于美式看跌期权,进行最优提前行权的必要条件为:

$$K(1-e^{-R_d\tau})>S(1-e^{-R_f\tau})$$

对于美式货币看跌期权而言,最优提前行权点将在期权完全处于价内且外币利率低于本币利率时产生。美式看跌期权的最优行权要求提前行权日至到期日之间对执行价格的临时利息必须高于相应可交割外汇数量的临时利息。但注意到,上述条件只是必要而非充分条件,因为当波动率处于足够高的水平时,看跌期权出现更深的价内状态的可能性将可以完全补偿利息机会成本。

综上所述,最优提前行权的时机选择的完备条件是,同时考虑到期权的价内状态、外币与本币的利率关系以及波动率水平。

货币期权交易者一般会依照如下标准化方法来作出提前行权决定。根据第3章分析,在考虑是否对价内看跌期权行权时,其价值可以被分解为三部分:远期平价、现值调整系数以及期权的波动率价值。价内货币看跌期权的波动率价值等于净期权性风险,即根据看涨—看跌平价定理,相当于具有相同执行价格且处于价外的看涨期权的价值(令其为$\overline{C}$)。

对价内看跌期权行权后,将产生如下三种情形:

1. 期权持有者将获得提前行权日至到期日之间(该时间段为τ)两种货币的利差收益。该收益表达式为:

$$K(1-e^{-R_d\tau})-S(1-e^{-R_f\tau})$$

2. 期权持有者规避了为期权溢价[1]而需支付的持有成本,表达式如下:

$$R_d\tau P'$$

3. 行权时放弃了看跌期权的波动率价值,这可以用具有相同执行价格的看涨期权价格$\overline{C}$来表示。

如果上述第1项、第2项的和大于第3项,那么这些时间点将成为在到期日前选择提前行权的最优时间点。也就是说,如果上述提前行权策略的值为正,应选择提前行权:

提前行权价值(美式看跌期权):

$$(K(1-e^{-R_d\tau})-S(1-e^{-R_f\tau}))+R_d\tau P'-\overline{C}$$

美元看涨/日元看跌期权的提前行权价值相对于即期汇率的趋势如图6—1所示。图中期权参数如下:

期权:美元看涨/日元看跌期权

---

[1] 为便于分析,此处使用单利。

面值(美元):$ 1 000 000

面值(日元):89 336 700

行权方式:美式

执行价格:89.336 7

持有期限:90 天

美元利率:5.00%

日元利率:2.00%

波动率:14.00%

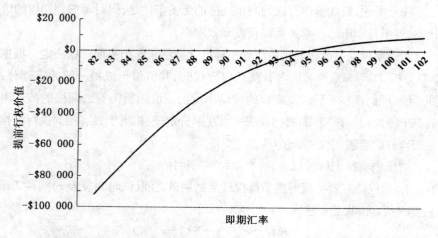

图 6-1 美式美元看涨/日元看跌期权的提前行权——期限决定

图 6-1 中,在期权持有期内,当即期汇率高于 95.00 时,选择提前行权才是最优决定,这也称为期限决定。

决定是否提前行权的第二个约束条件是即时最优性,这需要考虑隔夜市场利率水平以及隔夜期权波动率价值。假设即期汇率水平为 95.00,1 天期美元看涨/日元看跌期权的价值能够代表 1 天期价内美元看跌/日元看涨期权的隔夜波动率价值。为了得知提前行权是否是即时最优的,需要将隔夜波动率价值与隔夜利率优势以及隔夜期权持有成本进行比较。如果提前行权的条件无法满足,那么延迟行权将是更好的选择。

图 6-2 表示以短期市场期权波动率为参考的隔夜行权标准的函数趋势。当隔夜波动率处于足够高的水平时(图中为高于 51%),美元看涨/日元看跌期权应作出不进行隔夜行权的决定——即使此时依照期限决定准则,在某些点上行权是最优提前行权点。尤其当市场上发生重要事件时,隔夜波动率出现显著

上升,这一问题值得特别注意。

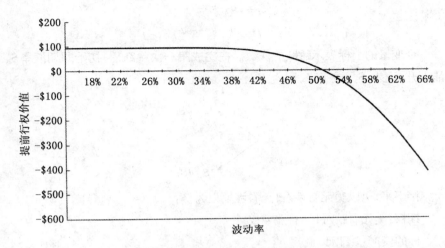

图 6-2 美式美元看涨/日元看跌期权的提前行权——隔夜行权决定

在正常情况下,根据期限决定进行提前行权,应与隔夜行权决定准则相一致。但在有些情况下,当市场上将要发生一些会引起剧烈震荡的事件,如央行会议、选举,或者是 G-8 会议召开等,都会使得最优提前行权的时机被延迟。塔勒布(Taleb,1997)曾对提前行权决定准则机制在实际运用中的难点进行了详细的探讨。

6.5 二项式模型

考克斯、罗斯和鲁宾斯坦(1979)提出了二项式期权模型(binomial option model),并以此作为布莱克—斯科尔斯模型在分析方法上的一种替代。二项式模型可以对普通分红股的美式与欧式期权进行定价分析,同时也能对提前行权的时机进行精确指导。波德萨和科特顿(Bodurtha and Courtadon,1987)对二项式模型在货币期权上的运用进行了修正。

6.5.1 二项式范例

在二项式模型中,任一时间点上的即期汇率都会面临选择跳入两个互斥的趋势路径中的一个,其中一个代表汇率上升情形,另一个代表汇率下跌情形。在剩余到期日 τ 的过程中,即期汇率必须进行固定的 N 次跳跃,读者须首先明确这一点。实际上,对 N 的选择上体现了分析的精确性与计算速度上的一种折中。每一次跳跃的幅度是本、外币利率,预设的波动率以及剩余到期日中跳跃次数的函数。跳跃上升幅度 u 和跳跃下降幅度 d 的表达式分别如下：

$$u = e^{(R_d - R_f)\frac{t}{T} + \sigma\sqrt{\frac{t}{T}}}$$

$$d = e^{(R_d - R_f)\frac{t}{T} - \sigma\sqrt{\frac{t}{T}}}$$

令变量的上标表示跳跃的次数。在完成第一次跳跃后，初始即期汇率 S_0 可能上升，记为 ^1S_u，或下降，记为 ^1S_d。

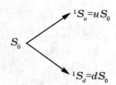

接下来，仍以美元看跌/日元看涨期权为例：

期权：美元看跌/日元看涨期权

标的资产：1 日元

执行价格：0.011 193 6（＝1/89.336 7）

即期汇率：0.011 111 1（＝1/90.00）

持有期限：90 天

美元利率：5.00％

日元利率：2.00％

波动率：14.00％

首先从最简单的例子开始，假设在 0～90 天的持有期内即期汇率仅跳跃 1 次，即 N 为 1。跳跃上升幅度 u 和跳跃下降幅度 d 的值分别计算如下：

$$u = e^{(5.00\% - 2.00\%)\frac{90}{360} + 14\%\sqrt{\frac{90}{360}}} = 1.079\ 951\ 5$$

$$d = e^{(5.00\% - 2.00\%)\frac{90}{360} - 14\%\sqrt{\frac{90}{360}}} = 0.939\ 768\ 6$$

据此，90 天后的即期汇率 S_T 可能为：

$$S_T = {}^1S_u = \mu S_0 = 1.079\ 951\ 5 \times 0.011\ 111\ 1 = 0.011\ 999\ 5$$

$$S_T = {}^1S_d = d S_0 = 0.939\ 768\ 6 \times 0.011\ 111\ 1 = 0.010\ 441\ 9$$

在第 90 天，看涨期权将只会出现两种可能的到期日价值，而这主要取决于到时即期汇率是上行还是下行：

上行：$^1C_u = Max\ [0, {}^1S_u - K] = 0.000\ 805\ 85$

下行：$^1C_d = Max\ [0, {}^1S_d - K] = 0$

其中，^1C_u 和 ^1C_d 分别是基于即期汇率上行或下行时的看涨期权价值。

根据一些简单的信息，可以在不提前获知即期汇率跳跃方向的情况下，推测出初始看涨期权的价值。而这是因为完全可以在初始时间点上，用市场上价格

已知的投资组合来精确复制看涨期权的到期日价值。该投资组合包含：(1)按
90 天偿还期限借入 B 数量的美元；(2)买入 D 数量的即期日元。假定套利者可
以分别对两种货币按R_d和R_f的利率水平进行借贷，在到期日所借入美元的价值
应等于：

$$Be^{R_d\tau}$$

在零时刻即期日元的美元价值为S_0D，日元按R_f利率水平计息。未来日元
的美元价值应等于：

$${}^1S_uDe^{R_f\tau}=uS_0De^{R_f\tau}$$

或者

$${}^1S_dDe^{R_f\tau}=dS_0De^{R_f\tau}$$

两个公式中，未来的即期汇率是唯一的未知数。

用于复制看涨期权价值的 B 值和D 值的表达式如下：

$$B=\frac{u\,{}^1C_d-d\,{}^1C_u}{(u-d)e^{R_d\tau}}=-0.005\ 336\ 143$$

$$D=\frac{{}^1C_u-{}^1C_d}{(u-d)S_0e^{R_f\tau}}=0.514\ 827\ 350$$

投资组合的到期日价值实质上能完全复制看涨期权的价值：

看涨期权(${}^1C_u$与${}^1C_d$)		投资组合	
上行	0.000 805 85	美元借款 $Be^{R_d\tau}$	(0.005 402 338)
		日元价值$S_uDe^{R_f\tau}$	0.006 208 191
		总计	0.000 805 85
下行	0	美元借款 $Be^{R_d\tau}$	(0.005 402 338)
		日元价值$S_dDe^{R_f\tau}$	0.005 402 338
		总计	0.0

上述表格表示，在零时刻看涨期权的价值必须等于在市场上已知的投资组
合的价值，否则就可以进行无风险套利。因此，看涨期权的价值必须满足：

$$C_0=B+S_0D=0.000\ 384\ 161$$

如果从另一个角度去理解，根据考克斯和罗斯(1976)风险中性理论，C_0的
价值可以用二项式结论组合的风险中性预期现值来表示：

$$C_0=e^{-R_d\tau}[p\,{}^1C_u+(1-p){}^1C_d]$$

其中，p 表示汇率上行的风险中性概率，$(1-p)$表示汇率下行的风险中性概率。

前一项可以通过将$C_0 = B + S_0 D$ 的表达式对p 进行重新整理得出：

$$p = \frac{e^{(R_d - R_f)\tau} - d}{(u - d)}$$

6.5.2 二叉树结构

现在讨论在期权到期日前出现两次跳跃的情形（$N = 2, \tau/N = 0.123\ 287\ 7$）。跳跃上升与跳跃下降的幅度分别如下：

$$u = e^{(5.00\% - 2.00\%)\div\frac{1}{2}\times\frac{30}{360} + 14\%\times\sqrt{\frac{1}{2}\times\frac{30}{360}}} = 1.054\ 277\ 7$$

$$d = e^{(5.00\% - 2.00\%)\div\frac{1}{2}\times\frac{30}{360} - 14\%\times\sqrt{\frac{1}{2}\times\frac{30}{360}}} = 0.955\ 559\ 1$$

即期汇率的二叉树模型如下：

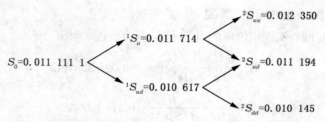

抽象地来看,看涨期权的收益形式如下：

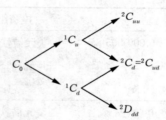

在执行时,看涨期权将出现（$N + 1$）种可能的终值情况。这些值可能处于价内,其价值为$[S_T - K]$；或处于价外,即没有价值。当$N = 2$时,在到期日有三种情形：

$$^2C_{uu} = 0.001\ 156\ 41$$

$$^2C_{du} = {}^2C_{ud} = 0$$

$$^2C_{dd} = 0$$

二项式模型也可以从到期日价值出发,反推出零时刻的价值。首先,可以估算出在到期日之前第一个跳跃节点的价值。每一个节点都会衍生出一对二项式值,例如,在$N = 2$情形中,^1C_u可以衍生出$^2C_{uu} = 0.001\ 156\ 41$与$^2C_{ud} = 0$两种情况,这与二叉树模型中如下一段结构相符合：

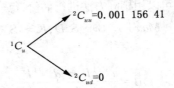

通过先借入美元再买入日元的方式,可以对收益形式进行复制,进而计算出 B 等于 $-0.011\ 124\ 8$,D 等于 $0.997\ 537\ 0$。^1C_u 的价值应大于 0,包含了美元看跌、日元看涨的投资组合的价值,也就是即时执行价值:

$$^1C_u = Max\ [0, B + ^1S_u D, {^1S_u} - K] = Max\ [0, 0.000\ 560\ 53, 0.000\ 520\ 59]$$
$$= 0.000\ 560\ 534$$

再对 ^1C_d 进行相同形式的计算,可以发现该节点的值为 0。

最后,可以得出 C_0 的价值为 $0.000\ 271\ 70$,通过先借入美元再买入日元的相同复制方法,可以得出二项式组(^1C_u 与 ^1C_d)的结构形式如下:

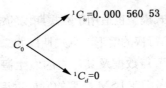

6.5.3 二项式模型的一般形式

进行两次跳跃还不足以精确复制期权价值,实际操作中也对精确性有着更高的要求。通过 50 次跳跃后,可以得出美式期权的二项式价值为 $0.000\ 305\ 0$(或称为每 100 万美元面值的价格为 \$27\ 252)。但无论 N 被设定为多大,计算过程都是一样的:首先,估算出到期日价值;然后,倒推出上一个节点($N-1$)的价值;最后,重复进行相同计算过程,直至推算出整个二叉树结构并得出 C_0 的值。

在一般情况下,在节点 n 处,看涨期权在该节点处的价值表达式如下:

$$Max\ [0, ^nB + ^nS^nD, {^nS} - K]$$

其中,括号内的最后一项($^nS - K$)为提前行权的充分条件。在每一个普通节点上,^nB 与 ^nD 的价值表达式如下:

$$^nB = \frac{u^{n+1}C_d - d^{n+1}C_u}{(u-d)e^{R_s\frac{\tau}{N}}}$$

$$^nD = \frac{^{n+1}C_u - ^{n+1}C_d}{(u-d)^nSe^{R_f\frac{\tau}{N}}}$$

美式货币看跌期权可以用相同方法进行估价,每一个节点的表达式如下:

$$Max[0, {}^nB + {}^nS{}^nD, K - {}^nS]$$

其中,

$${}^nB = \frac{u^{n+1}P_d - d^{n+1}P_u}{(u-d)e^{R_d\frac{\tau}{N}}}$$

$${}^nD = \frac{{}^{n+1}P_u - {}^{n+1}P_d}{(u-d)^nS\, e^{R_f\frac{\tau}{N}}}$$

其中,$^{n+1}P_u$ 和 $^{n+1}P_d$ 分别表示看跌期权在 $(N+1)$ 节点处的上行价值与下行价值,而其他变量所表示的含义与看涨期权的一致。$(K-{}^nS)$ 项为提前行权的充分条件。

6.6 欧式货币期权的二项式模型

前面已经提到,二项式模型也适用于欧式期权的定价。唯一需要修正的是,欧式期权不需要考虑提前行权的情形。欧式期权的二项式定价存在一种捷径方式,即可以通过最后一组节点数据及其对应的发生概率直接导出期权的价值。但使用这一方法时,需要考虑在 BSM 模型的发展过程中,考克斯和罗斯所提出的风险中性概念。欧式看涨期权的价值表达式如下:

$$C_0 = e^{-R_d\tau} \sum C_N p_N$$

其中,C_N 表示在到期日的潜在价值,p_N 表示对应的发生概率。该方程表示 C_0 是最后一组节点收益矩阵的风险中性预期价值的现值。即期汇率遵循乘数二项式过程的假设定义了在到期日每一个潜在价值的发生概率。在一般情形中,上行概率 p 的表达式如下:

$$p = \frac{e^{(R_d - R_f)\frac{\tau}{N}} - d}{(u-d)}$$

在到期日,每一条潜在的现金流都存在几种路径。例如,当 $N=4$ 时,1 个上行汇率与 3 个下行汇率所组成的收益组合就存在 4 种可能的路径(如 $uddd$、$dudd$、$ddud$ 以及 $dddu$)。令 j 为上行汇率的个数,那么每一种到期日价值可能的路径数量为:

$$\frac{N!}{j!\,(N-j)!}$$

每一条可以实现的路径的概率为:

$$p^j(1-p)^{N-j}$$

最终现金流的风险中性预期价值的现值表达式为：

$$e^{-R_f\tau}\sum\frac{N!}{j!\,(N-j)!}p^j(1-p)^{N-j}Max[0,u^jd^{N-j}S_0-K]$$

上式即欧式期权二项式模型，但一般会将其转换为更具识别性的模型形式，令变量 a 为使期权最终能处于价内所需要的最小上行次数：

$$Max[0,u^jd^{N-j}S_0-K]=0，当 j<a$$

$$Max[0,u^jd^{N-j}S_0-K]=u^jd^{N-j}S_0-K，当 j\geqslant a$$

因此，有：

$$C_0=e^{-R_f\tau}SZ(a;N;p')-e^{-R_f\tau}KZ(a;N;p)$$

其中，Z 为二项式分布的累积密度函数，并且有：

$$p'=ue^{-(R_d-R_f)\frac{\tau}{N}}p$$

有一点非常重要，随着 N 的增大，二项式分布将逼近对数正态分布的极限。因此，如果对二项式路径数量给定一个足够大的 N 值，欧式期权的二项式解非常近似于欧式期权的 BSM 解。

6.7 美式货币期权的估价

在相关文献中，存在数种通过分析性估计对美式货币期权估价的方法。这些方法的重要性在于，在一定程度上它们都表现出了比二项式模型更高的计算效率。

施瓦茨（Schwartz，1977）、帕金森（1977）以及布伦南和施瓦茨（Brennan and Schwartz，1977）提出了有限差分法，布伦南、科特顿和苏布拉马尼亚姆（1977）通过将标的资产的即期价格进行划分，以外汇和剩余到期日为维度的网格形式来表示每一条可能的时间路径。

6.7.1 二次近似法

第二种方法需要追溯到杰斯克（1979）以及杰斯克和约翰逊（1984）所提出的复式期权模型。巴龙—阿德西和惠利（1987）指出，复式期权法要比有限差分法计算快得多，但其缺点在于，需要对双变量和三变量的累积密度函数进行估计。

巴龙—阿德西和惠利（1987）基于麦克米伦（1986）的早期工作提出了二次近似法。类似于乔瑞和斯托顿（Jorion and Stoughton，1989a，1989b）的研究方法，巴龙—阿德西和惠利将美式期权的提前行权溢价定义为美式期权价值与特定相似的欧式期权之间的价差。令看涨期权的溢价 e_c 为：

$$C'-C$$

其中，C' 和 C 分别表示美式期权与欧式期权的价值。二次近似模型的关键在于，行权溢价也必须符合布莱克—斯科尔斯偏微分方程。换言之，二次近似法将美式期权的行权特色本身视作一种期权。因此，它必须符合相同的偏微分方程。

6.7.2 提前行权溢价的偏微分方程

$$\frac{1}{2}\sigma^2 S^2 \frac{\partial^2 e_c}{\partial S^2} - R_d e_c + (R_d - R_f) S \frac{\partial e_c}{\partial S} - \frac{\partial e_c}{\partial \tau} = 0$$

如果提前行权这一权利具有价值，那么必须存在一个严格的即期汇率 S^*，在该点提前行权将是最优的。如前面所提到的，S^* 是剩余到期日、波动率以及本、外币利率的函数。当价值 $S \geqslant S^*$ 时，美式看涨期权的价值等于：

$$C' = [S-K], S \geqslant S^*$$

当价值 $S < S^*$ 时，美式看涨期权的二次近似估计为：

$$C' = C + A_2 \left(\frac{S}{S^*}\right)^{q_2}, S < S^*$$

其中，

$$A_2 = \frac{S^*}{q_2}[1 - e^{-R_f\tau}N(d_1(S^*))]$$

$$q_2 = \frac{1}{2}\left[-(N-1) + \sqrt{(N-1)^2 + 4\left(\frac{M}{B}\right)}\right]$$

$$N = 2\frac{(R_d - R_f)}{\sigma^2}$$

$$M = 2\frac{R_d}{\sigma^2}$$

$$B = 1 - e^{-R_d\tau}$$

$$d_1(S^*) = \frac{\ln\left(\frac{S^*}{K}\right) + (R_d - R_f + \frac{1}{2}\sigma^2)\tau}{\sigma\sqrt{\tau}}$$

其中，$N(*)$ 为累积正态密度函数。

上述公式中所有变量都已知，除了 S^* 这一触发提前行权的严格即期汇率。巴龙—阿德西和惠利曾提出一套运算法则，运用迭代方法能在可容忍的误差率内逼近 S^*。有幸的是，一旦某一执行价格的 S^* 能够被估计得出，对于其他具有相同条件而只有执行价格不同的期权就不需要再重复迭代过程。而这主要是

由于在一组具有相似条件的期权中,具体的 S^* 与执行价格之间存在线性关系:

$$S_2^* = \frac{S^*}{K} K_2$$

其中,S_2^* 和 K_2 分别表示具体的即期汇率和执行价格。期权的其他要素则相同。

对于美式看跌期权,二次近似法的表达式如下:

$$P' = P + A_1 \left(\frac{S}{S^{**}}\right)^{q_1}, \text{当} S > S^{**}$$

$$P' = K - S, \text{当} S \leqslant S^{**}$$

当即期汇率等于或小于 S^{**} 时,提前行权将为最优,此时:

$$A_1 = -\frac{S^{**}}{q_1} [1 - e^{-R_f \tau} N(-d_1(S^{**}))]$$

$$q_1 = \frac{1}{2} \left[-(N-1) - \sqrt{(N-1)^2 + 4\left(\frac{M}{B}\right)} \right]$$

并且 N, M, B, d_1 以及 $N(*)$ 的定义如前美式看涨期权中所述。同时有:

$$S_2^{**} = \frac{S^{**}}{K} K_2$$

相似的看跌期权是指除了执行价格,其他条件都保持一致。

6.7.3 二次行权法

美式货币期权的第三种估值方法由霍、斯特普尔顿和苏布拉马尼亚姆 (HSS,1994)提出。HSS方法的核心是通过将欧式期权与可二次行权期权的价值相结合来估计美式期权的价值。后一种期权是可以在持有期中点或正常到期日行权的复式期权。

对于只可以在几个给定时间点上行权的期权估价工作,需要追溯到杰斯克和约翰逊(1984)的研究。在杰斯克和约翰逊的理论框架中,欧式期权只可以在一个给定的时间点上行权,而美式期权由于可以选择在连续的时间点上行权,因此其具有无限个行权点。HSS 在美式期权的价值与行权点的个数间构建了一种指数型关系式。该关系式通过如下表达式对美式期权作出估价:

$$\ln \widehat{C}' = \ln C_2' + (\ln C_2' - \ln C)$$

其中,$\widehat{C}'$ 是美式期权的估计值,C_2' 是可二次行权期权的价值,C 是欧式期权的价值。可运用相同公式对看跌期权进行估价。可二次行权期权的价值由杰斯克和约翰逊(1994)提出,其表达式如下:

$$C_2' = \lambda(K \omega_2 - S \omega_1)$$

其中,

$$\omega_1 = e^{-R/\tau_1} N_1(-\lambda d_1') + e^{-R/\tau_2} N_2(\lambda d_1', -\lambda d_1''; -\rho)$$

$$\omega_2 = e^{-R_d\tau_1} N_1(-\lambda d_2') + e^{-R_d\tau_2} N_2(\lambda d_2', -\lambda d_2''; -\rho)$$

对于看跌期权,$\lambda = 1$;而对于看涨期权,$\lambda = -1$。τ_1 为第一个行权点前的剩余持有期限,τ_2 为到期日前的剩余持有期限。N_1 为单变量累积正态分布,N_2 为双变量累积正态分布。其他参数的表达式如下:

$$d_1' = \frac{\ln\left(\dfrac{S}{S_1^*}\right) + \left(R_d - R_f + \dfrac{1}{2}\sigma^2\right)\tau_1}{\sigma\sqrt{\tau_1}}$$

$$d_1'' = \frac{\ln\left(\dfrac{S}{K}\right) + \left(R_d - R_f + \dfrac{1}{2}\sigma^2\right)\tau_2}{\sigma\sqrt{\tau_2}}$$

$$d_2' = d_1' - \sigma\sqrt{\tau_1}$$

$$d_2'' = d_1'' - \sigma\sqrt{\tau_2}$$

$$\rho = \sqrt{\frac{\tau_1}{\tau_2}}$$

综上,HSS 对具体的 S_1^* 价格提供了一套有效的迭代估计方法。

6.7.4 首达时间法

邦奇和约翰逊(Bunch and Johnson,1999)提出了另一种美式期权估价方法,当提前行权为最优时,可以基于标的资产价格采用首达时间法(first passage)。邦奇和约翰逊的研究成果起初是针对以普通股为标的的美式看跌期权,但现在该方法已拓展到美式货币期权。

邦奇和约翰逊将美式看跌期权的价格按标的股票价格达到某一特定价格水平的首达概率的积分形式来进行描述。假设条件是只有当特定的股票价格水平被达到时,美式看跌期权才会被行权。此时,看跌期权的价格等于行权价格(低于设定的股价水平)的预期贴现值,其表达式如下:

$$P' = \max_{S_c} \int_0^T e^{-R_d t}(K - S_c) f dt, \quad (S > S_c)$$

其中,S_c 为设定的股票价格水平。等式右侧的第一项为贴现因子,第二项为行权后所能获得的收益,第三项 f 为首达概率,具体表示为在时间点 t 股价首次从 S 跌至 S_c 的概率。

邦奇和约翰逊借助金(Kim,1990)给出的公式,在 $S = S_c$ 的条件下,得出了

S_t 的精确值。看跌期权不存在时间损耗效应：

$$\frac{\partial P'}{\partial \tau} = 0$$

这是因为股票价格跌至给定的股价水平，与剩余到期日的长短无关。从另一个角度，邦奇和约翰逊将该条件称为"利率效应完全被波动率效应所抵消"。邦奇和约翰逊研究成果的直接运用在于随着到期日的临近，价内看跌期权的行权将会变得非常频繁。

6.8　有限差分法

二项式模型与三项式模型都是典型的数值化方法。在二叉树模型中，第一步是对一段时间内标的资产的移动作出估计，接下来才是对标的期权价格进行估算。而在衍生品领域中，另一类被广泛运用的数值化方法是有限差分法(finite differences method)。该技术主要适用于欧式、美式普通期权以及各类奇异期权。

有限差分法可以对布莱克—斯科尔斯—默顿偏微分方程(BSM-PDE)进行估计：

$$\frac{1}{2}\sigma^2 S^2 \frac{\partial^2 f}{\partial S^2} - R_d f + (R_d - R_f)S\frac{\partial f}{\partial S} + \frac{\partial f}{\partial \tau} = 0$$

令期权的价值(看涨或看跌)为 f。该方程的一般假设条件如下：利率保持不变，即期汇率为扩散过程以及波动率保持不变且已知。严格的假设条件为在即期汇率的维度下，动态套保方法可以实现完全套保。以欧式期权为例，目标是解出 BSM－PDE 中 f 的导数值，进而得出到期日分别对看涨与看跌期权的约束条件：

$$C_T = Max[0, S_T - K]$$
$$P_T = Max[0, K - S_T]$$

布莱克和斯科尔斯(1973)所发现的——在他们的期权定价模型中也被广泛证明的——正是 BSM-PDE 的分析解法，其目标是得出以非分红股票为标的的欧式看涨或看跌期权在到期日的约束条件。

可惜的是，分析解法并不适用于所有的期权类型，比如以美式为特征的期权。虽然在一般假设条件下，BSM-PDE 能够成立，但是一个精妙而简明的封闭解却是不存在的。因此,需要借助一些数值方法来对 BSM-PDE 作出估计。[1] 其中,有限差分法就是数值方法中被广泛用到的一种。以下三种形式的有限差分法在期权定价中有着重要运用:隐式有限差分法、显式有限差分法以及克兰克—尼科尔森(Crank-Nicolson)有限差分法。接下来将简要介绍这三种方法。[2]

6.8.1 隐式有限差分法

隐式有限差分法是三种方法中运用最广泛的一种。该方法首先需要参照二叉树模型来构造一个矩形网格点(见图 6—3)。

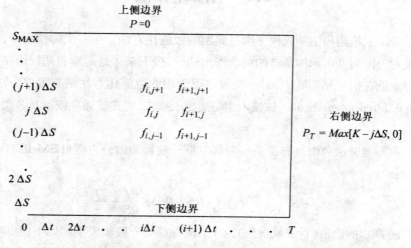

图 6—3 看跌期权的隐式有限差分法网格

网格的边界假定已知。其次,需要反推出期权中间点的一系列连续值。重点是 BSM 偏微分方程在整个网格中的任意一点上都必须成立。有限差分法的核心就是,通过有限差分项对 BSM-PDE 中的 delta、theta 和 gamma 进行重置。

接下来以 1 单位外汇的欧式看跌期权进行讨论。标的货币以美式报价,与之前欧元兑美元的例子相同。期权在时间点 T 到期,目标是在初始时间点上对期权进行定价。在网格点上将期权的持有期分为 N 个等距时间段。以某一点为初始点,从左至右水平移动至下一点表示时间流逝了 Δt 个单位。按照定义,$\Delta t = T/N$。时间按照从某一点至下一点的方式向前推移:

---

〔1〕 Schwartz(1977);Hull and White(1990);Curtardon(1982)。当然对这一问题也可以使用其他一些方法,如蒙特卡洛技术。

〔2〕 赫尔(Hull,2009)和威尔莫特(Wilmott,1998)曾对有限差分法进行了详细的论述。

$$0, \Delta t, 2\Delta t, \cdots, T$$

网格的纵轴表示即期汇率 S。沿纵轴上某一点向上移动至另一点表示即期汇率上升 ΔS 个单位,共有 M 格。

需要注意,令 S 的最大值为 S_{MAX},当 $S = S_{MAX}$ 时,看跌期权的价值应为零。

同样,令 $\Delta S = S_{MAX}/M$,即期汇率具体变动形式如下:

$$0, \Delta S, 2\Delta S, \cdots, S_{MAX}$$

令网格内任意一点的坐标为 (i, j)——i 表示时间,j 表示即期汇率。在网格中到达这一点需要移动 i 格时间单位,j 格即期汇率单位。网格中的每一点都对应着一个导数值,记为 $f_{i,j}$。有限差分法的基本思想就是,通过整个网格中 f 的离散差分估计值来对偏微分方程的三个偏导变量 delta、theta 和 gamma 进行重置。根据隐式有限差分法,三个变量的表达式分别如下:

$$\frac{\partial f}{\partial S} \approx \frac{f_{i,j+1} - f_{i,j-1}}{2\Delta S}$$

$$\frac{\partial f}{\partial t} \approx \frac{f_{i+1,j} - f_{i,j}}{\Delta t}$$

$$\frac{\partial^2 f}{\partial S^2} \approx \frac{f_{i,j+1} + f_{i,j-1} - 2f_{i,j}}{\Delta S^2}$$

上述有限差分表达式可以用来替代 BSM 偏微分方程中的有限差分形式的偏导数表达式(需要对表达式进行一定整理):

$$\frac{f_{i+1,j} - f_{i,j}}{\Delta t} + (R_d - R_f)j\Delta S \frac{f_{i,j+1} - f_{i,j-1}}{2\Delta S}$$

$$+ \frac{1}{2}\sigma^2 j^2 \Delta S^2 \frac{f_{i,j+1} + f_{i,j-1} - 2f_{i,j}}{\Delta S^2} = R_d f_{i,j}$$

网格内每一点都对应着上述某一条表达式,但不包括到期日点处以及 $S = S_{MAX}$ 处($i = 0, 1, 2, \cdots, N-1$ 且 $j = 0, 1, 2, \cdots, M-1$)。

表达式可以整理如下:

$$a_j f_{i,j-1} + b_j f_{i,j} + c_j f_{i,j+1} = f_{i+1,j}$$

其中,

$$a_j = \frac{1}{2}(R_d - R_f)j\Delta t - \frac{1}{2}\sigma^2 j^2 \Delta t$$

$$b_j = 1 + \sigma^2 j^2 \Delta t + R_d \Delta t$$

$$c_j = -\frac{1}{2}(R_d - R_f)j\Delta t - \frac{1}{2}\sigma^2 j^2 \Delta t$$

也可以用如下结构关系图表示:

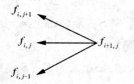

接下来,对盒状图的三条边界进行定义:

1. 右侧边界:在到期日,即时间推进了 N 个单位后,看跌期权的价值达到边界约束:

$$f_{N,j} = Max[K - j\Delta S, 0], 当 j = 0, 1, \cdots, M$$

2. 下侧边界:当即期汇率为 0 时,看跌期权的价值为执行价格的现值:

$$f_{i,0} = K e^{-R_r\tau}, 当 i = 0, 1, \cdots, N; \tau = T - i\Delta t$$

3. 上侧边界:在网格构造中,看跌期权在S_{MAX}处不具有价值:

$$f_{i,M} = 0, 当 i = 0, 1, \cdots, N$$

在了解了看跌期权在网格边界上的值之后,可以解出整个网格中每一点上的值。具体可以从期权到期日价值进行倒推,每一次分别对一段离散时间结构进行计算。并且在每一步计算中,都有$(M-1)$个未知量构成一个包含$(M-1)$个方程的联立方程组。例如,从期权到期日前的一段期限$(i=N-1)$起算,共有$(M-1)$个值:

$$f_{N-1,1}, \cdots, f_{N-1,M-1}$$

通过上述方式,每一次计算都进行一步倒推,可以解出整个网格中的值。估计结果的精确度取决于时间跨度与即期汇率区间的数据情况。在计算中,每一步的跨度越小,估计结果越精确;但相应地,更多的运算方程也需要付出更多的时间成本。并且需要注意,隐式有限差分法具有收敛性,即随着网格内价值点之间的间距缩小(网格内的数据表现将更优异),由该方法得出的期权价值完全可以收敛至期权的真实价值。

6.8.2 显式有限差分法

显式有限差分法假定当即期汇率保持不变,时间变动一个单位时,delta 和 gamma(不包括 theta)将保持不变。该假定可以大大降低有限差分法的运算量,但是也造成了显式有限差分法的一个缺陷,即其对期权价值估计的精确性不如隐式有限差分法。换言之,如果为了提高估值精确性而增加网格内价值点的数量,并不能使显式有限差分法更收敛于期权的真实价值。不过该问题可以进行一定的修正。并且显式有限差分法的最大优点在于能使运算量大大降低。

根据新的假定,显式有限差分法的表达式如下:

$$\frac{\partial f_{i,j}}{\partial S} = \frac{\partial f_{i+1,j}}{\partial S} \approx \frac{f_{i+1,j+1} - f_{i+1,j-1}}{2\Delta S}$$

$$\frac{\partial^2 f_{i,j}}{\partial S^2} = \frac{\partial^2 f_{i+1,j}}{\partial S^2} \approx \frac{f_{i+1,j+1} + f_{i+1,j-1} - 2f_{i+1,j}}{\Delta S^2}$$

将其代入 BSM-PDE:

$$\frac{f_{i+1,j} - f_{i,j}}{\Delta t} + (R_d - R_f)j\Delta S \frac{f_{i+1,j+1} - f_{i+1,j-1}}{2\Delta S}$$

$$+ \frac{1}{2}\sigma^2 j^2 \Delta S^2 \frac{f_{i+1,j+1} + f_{i+1,j-1} - 2f_{i+1,j}}{\Delta S^2} = R_d f_{i,j}$$

然后采取与之前类似的处理方式:

$$a_j^* f_{i+1,j-1} + b_j^* f_{i+1,j} + c_j^* f_{i+1,j+1} = f_{i,j}$$

其中,

$$a_j^* = \frac{1}{1+r\Delta t}\left(-\frac{1}{2}(R_d - R_f)j\Delta t + \frac{1}{2}\sigma^2 j^2 \Delta t\right)$$

$$b_j^* = \frac{1}{1+r\Delta t}(1 - \sigma^2 j^2 \Delta t)$$

$$c_j^* = \frac{1}{1+r\Delta t}\left(\frac{1}{2}(R_d - R_f)j\Delta t + \frac{1}{2}\sigma^2 j^2 \Delta t\right)$$

在显式有限差分法中,期权的价值是 3 个"未来"期权价值的函数,结构关系图如下所示:

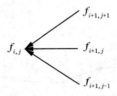

显式有限差分法的运用最初是源于在隐式有限差分法中需要构建相同边界的问题。假定 delta 和 gamma 在一定条件下不变,公式经过重新整理,可以消除对大量联立方程式的繁重计算。[1]

6.8.3 克兰克—尼科尔森有限差分法

克兰克—尼科尔森有限差分法是期权定价理论中用到的第三种有限差分法

---

〔1〕 显式有限差分法可被视作一种三项式模型。见 Hull(2009)。

形式。[1] 克兰克—尼科尔森有限差分法实质上是隐式有限差分法与显式有限差分法的一种折中方法。通过将两种方法的公式相加就能得到克兰克—尼科尔森有限差分法的表达式：

$$a_j f_{i,j-1} + (b_j - 1) f_{i,j} + c_j f_{i,j+1} = -a_j^* f_{i+1,j-1} - (b_j^* - 1) f_{i+1,j} - c_j^* f_{i+1,j+1}$$

由于与隐式法和显式法相比，克兰克—尼克尔森法能够更快地收敛于期权的真实价值，因此克兰克—尼科尔森法是 3 种有限差分法中运用最广泛的一种。[2] 但从整体来看，因为 3 种有限差分法都能真正解决期权定价问题，因此都非常有价值。尤其在美式期权以及一些特定的奇异期权（见第 8 章）的定价上有着非常重要的运用。例如，威尔莫特（Wilmott,1998）就曾提到在其对衍生品的研究过程中广泛地借助了这 3 种有限差分法。

6.8.4 普通期权的有限差分法

前面已经提到，借助有限差分法可以简便地估算出欧式期权的价值。图6—4中给出了普通欧式美元看跌/日元看涨期权在显式有限差分法和克兰克—尼科尔森有限差分法中的收敛性。

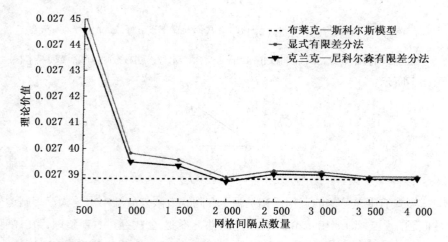

注:执行价格=89.336 7;即期汇率=90;90 天;vol=14%;R_d=5%;R_f=2%。

图6—4 欧式美元看跌/日元看涨期权的克兰克—尼科尔森有限差分法表现

随着网格内间隔点数量的增加，两种有限差分法都将收敛于 BSM 价值。但

---

〔1〕 布兰迪马尔特（Brandimarte,2006）曾分别对隐式有限差分法、显式有限差分法以及克兰克—尼科尔森有限差分法进行了 MATLAB 编程。
〔2〕 见 Wilmott(1998);Brandimarte(2006)。

至少在本例中,克兰克—尼科尔森法收敛至目标价值的速度更快。

在美式期权的情形下,网格需要对提前行权问题作出一定的调整:必须对网格中每一点的价值针对最优提前行权的可能性进行测算。如果在点上可以提前行权,那么该价值必须根据执行价格和标的即期汇率之间的价差进行重置。简单来说,美式期权在网格内所有点上的价值不能低于相应的即时行权价值。以看跌期权为例,这意味着:

$$P'(S,t) \geqslant Max[K-S(t),0]$$

图 6-5 给出了具有相同条件的美式期权的克兰克—尼科尔森法的表现。

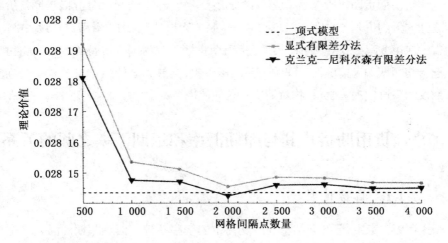

注:执行价格=89.336 7;即期汇率=90;90 天;vol=14%;R_d=5%;R_f=2%。

图 6-5　美式美元看涨/日元看跌期权的克兰克—尼科尔森有限差分法表现

图 6-5 中分别用显式有限差分法和克兰克—尼科尔森有限差分法进行了测试,并以二项式模型作为参照。具体结论与之前的欧式期权情形相似:至少在本例中,两种有限差分法都表现出了收敛性,但克兰克—尼科尔森法体现出了更高的精确度。

第 7 章　货币期货期权

货币期货期权行权后将立即变成货币期货合约,进而执行价格与期货价格之间的价内价差会立即在账户的借方或贷方得以体现,构成看涨或看跌头寸。

在第 2 章中,已经具体介绍了货币期货期权交易的实务特点。本章将讨论期货与即期和远期价格之间的关系。接下来,会具体介绍欧式与美式货币期货期权的平价定理。之后,将对期货期权估值模型做出分析。

7.1　货币期货及其与即期汇率和远期汇率之间的关系

7.1.1　直接远期

在第 1 章中,已经介绍了外汇交易中的一些基础术语。即期外汇交易是指交易双方为了立即交换一定数量的货币而达成的协议。远期合约是指交易双方为了在即期结算日之后的未来某一结算日交换一定数量的货币而达成的协议。

远期交易的标的汇率称为远期直接汇率(outright)。根据利率平价定理,远期直接汇率可按如下方式导出:

$$F = S e^{(R_d - R_f)\tau}$$

其中,F 表示远期直接汇率,S 表示即期汇率,R_d 表示本币利率,R_f 表示外币利率,τ 表示交割日之前的剩余期限。所有的汇率都按美式报价(即 1 单位外币的美元价格)。

远期直接汇率与即期汇率之间的价差称为远期点数:

$$F - S = S(e^{(R_d - R_f)\tau} - 1)$$

7.1.2　远期合约

在大多数情况下,远期合约都会参照市场上的现行远期汇率来商定远期直接汇率;远期合约的初始价值为零。在此之后,合约价值作为汇率,本、外币利率以及剩余期限的函数,其值可正可负。最后在结算日 T,令根据远期合约买入 1 单位外汇而需支付的美元数额为 V_T,等于:

$$V_T = S_T - F_0。$$

其中,S_T 表示在结算日 T 的即期汇率,F_0 表示交易双方开立合约时所商定的远期直接汇率。

如果想要退出远期合约的头寸位置,交易者可以基于相同的结算日再建立一份"平仓交易"合约。平仓交易可以在原先一份远期合约结算日之前的任一时间点上建立。而平仓交易的思想则构成了对远期合约估值的基础。对于一份原先是买入外汇的远期交易而言,平仓交易需要再买入一份远期合约,其标的则是卖出相应的外汇;而对于一份原先是卖出外汇的远期交易而言,平仓交易也需要再买入一份远期合约,其标的则是买入相应的外汇。在远期结算日出现的现金流残值代表了远期交易的损益,而该残值的净现值就是远期合约在到期日之前的任一时间点上的价值。

假设投资者想要通过远期合约,在 90 天之后用美元买入 1 000 000 欧元。初始的即期汇率为 1 欧元兑 1.400 美元,美元的 90 天利率为 6.00%,欧元的 90 天利率为 4.00%,那么根据利率平价,90 天的远期直接汇率 F_0 为:

$$F_0 = 1.400\ 0\ e^{(0.06-0.04)\frac{90}{360}} = 1.407\ 0$$

根据结论,远期合约约定了在 90 天之后用 1 407 000 美元买入 1 000 000 欧元。现在假设即期汇率突然跌至 1.390 0,那么远期合约的价值会怎样变化呢?可以考虑为了对冲该合约并以美元进行结算而构建平仓交易:在 90 天后卖出 1 000 000 欧元。基于新的远期汇率而构建的平仓交易中,在结算时可以收到的美元数量可以再按利率平价得出新的远期直接汇率:

$$F_t = 1.390\ 0\ e^{(0.06-0.04)\frac{90}{360}} = 1.397\ 0$$

上述结论中,假定利率都没有发生改变。通过平仓交易,交易者可以通过卖出 1 000 000 欧元而得到 1 397 000 美元。在结算日,欧元金额为 0,但交易方需要对 \$10 000 的净值进行交割。考虑到美元利率为 6%,该净值的现值为 \$9 855。因此,远期合约的价值为 — \$9 855。

通过上面的例子可以直接导出远期合约估值模型。如果将交易货币按美式报价而平仓交易按本币交割,那么估值模型的代数式将非常清晰。

假设在第 t 天,距离远期结算日则还剩 $\tau = (T-t)$ 天,对购入 1 单位外汇的远期合约进行估价。初始的远期合约和平仓合约在结算日 T 上,对本、外币有如下现金流形式：

	本币	外币
远期合约	$-F_0$	$+1$
平仓合约	$+F_t$	-1
总计	F_t-F_0	0

其中，F_0 为初始远期合约执行时参照的远期直接汇率，F_t 为平仓合约的远期直接汇率。(F_t-F_0) 的净现值为远期合约在时间点 t，剩余持有期限为 τ 时的价值：

$$V_t=e^{-R_d\tau}(F_t-F_0)=e^{-R_f\tau}S_t-e^{-R_d\tau}F_0$$

该公式表明，对于标的是买入外币的远期合约的价值与即期汇率正相关。而这一公式对于即期汇率变动的敏感性，称为远期合约的 delta，可通过如下形式进行描述：

$$\delta_{forward\ contract}=\frac{\partial V_t}{\partial S_t}=e^{-R_f\tau}\leqslant 1$$

显然 $(\tau=T-t)$ 必须为正，因此 δ 小于 1（假设 R_f 非负）。这意味着当即期汇率变动 1 单位时，远期合约价值的变动将小于 1 单位。并且注意到，δ 并不受到本币利率变化的影响。因为在导出现值的过程中，本币利率被剔除出了 delta 的构成之中。

外币利率越大，即期汇率变动 1 单位时远期合约的 delta 越小：

$$\frac{\partial}{\partial R_f}\frac{\partial V_t}{\partial S_t}=-(T-t)e^{-R_f(T-t)}<0$$

并且，随着结算日的临近，远期合约的 delta 将会逐渐增大，这是因为：

$$-\frac{\partial}{\partial(T-t)}\frac{\partial V_t}{\partial S_t}=R_fe^{-R_f(T-t)}>0$$

其中，$(-\tau)$ 表示随着合约持有期增加，临近结算日的剩余期限将逐渐减少。

最后，为了完成期权估价模型，需要解出远期合约的价值对于利率和剩余期限变动的敏感度。远期合约与外币利率负相关而与本币利率正相关：

$$\frac{\partial V_t}{\partial R_f}=-(T-t)e^{-R_f(T-t)}S_t<0$$

$$\frac{\partial V_t}{\partial R_d}=(T-t)e^{-R_d(T-t)}F_0>0$$

即使即期汇率不发生变动，远期合约的价值也会随着时间的变化而变化。而远期合约的价值与时间之间的关系比较难确定：

$$-\frac{\partial V_t}{\partial(T-t)}=R_f e^{-R_f(T-t)}S_t-R_d e^{-R_d(T-t)}F_0$$

表 7—1 给出了按 90 天结算以美元购入 100 万欧元的远期合约估值的数值范例。

表 7—1 远期合约价值变动分析(按远期买入 100 万欧元)

	初始水平	theta	delta	rho R_d	rho R_f	总变动
货币配对	EUR/USD	—1 day	—0.01 USD	+1%	+1%	
EUR 名义	€ 1 000 000					
USD 名义	$ 1 407 018					
即期汇率	1.400 0		1.390 0			1.390 0
本币利率,R_d	6.00%			7.00%		7.00%
外币利率,R_f	4.00%				5.00%	5.00%
剩余到期日	90	89				89
剩余到期时间,τ	0.250 0	0.247 2				0.247 2
远期直接汇率	1.407 0	1.406 9	1.397 0	1.410 5	1.403 5	1.396 9
变动		— $ 77	— $ 9 900	$ 3 461	— $ 3 461	— $ 9 954

由于远期合约按市场远期直接汇率执行,因此合约的初始价值为零。[1] 具体的动态过程如下:

- 时间流逝 1 天(从 90 天变为 89 天)的成本(theta)为 $ 77。
- 欧元/美元即期汇率下跌 1 美分(从 1.400 0 跌至 1.390 0),远期合约的市场价值(theta)将损失 $ 9 900。
- 本币利率(rho R_d)上涨 100 个基点,将使远期合约市场价值增加 $ 3 461。
- 外币利率(rho R_f)上涨 100 个基点,将使远期合约市场价值减少 $ 3 461。

7.1.3 货币期货合约

货币期货合约与远期合约有着较大的差别,这主要是由于交易双方会通过交易清算所对损益采取日结算方式。也就是说,随着期货价格的日浮动,期货合

---

〔1〕 表 7—1 中远期直接汇率是通过利率平价公式在非四舍五入条件下得出。

约会盯住市场进行日现金结算。

令小写字母 f 表示期货价格。在到期日 T,期货汇率价格将收敛于即期汇率:

$$f_T = S_T$$

在到期日之前,期货价格与即期汇率之间的差值

$$f_t - S_t$$

称为期货基点。

盯住市场的过程又称为变动保证金,其作用为,在每一交易日结束时将期货价值清零。

变动保证金所参照的投资或借贷利率构成了期货与远期合约在理论上差异的关键。在最简单的情形下,假定利率能够完全确定,即利率为非随机变量。考克斯、英格索尔和罗斯(Cox, Ingersoll, and Ross, 1981)基于布莱克(Black, 1976)早期的研究成果得出,如果利率为非随机变量的假设成立,期货价格必须等于远期价格。换言之,如果利率是完全确定的,那么期货价格必须遵循利率平价定理。这也使得期货基点应等于直接远期点数。

考克斯、英格索尔和罗斯对于该定理的证明解释了,至少在一个非随机利率情形下,一系列连续的期货合约可以完全复制出一份远期合约。该结论也引出了展期期货套期保值概念。在展期期货套期保值策略中,期货合约的数量每一天都将作出调整,并作为已知利率和剩余到期日的函数。合约的数量等于:

$$e^{-R_d \tau}$$

在时间点 $t = 0$ 处,套期保值策略包含的合约数量为:

$$e^{-R_d T}$$

上式中,T 表示在该时间点上的剩余到期日。而在下一交易日,合约数量将会增加,合约总量将变为:

$$e^{-R_d (T - \frac{1}{365})}$$

最后,在到期日,由于 $t = T$,将出现一份完整的合约:

$$e^{-R_d (T - T)} = 1$$

斯托尔和惠利(Stoll and Whaley, 1986)对考克斯、英格索尔和罗斯的研究成果进行了进一步证明。考虑投资组合 A 和 B,在投资组合 A 中包含两部分:第一部分是在 $t = 0$ 时间点签订一份远期合约,执行价格为现行的远期直接汇率 F。(美式报价)。在第 T 天,执行远期合约后可获得 1 单位外汇。第二部分是买入一份无风险本币零息债券,其将在第 T 天到期。所买入债券的价值在到期日应

等于F_0。债券的初始价值应等于：

$$F_0 e^{-R_d T}$$

在第 T 天，当债券到期且远期合约被交割之后，投资组合 A 的价值应等于即期汇率S_T。这是因为，远期合约的价值为：

$$(S_T - F_0)$$

债券在到期日得到的偿付等于F_0。

投资组合 B 也包含两部分：第一部分为一个展期期货头寸，将在第 T 天到期。第二部分是买入一份无风险本币零息债券，其将在第 T 天到期。令期货的初始价值为f_0，需要买入足额的债券使其到期日价值等于f_0。债券的初始现值等于：

$$f_0 e^{-R_d T}$$

展期期货中的逐日盯市策略都将按照本币利率R_d进行投资或融资。投资组合 B 在到期日 T 的价值等于S_T。对于如下份额的期货合约：

$$e^{-R_d (T-t)}$$

根据逐日盯市策略，其损益的相应数量应等于：

$$e^{-R_d (T-t)}(f_t - f_{t-1})$$

其中，f_t表示在第 t 交易日闭市时的期货价格，f_{t-1}表示在前一日闭市时的期货价格。在第 T 天，上述份额的期货价值应等于：

$$e^{R_d (T-t)} e^{-R_d (T-t)}(f_t - f_{t-1}) = (f_t - f_{t-1})$$

在逐日盯市情形下，所有期货价值总计应等于：

	$f_1 - f_0$
加上	$f_2 - f_1$
加上	…
加上	$S_T - f_{T-1}$
总价值应等于	$S_T - f_0$

期货在到期日的价格f_T，应收敛于即期汇率S_T。投资组合 B 的价值S_T，应等于展期套保组合的价值$(S_T - f_0)$和零息债券(f_0)之和。在无套利原则下，考克斯、英格索尔和罗斯得出，由于投资组合 A 的价值等于投资组合 B 的价值，因此期货价格f_0必须等于远期汇率F_0。

同时，基于马格拉布（Margrabe，1976）的研究结论，考克斯、英格索尔和罗斯对随机利率情形也进行了一定的探讨。马格拉布的观点是，利率的不确定性对于市场而言其实并不重要,即并不需要考虑以市场计价的风险,除非其与即期汇率存在相关性。

根据马格拉布的研究,基于期货价格与远期汇率之间是否存在相关性及其关系的正负性,期货价格相对于远期汇率将会出现一定的风险溢价或风险贴水。而康奈尔和雷甘纳姆(Cornell and Reinganum,1981)以及张和张(Chang and Chang,1990)基于实证研究发现,货币期货价格与货币远期价格之间并不存在统计意义上的显著性差异。并且,康奈尔和雷甘纳姆还发现汇率与利率之间其实也不存在显著性水平上的相关性,这一点与他们在货币期货问题中得出的并不存在风险溢价或风险贴水的结论相一致,却与马格拉布的观点相反。

7.2　货币期货期权的套利与平价理论

在第 4 章中,已经涉及了一些货币期权的套利策略与平价理论,而这些方法也适用于期货期权领域。

7.2.1　非 负 价 格

由于期权的持有者并不需要承担行权义务,因此期货期权的价格非负。相应的表达式如下:

欧式货币期货期权:

$$C^f \geqslant 0 ; P^f \geqslant 0$$

美式货币期货期权:

$$C^{f'} \geqslant 0 ; P^{f'} \geqslant 0$$

其中,上标 f 表示欧式期货期权,上标 f' 表示美式期货期权。

7.2.2　美式货币期货期权的性质

(1)价内美式期货期权的价值应至少等于即时行权的收益。根据无套利原则,可得出如下不等式:

$$C^{f'} \geqslant f_t - K$$
$$P^{f'} \geqslant K - f_t$$

(2)当其他条件不变时,美式期货期权的价值是剩余持有期限的正函数:

$$C^{f'}(T - t_0) \geqslant C^{f'}(T - t_1)$$
$$P^{f'}(T - t_0) \geqslant P^{f'}(T - t_1)$$

其中，$t_1 > t_0$。由于在到期日之前的任意时间点上都可以行权,因此行权期限的延展绝不会降低美式期货期权的价值。尽管这一原理并不是恒成立,但至少完全适用于欧式期货期权。

(3)美式期权的价值不应低于相同条件下欧式期权的价值:

$$C^f \geqslant C^f$$
$$P^f \geqslant P^f$$

如果将不具备最优提前行权条件的美式期货期权等同于欧式期货期权,可以简单地得出上述表达式。

7.2.3 欧式货币期货期权与实际外汇期权

根据定义,欧式货币期货期权只可以在到期日执行。

如果标的期货合约也在期权到期日到期,基于期货价格在到期日将收敛于即期汇率的假设,以实际外汇为标的的欧式期货期权的价格与欧式期权的价格在任意时间点上应该都不存在差异:

$$C = C^f$$
$$P = P^f$$

当期货到期日与期货期权到期日不同时,上述结论将无法成立。

假设利率平价定理对期货价格严格成立:

$$f = S e^{(R_d - R_f)\tau}$$

那么在第 3 章给出的以实际外汇为标的的看涨期权与看跌期权的下限满足:

$$C \geqslant S e^{-R_f \tau} - K e^{-R_d \tau}$$
$$P \geqslant K e^{-R_d \tau} - S e^{-R_f \tau}$$

对于货币期货期权,可调整为:

$$C^f \geqslant (f - K) e^{-R_d \tau}$$
$$P^f \geqslant (K - f) e^{-R_d \tau}$$

7.2.4 美式货币期货期权与实际外汇期权

对于美式期货期权而言,其与实际外汇期权相比将显得更为复杂。对于具有相同执行价格和到期日的期权而言,其相对估值将取决于外币是否处于贴水($R_d < R_f$)或溢价($R_d > R_f$)状态。对于贴水的货币,其期货价格一定会低于即期汇率。进而对于相对应的美式实际外汇期权而言,美式期货看涨期权的价值

将会更低,而美式期货看跌期权的价值将会更高:

贴水货币:

$$C^f \leqslant C'$$
$$P^f \geqslant P'$$

对于溢价货币,期货的价格一定会高于即期汇率,这也意味着对于相对应的美式实际外汇期权而言,美式期货看涨期权的价值将会更高,而美式期货看跌期权的价值将会更低:

溢价货币:

$$C^f \geqslant C'$$
$$P^f \leqslant P'$$

7.2.5 欧式货币期货期权的看涨—看跌平价定理

斯托尔和惠利(1986)提出了适用于欧式货币期货期权的一般化的期货期权看涨—看跌平价定理。对于具有相同执行价格水平 K 和剩余到期日 τ 的看涨期权与看跌期权,其具有如下关系:

欧式货币期货期权的看涨—看跌平价定理:

$$C^f - P^f = e^{-R_d\tau}(f-K)$$

斯托尔和惠利通过构建一个包含四个资产部分的投资组合,来对该关系式进行证明:

1. 买入一份货币期货展期头寸,包含了一个价值为 $e^{-R_d\tau}$ 的期货头寸,头寸进行逐日调整。

2. 买入一份欧式期货看跌期权。

3. 卖出一份欧式期货看涨期权。

4. 买入一份无风险零息本币债券,也在期权到期日到期,到期价值等于 (f_0-K)。

其中,f_0 表示在套利策略开始时市场上现行的期货价格。斯托尔和惠利得出,无论期货在到期日处于何种价格水平,该投资组合在该时间点的价值都将为 0。

头寸	初始价值	到期日价值	
		$f_T < K$	$f_T > K$
1. 展期期货	0	$f_T - f_0$	$f_T - f_0$
2. 买入看跌期权	$-P^f$	$K - f_T$	0
3. 卖出看涨期权	$+C^f$	0	$-(f_T - K)$
4. 买入债券	$-(f_0 - K)e^{-R_d\tau}$	$(f_0 - K)$	$(f_0 - K)$
总价值	$C^f - P^f - (f_0 - K)e^{-R_d\tau}$	0	0

在无套利原则下,投资组合在到期日之前的任一时间点上都恒为 0,这也证明了平价理论的成立。

7.2.6 美式货币期货期权的看涨—看跌平价定理

斯托尔和惠利提出的结论也适用于美式货币期货期权的看涨—看跌平价定理。在以实物外汇为标的的美式货币期权的情形中,看涨—看跌平价定理仍将采用不等式形式。对于执行价格为 K、剩余到期日为 T 的美式期货看涨期权与美式期货看跌期权而言,存在关系式如下:

美式货币期货期权的看涨—看跌平价公式:

$$e^{-R_d\tau}f - K \leqslant C^f - P^f \leqslant f - e^{-R_d\tau}K$$

在证明过程中,首先需要对不等式左边构建一个套利组合,将其称为下限;再对不等式右边构建一个套利组合,将其称为上限。由于期货看跌期权与期货看涨期权都为美式,因此任意一个套利组合都可能在到期日之前的某一时间点上被提前行权,令该时间点为 t^*。

下限的套利组合(见表 7-2 上半部分)包含如下几部分:

1. 买入一份执行价格为 K、剩余到期日为 τ 的美式货币期货看涨期权,初始成本为 C^f。在中间时间点 t^*,期权的价值为 C_t^f。在到期日,期货的价格将收敛于即期汇率,期权的价值为:

$$C_T^f = Max[0, S_T - K]$$

2. 卖出一份执行价格为 K、剩余到期日为 τ 的美式货币期货看跌期权,初始的售价为 P^f。在中间时间点 t^*,期权可能被行权,进而投资组合将借记执行价格与即期期货价格的价差:

$$-(K - f_{t^*})$$

表 7—2　　　　　　　　　**美式货币期货期权的看涨—看跌平价定理**

下限：$fe^{-R_dT}-K \leqslant Cf'-Pf'$

头寸[1]	初始价值	中间价值	到期日价值	
			$S_T<K$	$S_T \geqslant K$
买入看涨期权	$-Cf'$	$+Cft*'$	0	(S_T-K)
卖出看跌期权	$+Pf'$	$-(K-f_{t*})$	$-(K-S_T)$	0
卖出展期期货策略[2]	0	$-(f_{t*}-f_0)e^{-R_d(T-t*)}$	$-(S_T-f_0)$	$-(S_T-f_0)$
卖出债券	$(f_0e^{-R_dT}-K)$	$-(f_0e^{-R_d(T-t*)}-Ke^{R_dt*})$	$-(f_0-Ke^{R_dT})$	$-(f_0-Ke^{R_dT})$
总计	$-(Cf'-Pf')+(f_0e^{-R_dT}-K)$	$Cft*'+K(e^{R_dt*}-1)+f_{t*}(1-e^{-R_d(T-t*)})>0$	$K(e^{R_dT}-1)>0$	$K(e^{R_dT}-1)>0$

上限：$Cf'-Pf' \leqslant f-Ke^{-R_dT}$

头寸[3]	初始价值	中间价值	到期日价值	
			$S_T<K$	$S_T \geqslant K$
卖出看涨期权	$+Cf'$	$-(f_{t*}-K)$	0	$-(S_T-K)$
买入看跌期权	$-Pf'$	$+Pft*'$	$(K-S_T)$	0
买入展期期货策略[4]	0	$(f_{t*}-f_0)e^{R_dt*}$	$(S_T-f_0)e^{R_dT}$	$(S_T-f_0)e^{R_dT}$
买入债券	$-(f_0-Ke^{-R_dT})$	$(f_0e^{R_dt*}-Ke^{-R_d(T-t*)})$	$(f_0e^{R_dT}-K)$	$(f_0e^{R_dT}-K)$
总计	$(Cf'-Pf')-(f_0-Ke^{-R_dT})$	$Pft*'+f_{t*}(e^{R_dt*}-1)+K(1-e^{-R_d(T-t*)})>0$	$S_T(e^{R_dT}-1)>0$	$S_T(e^{R_dT}-1)>0$

注：1. 该头寸包含：买入一份看涨期权、卖出一份看跌期权、卖出一份展期期货策略以及在初始点上借入 $(e^{-R_dT}f_0-K)$ 美元。

2. 对展期期货策略看空包含了对价值为 $e^{-R_d(T-t*)}$ 份合约的看空头寸，并进行逐日调整。

3. 该头寸包含：卖出一份看涨期权、买入一份看跌期权、买入一份展期期货策略以及在初始点上买入 $(f_0-Ke^{-R_dT})$ 美元的债券。

4. 对展期期货策略看涨包含了对价值为 e^{R_dt*} 份合约的看涨头寸，并进行逐日调整。

　　从具体操作上来看，套利组合也将面临一份期货合约的交割，因此不存在出现瞬时价值的问题。

　　3. 卖出一份展期期货策略，该头寸的合约价值为 $e^{-R_d(T-t)}$，并采取逐日调整。在到期日，将对一份合约进行看空（因为在到期日，$t=T$）。到期日执行时，该策略的价值等于：

$$-(S_T-f_0)$$

　　4. 对债券看空，其初始价值等于：

$$(e^{-R_dT}f_0-K)$$

在到期日的价值等于：

$$-(f_0-e^{+R_dT}K)$$

在具体证明时，无论是在到期日还是在中间时间点上，套利组合的价值应恒

为正。在到期日,套利组合的价值应等于:

$$K(e^{R_dT}-1)$$

即只要利率大于 0,上式就应为正。在中间时间点上,假设会对套利组合任意卖出看跌期权。表 7—2 表示,套利组合在中间时间点上的价值也应为正。因此,在中间时间点和到期日的价值都为正,无套利原则要求投资组合的初始价值

$$(C^f-P^f)-(e^{-R_dT}f_0-K)$$

必须为正,证毕。

对上限的证明(见表 7—2 下半部分)采用相同思路,区别是,展期期货策略始终是对 e^{R_dt} 价值的合约看涨。

7.3 欧式货币期货期权的布莱克模型

本节将介绍一种欧式期货期权模型。当期货期权及其标的的期货合约具有相同的到期日时,期货期权的价值应与以实物外汇为标的的期权的价值相等。这是由于期货期权在偿付溢价之前并不会在中间时间点上产生现金流,并且期货价格在到期日应收敛于即期汇率。

在一般情况下,期货期权相对于其标的的可交割期货合约的有效期限将更短。例如,一份 10 月份到期的期货期权将生成一份在 12 月份到期的期货合约。这就是为什么要构建一个专门适用于欧式期货期权的模型的原因。

布莱克(1976)将布莱克—斯科尔斯普通股的期权定价模型对一般意义上的欧式商品期货期权进行了修正。接下来将具体介绍适用于货币期货期权的布莱克模型。

7.3.1 布莱克模型的假设条件

布莱克欧式期货期权模型的三个假设条件如下:

1. 不存在税收与交易成本,对于期货期权与期货合约的看涨与看跌不存在限制。所有的交易者都是价格接受者。

2. 本币利率为无风险利率,并且在期货期权的持有期内保持不变。

3. 期货价格的瞬时波动遵循扩散过程形式。

$$\frac{df}{f}=\alpha dt+\sigma dz$$

其中,α 表示偏离项;dt 表示瞬时概念;σ 为扩散过程的标准差;dz 为在整个持

有期内独立的随机变量,其遵循均值为 0、标准差为 dt 平方根的正态分布。

在上述假设条件的基础上,可以运用对一定份额货币期货合约看空的方法来构建对货币期货看涨期权进行看涨的套期保值策略。根据金融理论中的常用思路,套保头寸的收益率应等于无风险利率 R_d。

基于假设条件,期货看涨期权的价格必须符合如下偏微分方程形式:

货币期货期权的布莱克偏微分方程为:

$$R_d C^f - \frac{1}{2}\sigma^2 f^2 \frac{\partial^2 C^f}{\partial f^2} - \frac{\partial C^f}{\partial \tau} = 0$$

欧式期货看涨期权和欧式期货看跌期权的价值在到期日的约束条件如下:

$$C_T^f = Max[0, f_T - K]$$
$$P_T^f = Max[0, K - f_T]$$

上述约束条件表明,在到期日,任意一种期货期权的价值都应大于或等于0,对于价内期权,其所处的的价内程度即代表了其相应价值。

布莱克通过解出在到期日处约束条件的偏微分方程,导出了欧式期货期权模型。

布莱克欧式货币期货期权模型:

$$C^f = e^{-R_d\tau}[fN(h) - KN(h - \sigma\sqrt{\tau})]$$
$$P^f = e^{-R_d\tau}[-fN(-h) + KN(-h + \sigma\sqrt{\tau})]$$

其中,

$$h = \frac{\ln\left(\frac{f}{K}\right) + \frac{\sigma^2}{2}\tau}{\sigma\sqrt{\tau}}$$

需要指出的是,尽管外币利率会影响期货价格一即期汇率关系,但是它并没有清晰地出现在布莱克期货期权模型中。其实从某种意义上来看,货币期货期权模型完全略过了期货合约的标的为外汇这一问题;而如果模型的标的为股票指数或者某一农产品,相应的模型中也会出现不受标的资产影响的情形。在模型中,最需要考虑的是会对期货价格产生影响的随机过程形式,本币利率无风险且保持不变,以及在不受期货与期货期权风险影响下实现套期保值。

表 7-3 综合罗列了布莱克模型的偏导数公式。表 7-4 列举了以日元期货看涨期权与看跌期权为例的数值范例。

表 7—3　　　　　　　　　　　布莱克期货期权模型的偏导数公式

货币期货看涨期权

$$\delta_{call} \equiv \frac{\partial C^f}{\partial f} = e^{-R_d\tau} N(h)$$

$$\gamma_{call} \equiv \frac{\partial^2 C^f}{\partial f^2} = \frac{e^{-R_d\tau} N'(h)}{f\sigma\sqrt{\tau}}$$

$$\theta_{call} \equiv \frac{\partial C^f}{\partial \tau} = R_d f e^{-R_d\tau} N(h) - R_d K e^{-R_d\tau} N(h-\sigma\sqrt{\tau}) - f e^{-R_d\tau} N'(h)\frac{\sigma}{2\sqrt{\tau}}$$

$$\kappa_{call} \equiv \frac{\partial C^f}{\partial \sigma} = e^{-R_d\tau} f\sqrt{\tau} N'(h)$$

$$\rho_{call} \equiv \frac{\partial C^f}{\partial R_d} = K\tau e^{-R_d\tau} N(h-\sigma\sqrt{\tau})$$

货币期货看跌期权

$$\delta_{put} \equiv \frac{\partial P^f}{\partial f} = -e^{-R_d\tau} N(-h)$$

$$\gamma_{put} \equiv \frac{\partial^2 P^f}{\partial f^2} = \frac{e^{-R_d\tau} N'(h)}{f\sigma\sqrt{\tau}}$$

$$\theta_{put} \equiv \frac{\partial P^f}{\partial \tau} = -R_d f e^{-R_d\tau} N(-h) + R_d K e^{-R_d\tau} N(-(h-\sigma\sqrt{\tau})) - f e^{-R_d\tau} N'(h)\frac{\sigma}{2\sqrt{\tau}}$$

$$\kappa_{put} \equiv \frac{\partial P^f}{\partial \sigma} = e^{-R_d\tau} f\sqrt{\tau} N'(h)$$

$$\rho_{put} \equiv \frac{\partial P^f}{\partial R_d} = -K\tau e^{-R_d\tau} N(-(h-\sigma\sqrt{\tau}))$$

表 7—4　　　　　　　　布莱克欧式期货期权模型的数值范例：日元期货

参数		
期货价格	90.01	
执行价格	90	
期限	71	
波动率	14.00％	
利率	5.00％	
输出	**看涨期权**	**看跌期权**
价格	2.200	2.190
delta	0.508	−0.482
gamma	0.071	0.071
theta	−0.015	−0.015
vega	0.157	0.157
rho	0.085	−0.089

注：vega 通过除以 100 进行调整；theta 通过除以 365 进行调整。

7.4 美式货币期货期权的估值

7.4.1 对最优提前行权的解释

当美式期货期权完全处于价内时,投资者就可能对其在到期日之前进行最优提前行权。惠利(1986)指出,其实可以根据布莱克模型导出完全处于价内的欧式期货看涨期权的下限:

$$e^{-R_d\tau}(f-K)$$

这是因为,当期货价格高于执行价格时,布莱克模型方法中的 $N(h)$ 和 $N(h-\sigma\sqrt{\tau})$ 都将等于 1。对于美式期货期权,其内在价值

$$(f-K)$$

可以在任一时间点上被实现,其构成了期权的下限。由于 $e^{-R_d\tau}$ 小于 1 $(R_d>0)$,价内美式期货期权的下限应大于具有相同条件的欧式期货期权的下限,这是因为:

$$(f-K)>e^{-R_d\tau}(f-K)$$

因此,美式期货期权的提前行权在理论上可能是最优的。

当期货价格足够高时,令其为 f^*,美式看涨期权的价值应等于其内在价值,因此期权持有者会对提前行权的选择无差异(见图 7-1)。

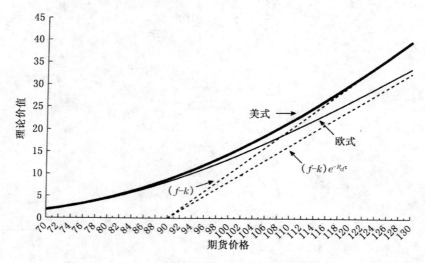

图7-1 美式与欧式日元期货看涨期权

当某一 f 的值小于 f^* 时,提前行权的价值,记为 epsilon(ε),应等于美式期货期权与欧式期货期权之间的价差:

$$\varepsilon = C^f - C^f,当 f < f^*$$

其中,C^f 表示美式期货期权,C^f 表示具有相似条件的欧式期货期权。

当期货价格高于 f^* 时,ε 的值应等于美式看涨期权内在价值与欧式看涨期权内在价值之间的价差:

$$\varepsilon = (f - K) - C^f,当 f \geqslant f^*$$

当 f 相对于执行价格变得非常大时,欧式看涨期权的价值将接近其下限,即等于其内在价值的现值:

$$(f - K)e^{-R_d T}$$

该表达式表示提前行权后将获得的收益进行投资后所能获得的利息收入。

7.4.2 期货期权的二项式模型

赫尔(2009)证明,通过简单修正之后,二项式期权定价模型也适用于美式期货期权的定价。在布莱克欧式期货期权模型中,二项式方法并没有体现出期货合约的标的为外币这一特征。换言之,美式货币期货期权的二项式模型也完全可以用于其他的期货期权模型。

赫尔的方法是,通过类似于以支付股利的普通股为标的的美式期权模型来导出美式期货期权模型。对模型的唯一修正,是将外币利率来替换股息率。最终得到的模型与第 6 章给出的二项式模型并没有太大差异,其中,向上跳跃项与向下跳跃项以及概率项 p(上行概率)被重新定义如下:

$$u = e^{\sigma \sqrt{\frac{t}{n}}}$$
$$d = e^{-\sigma \sqrt{\frac{t}{n}}}$$

$$p = \frac{1 - d}{u - d}$$

7.5 期货期权的二次近似模型

惠利(1986)将巴龙—阿德西和惠利的二次近似法运用于美式期货期权,模型表达式如下:

$$C^f = C^f + A_2 \left(\frac{f}{f^*}\right)^{q_2},f < f^*$$

$$C^f = f - K,f \geqslant f^*$$

151

其中，

$$A_2 = (\frac{f^*}{q_2})[1 - e^{-R_d\tau}N(d_1(f^*))]$$

$$d_1(f^*) = \frac{\ln(\frac{f^*}{K}) + \frac{1}{2}\sigma^2\tau}{\sigma\sqrt{\tau}}$$

$$q_2 = \frac{(1 + \sqrt{1+4b})}{2}$$

$$b = \frac{2R_d}{\sigma(1 - e^{-R_d\tau})}$$

f^* 的值可通过迭代法解出：

$$f^* - K = C^f(f^*) + [1 - e^{-R_d\tau}N(d_1(f^*))]\frac{f^*}{q_2}$$

对于美式期货看跌期权，二次近似模型的表达式如下：

$$P^f = P^f + A_1\left(\frac{f}{f^{**}}\right)^{q_1}, f > f^{**}$$

$$P^f = K - f, f \leqslant f^{**}$$

$$A_1 = -(\frac{f^{**}}{q_1})[1 - e^{-R_d\tau}N(-d_1(f^{**}))]$$

$$q_1 = \frac{(1 - \sqrt{1+4b})}{2}$$

其中，f^{**} 表示美式期货看跌期权在最优行权时的期货价格，其他变量则与美式期货看涨期权公式中的定义相同。f^{**} 的值可通过迭代法解出：

$$K - f^{**} = P^f(f^{**}) - [1 - e^{-R_d\tau}N(-d_1(f^{**}))]\frac{f^{**}}{q_1}$$

此外，美式期货期权的价值可以通过在第 6 章已经介绍过的，霍、斯特普尔顿和苏布拉马尼亚姆提出的将外币利率（R_f）等值于本币利率（R_d）的方法，来对美式期货期权进行估值。对该方法给人的直观感觉是，期货期权类似于以支付等价于无风险利率的收益率的资产为标的的期权，即意味着不存在套利成本。

第8章 障碍货币期权与两值货币期权

外汇障碍期权(barrier option on foreign exchange)是指在期权到期日前,当即期汇率到达某一预先设定好的障碍水平点或区间内时(障碍价格),期权将会自动生成或自动撤销。两值期权(binary option)与障碍期权类似,只有当障碍水平被触发时,障碍期权才会支付一笔固定金额的外汇(见表8-1)。

表 8-1 常见的外汇障碍期权与两值期权

	行权方式	障碍事件设置	障碍事件的结果	如果障碍事件没有出现	障碍事件
单障碍期权					
敲出	欧式	$K>H$(看涨期权)	期权撤销	期权相当于普通期权	任一时间
敲入	欧式	$K>H$(看涨期权)	期权转为普通期权	期权在到期日没有价值	任一时间
踢出	欧式	$K<H$(看涨期权)	期权撤销	期权相当于普通期权	任一时间
踢入	欧式	$K<H$(看涨期权)	期权转为普通期权	期权在到期日没有价值	任一时间
双重障碍	欧式	$H1<S<H2$	期权撤销	期权相当于跨式期权	任一时间
两值期权					
欧式	欧式	$S<H$(看涨期权)	支付现金	期权在到期日没有价值	只在到期日
欧式	欧式	$S>H$(看跌期权)	支付现金	期权在到期日没有价值	只在到期日
一触即付	美式	$S<H$(看涨期权)	支付现金	期权在到期日没有价值	任一时间
一触即付	美式	$S>H$(看跌期权)	支付现金	期权在到期日没有价值	任一时间
双重障碍两值区间期权	美式	$H1<S<H2$	每天支付现金;存在障碍事件	期权在到期日没有价值	任一时间
或有溢价	欧式	$S>H$	所有者支付溢价	期权相当于普通期权	任一时间

目前,障碍货币期权与两值货币期权在银行间市场上单独进行交易。所有主要的外汇交易银行都提供这两种期权交易。

在绝大多数情况下,所构建的障碍期权都会对其持有期内的障碍价格非常敏感。基于此,障碍期权被视作存在一定的路径依赖,即这类期权在其到期日前的持有期内,一直会受到各即期汇率水平的影响。相反,普通货币期权不存在路径依赖问题,因为这类期权不会受到即期汇率的即时价值变动的影响。通常规定,货币障碍期权不会支付折扣,这一点与其他交易市场上的障碍期权不同。障碍期权的折扣是指当障碍价格出现导致期权被撤销时,会返还一定的现金。[1] 本章所讨论的模型都假定对障碍期权进行连续性监测。因此,即使在实际情况中,有时交易市场会出现闭市,这些模型也是有价值的。并且,由于外汇市场在每周的交易日都是 24 小时可交易,因此,外汇市场在所有的交易市场中是最能够实现上述监测条件的。[2]

两值期权是障碍期权的一种特殊类型。首先,它以一定的障碍价格出现为条件支付一笔固定的外汇金额。有一些两值期权只在到期日对障碍条件敏感,而另一些在期权持有期内任一时间点上都能够被触发[如一触即付期权(one-touch option)]。两值期权还包括区间期权(range option)和或有溢价期权(contigent premium option),这两种都会在本章进行介绍。

为什么所有的投资者都会对障碍期权感兴趣呢? 最直接的答案就是,障碍期权使得市场参与者有机会根据未来的汇率水平来构建高度个性化的交易策略。更重要的是,障碍期权可以按照只支付相当于普通期权价格的一部分的成本,构造出一个高度杠杆化的定向交易策略。并且,投资者都会对市场的波动性非常注意,例如,投资者可以通过买入障碍期权来构造一个短期波动率交易策略。相比于更具风险性的以对普通期权看空的标准方式构建波动率看空交易策略,基于固定溢价借助障碍期权构建波动率看空头寸显然对策略有明显改善。也有一些套期保值者发现,运用障碍期权管理货币风险会显得更有效,并且成本也能得到很好的控制。

许多基础的障碍期权都拥有 BSM 型分析模型,本章将会作具体介绍。更有意义的是,本章将运用 vanna-volga 方法对障碍期权进行测绘,以呈现其波动率曲面。在一些具体问题中,会运用二项式与三项式方法对一些分析模型进行改进,而一些数值方法,如克兰克—尼科尔森方法,在障碍期权中也有成功的运用。障碍期权这一话题也将在后面几章中继续探讨,并会介绍几种更新的模型形式,包括德曼、卡尼和杜派(Derman, Kani, and Dupire)的局部波动率模型(local volatility model),赫斯顿(Heston)的障碍期权模型以及随机局部波动率模型。

---

[1] 见豪格(Haug,2007)对障碍期权的折扣特征的讨论。
[2] 见豪格(Haug,1996)对非连续型障碍期权监测的讨论。

8.1 单障碍货币期权

8.1.1 单障碍期权的分类

敲出障碍期权[1](knock-out barrier option)具有撤销特征,如果当即期汇率触及或者在敲出执行价格的障碍水平进行交易时,会导致该期权被撤销。根据定义,触碰期权会有一个处于价外的敲出执行价格。敲出看涨期权也称为下跌敲出看涨期权(down-and-out call);敲出看跌期权也称为上涨敲出看跌期权(up-and-out put)。

考虑这样一个例子,敲出美元看涨/日元看跌期权的执行价格为90,敲出执行价格为85。那么美元/日元汇率为90时会进行正常交易,而如果美元/日元汇率在85时,期权就会立即被撤销。否则,如果在汇率为85水平处没有进行交易,敲出期权的作用就会相当于普通期权。

敲入障碍期权[2](knock-in barrier option)是指,只有当即期汇率突破某一特定的敲入执行价格水平时,才会生成期权。敲入期权的敲入执行价格应处于价外。如果敲入期权达到敲入执行价格水平时被执行,其将永久性地成为一份普通看跌期权或看涨期权。然而,如果始终无法达到敲入执行价格,那么即使敲入期权处于价内,其在到期日也会变得没有价值。沿用前面的例子,85 即表示敲入美元看涨/日元看跌期权的具体敲入执行价格。

踢出(kick-out)和踢入(kick-in)期权与敲出和敲入期权相似,除了踢出执行价格与踢入执行价格都处于价内这一条件不同。例如,执行价格为90、踢出执行价格为85的上涨踢出美元看跌/日元看涨期权。类似地,也可以有执行价格为90、踢出执行价格为85的下跌踢出美元看涨/日元看跌期权。

由具有相同执行价格、障碍条件以及到期日的触发期权与触销期权构成的组合等同于一份普通期权。这是因为一旦障碍条件被触发,触销期权将被撤销而触发期权则开始生效,因此有:

$$C_{out} + C_{in} = C$$
$$P_{out} + P_{in} = P$$

---

[1] 同译为触碰失效期权、触销障碍期权。——译者注
[2] 同译为触碰生效期权、触发障碍期权。——译者注

8.1.2 触碰期权

豪格(Haug,2007)基于里奇(Rich,1994)以及雷纳和鲁宾斯坦(Reiner and Rubinstein,1991a)的研究成果,对障碍看涨期权与看跌期权的估值提出了一个简便的分析模型框架。对障碍期权的分析最早可以追溯到默顿(1973)以及布莱克和考克斯(1976)的开创性工作。豪格对如下一些公式进行了定义,这些公式将会在本章被重复用到:

$$Z1 = \phi e^{-R_f\tau} S N(\phi x_1) - \phi e^{-R_d\tau} K N(\phi x_1 - \phi\sigma\sqrt{\tau})$$

$$Z2 = \phi e^{-R_f\tau} S N(\phi x_2) - \phi e^{-R_d\tau} K N(\phi x_2 - \phi\sigma\sqrt{\tau})$$

$$Z3 = \phi e^{-R_f\tau} S \left(\frac{H}{S}\right)^{2(\mu+1)} N(\eta y_1) - \phi e^{-R_d\tau} K \left(\frac{H}{S}\right)^{2\mu} N(\eta y_1 - \eta\sigma\sqrt{\tau})$$

$$Z4 = \phi e^{-R_f\tau} S \left(\frac{H}{S}\right)^{2(\mu+1)} N(\eta y_2) - \phi e^{-R_d\tau} K \left(\frac{H}{S}\right)^{2\mu} N(\eta y_2 - \eta\sigma\sqrt{\tau})$$

$$\mu = \frac{R_d - R_f - \frac{1}{2}\sigma^2}{\sigma^2}$$

H 表示障碍条件,其中,

$$x_1 = \frac{\ln\left(\frac{S}{K}\right)}{\sigma\sqrt{\tau}} + (1+\mu)\sigma\sqrt{\tau}$$

$$x_2 = \frac{\ln\left(\frac{S}{H}\right)}{\sigma\sqrt{\tau}} + (1+\mu)\sigma\sqrt{\tau}$$

$$y_1 = \frac{\ln\left(\frac{H^2}{SK}\right)}{\sigma\sqrt{\tau}} + (1+\mu)\sigma\sqrt{\tau}$$

$$y_2 = \frac{\ln\left(\frac{H}{S}\right)}{\sigma\sqrt{\tau}} + (1+\mu)\sigma\sqrt{\tau}$$

公式中的其他变量都参照之前的定义,η 和 ϕ 为指数参考变量:

敲出看涨期权($K > H$)与敲出看跌期权($K < H$):

$$C_{下跌敲出} = Z1 - Z3, 当 \eta = 1 且 \phi = 1$$

$$P_{上涨敲出} = Z1 - Z3, 当 \eta = -1 且 \phi = -1$$

敲入看涨期权($K > H$)与敲入看跌期权($K < H$):

$$C_{下跌敲入} = Z3, 当 \eta = 1 且 \phi = 1$$

$$P_{上涨敲入} = Z3,当\ \eta = -1\ 且\ \phi = -1$$

8.1.3　为什么敲出期权如此受欢迎

图 8—1 给出了敲出美元看跌/日元看涨期权的理论价值,并与相应的普通期权进行了比较。

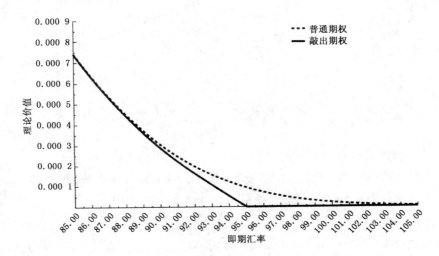

注:执行价格=89.336 7;敲出执行价格=95;90 天;vol=14%;R_d=5%;R_f=2%。

图 8—1　敲出美元看跌/日元看涨期权

期权的执行价格为 89.336 7,障碍价格为 95。图 8—1 中,当汇率价格处于障碍价格的邻域内时,障碍期权的价值会远远低于普通期权的价值。而当即期汇率逐步移入低水平区域时,障碍期权被敲出的概率会逐步降低,并最终收敛于普通期权的价值。这一点也可以通过将障碍期权的 delta 与普通期权的 delta 相比较得出(见图 8—2)。

当障碍价格被触发时,障碍期权的 delta 会立即变为 0。但除此之外,敲出期权的 delta 都会远远高于普通期权的 delta。

上述障碍期权的表现能从一定程度上回答外汇敲出看涨/看跌期权如此受欢迎的原因。这些低成本、高 delta 的期权能够充分吸引交易者对货币进行投机押注。

敲出障碍期权在套期保值者之间也非常受欢迎,其提供给套期保值者一种合规的套保方式。例如,日本出口商在美元/日元汇率 90 水平处,对美元看涨、日元看跌。此时,敲出美元看跌/日元看涨期权就可以作为一种非常有效且低成本的套保手段,因为它同时也能提供出口商所寻求的汇率下行保护。实际上,由

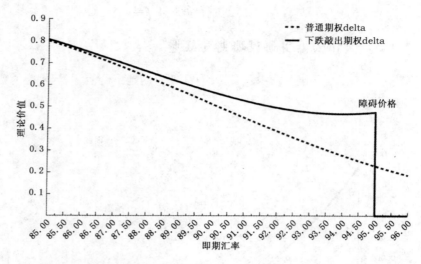

注:执行价格=89.336 7;敲出执行价格=95;90 天;vol=14%;R_d=5%;R_f=2%。

图 8—2　下跌敲出美元看跌/日元看涨期权与普通美元看跌/日元看涨期权的 delta 比较

于考虑到当敲出期权被撤销时,美元已经涨了 5 美分,投资者对敲出期权在 95 汇率水平会被撤销这一因素其实并不会太在意。但是,需要注意的是,当障碍价格 95 被突破时,出口商必须再买入一份新的敲出期权或者重新设计一种新的套保策略。为了在障碍事件过程中实现连续套保,有一种简单方法就是,在 95 障碍价格上,可以按照卖出 1.5 倍的相应美元收入的方式构建止损订单。如果障碍价格被触发了,那么美元看跌头寸将会以类似于平价远期美元看跌/日元看涨期权的方式实现短期 delta 套保。并且,该美元看跌头寸之后也可以作为从其他交易者买入普通美元看跌/日元看涨期权交易的一部分。

8.1.4　踢 碰 期 权

根据定义,障碍期权的踢碰期权(kick option)类型中的踢出执行价格应处于期权的价内区域。

8.1.5　踢 出 期 权

例如,踢出美元看涨/日元看跌期权可以是执行价格为 90、踢出执行价格为 95。从踢出期权中所能获得的潜在收益将是有限的。例如,踢出看跌期权可以在价内按略低于 5 美分的方式实现最优生效。相应地,踢出看跌期权的价格也会相对于普通看跌期权稍低一些。

根据豪格(2007)的研究,并结合里奇(1994)和塔勒布(1997)的研究成果:

踢出看涨期权与踢出看跌期权：

$$C_{上涨踢出}=Z1-Z2+Z3-Z4，当\ \eta=-1\ 且\ \phi=1$$
$$P_{下跌踢出}=Z1-Z2+Z3-Z4，当\ \eta=1\ 且\ \phi=-1$$

以如下踢出看涨期权为例：

期权：美元看跌/日元看涨期权

面值：$ 1 000 000

初始即期汇率：90

执行价格：89.336 7

踢出执行价格：85

美元利率：5%

日元利率：2%

波动率：14%

期限：30 天

该期权的理论价值仅为 $ 4 575，而其潜在价值将达到 $ 51 020(当到期日价值为 4.336 7 日元时)。当即期汇率逐渐逼近 85 的汇率水平时(但并非实际触及这一价格水平)，踢出期权将达到理论上的最大值。30 天期踢出期权以及 3 天期踢出期权与 30 天期普通看涨期权的比较如图 8-3 所示。

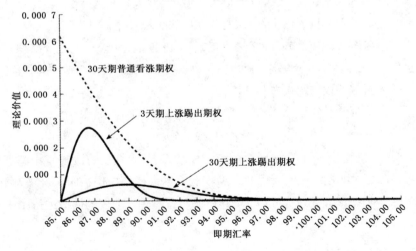

注：执行价格=89.336 7；踢出执行价格=85；vol=14%；R_d=5%；R_f=2%。

图 8-3　上涨踢出美元看跌/日元看涨期权

对于 30 天期踢出看涨期权，其几乎不具有 delta、gamma、vega 或时间损耗。

实质上,这体现了该期权处于两种价格因素的制衡中(即执行价格与踢出执行价格)[1]——踢出看涨期权在对即期汇率的变动、剩余到期日以及波动率的敏感性方面,受到执行价格与踢出执行价格两股相反方向的价格力量的拉扯。

从图8-3中可以看到,在踢出期权持有期的最后一天,会出现一种完全不同的形状。踢出期权在临近到期日时,会表现出与蝶式价差期权在临近到期日时非常相近的形态。根据图8-3,当还剩3天到期时,踢出期权会在即期汇率处于执行价格与踢出执行价格中间的汇率水平区域,获得最大值。并且注意到,踢出期权的delta在处于执行价格与踢出执行价格的中间区域时,符号会发生变化。

相比于敲出期权,踢出期权对于期权交易者而言并不十分重要。踢出期权在套保策略中的运用也会受到一定限制——由于踢出期权会在套保者最需要保护的价格区域被撤销,因此有时甚至会被视作对套保者的危险交易品种。

8.1.6　踢入期权

踢入期权只有当充分处于价内从而能触发踢入执行价格时才开始生效。踢入期权的价格相对便宜,是由于在执行价格与踢入执行价格之间存在一段价内区间,对于该区间,除非踢入执行价格被触发,否则在到期日是无法被捕捉到的。执行价格为89.336 7、踢入执行价格为100的30天期踢入美元看涨/日元看跌期权与相应的普通美元看涨/日元看跌期权的比较,如图8-4所示。

注意到踢入期权的delta必然为正,但当即期汇率上升时,其价值积累的速度会低于普通期权。一旦踢入执行价格被触发,踢入期权就会转变为普通期权。

踢入看涨期权与踢入看跌期权:

$$C_{上涨踢入}=Z2-Z3+Z4,当 \eta=-1 且 \phi=1$$
$$P_{下跌踢入}=Z2-Z3+Z4,当 \eta=1 且 \phi=-1$$

当投资者预期汇率会出现大幅定向波动时,踢入期权将比较有用。套期保值者在需要对即期汇率的大幅波动以较低成本进行相应保护时,会比较倾向于运用此类期权。里奇(1994)和塔勒布(1997)曾对踢入期权的估值进行了相应探讨。

8.1.7　二项式模型与三项式模型

在对障碍期权估值的研究中,二项式模型被广泛使用。二叉树模型在运用

---

[1]　原文"between Scylla and Charybdis",意指处于一种进退两难的境地。——译者注

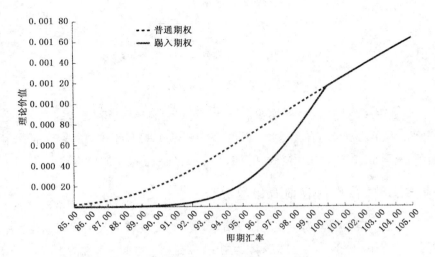

注:执行价格＝89.336 7;踢入执行价格＝100;30 天。

图 8－4　踢入美元看涨/日元看跌期权

中的一个优点是,其适用于美式障碍期权。二项式模型在直接运用中要求二叉树的每一个节点对障碍事件的发生做出相应的调整。

令人可惜的是,即使将二叉树模型的"枝权"数量设定得足够大,二项式方法在障碍期权的运用中也会表现出非常严重的偏差。波义尔和劳(1994)证明,尤其当障碍事件处于二叉树模型中两个相邻的分叉之间时,二叉树模型估值会出现巨大的误差。他们建议,可以将持有期进行划分,从而使二叉树分叉尽可能地逼近障碍价格。

利奇肯(Ritchken, 1995)引入三项式期权模型[见波义尔和劳(Boyle and Lau,1994)],从而解决了单障碍期权与双重障碍期权的估值问题。在三项式模型中,即期汇率会出现三种波动方式,即上行、平移以及下行:

$$上行:\lambda\sigma\sqrt{\Delta T}$$

$$平移:0$$

$$下行:-\lambda\sigma\sqrt{\Delta T}$$

其中,ΔT 表示将时间划分后的 1 单位。上行概率、平移概率与下行概率的表达式分别如下所示:

$$p_u=\frac{1}{2\lambda^2}+\frac{\mu\sqrt{\Delta T}}{2\lambda\sigma}$$

$$p_m=1-\frac{1}{\lambda^2}$$

$$p_d = \frac{1}{2\lambda^2} - \frac{\mu\sqrt{\Delta T}}{2\lambda\sigma}$$

其中,

$$\mu = R_d - R_f - \frac{\sigma}{2}$$

λ 是用来控制二叉树网格图中分叉之间间距的参数。利奇肯的方法是通过设定 λ,从而在连续性的整数次波动中确保能够实现障碍事件。事实证明,利奇肯在将三项式模型运用于障碍期权估值之后,得到了高度的精确性。

8.1.8 障碍期权的有限差分法

相比于二叉树模型,一些期权研究者和实物交易者在障碍期权的运用中更喜欢使用有限差分法。[1] 在具体运用中,需要通过对障碍事件的上限与下限进行重新设定以缩小网格点之间的间距。例如,下跌敲出期权的有限差分法就要求删除网格中低于敲出执行价格水平的行。[2] 类似地,上涨敲出期权的上限也必须对敲出执行价格水平进行重置。图 8-5 给出了表 8-1 中敲出美元看跌/日元看涨期权的克兰克—尼科尔森方法的估值结果。

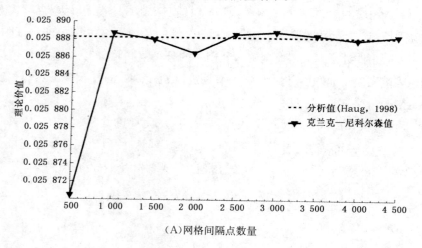

(A)网格间隔点数量

---

〔1〕 威尔莫特(Wilmott,1998)对有限差分法在各种不同期权中的运用进行了广泛的论述,这其中就包括障碍期权。但有些学者,特别是达菲(Duffy,2004,2006),对有限差分法在障碍期权运用中的有效性持怀疑态度。

〔2〕 一些交易者会通过将即期汇率的敲出价格水平设定在临近或网格点的最上方,来增强克兰克—尼科尔森方法的稳定性(该方法与之前介绍的 Boyle 和 Lau 所推荐的二项式模型在障碍期权中的运用相类似)。同时可以参考托珀(Topper,2005)对有限元模型(finite element model)在障碍期权估值中运用的相关讨论。

网格间隔点数量	克兰克—尼科尔森值	相对误差
500	0.025 870 5	0.068 8%
1 000	0.025 888 7	0.001 8%
1 500	0.025 888 0	0.001 0%
2 000	0.258 865	0.006 8%
2 500	0.025 888 6	0.001 4%
3 000	0.025 888 9	0.002 4%
3 500	0.025 888 5	0.001 0%
4 000	0.025 888 0	0.001 0%
4 500	0.025 888 4	0.000 7%

(B)

注:执行价格=89.336 7;即期汇率=90;敲出执行价格=95;90 天;vol=14%;R_d=5%;R_f=2%;分析值(Haug,2007)=2.329 943。

图 8—5　有限差分法:敲出美元看跌/日元看涨期权

应注意到,随着网格点数量的增加,克兰克—尼科尔森法的估计值会围绕分析值波动,并最终收敛于分析值。

8.2　双重障碍敲出货币期权

双重障碍敲出期权(double barrier knock-out option)是指具有两个障碍价格的敲出期权,两个障碍价格一个处于价内,另一个处于价外。例如,当即期美元/日元的汇率为 90,双重障碍期权的执行价格可以设定为 90,且有两个敲出执行价格,一个为 80,另一个为 100。障碍事件可以在该期权持有期内任一时间点上发生。

双重障碍敲出期权估值非常复杂。国友和池田[(Kunitomo and Ikeda,1992);也可参考豪格(Haug,2007)]所给出的双重障碍敲出期权的表达式如下(令上障碍为 U,下障碍为 L):

$$C_{double} = e^{-R_f\tau}S\sum_{n=-\infty}^{\infty}\left\{\left(\frac{U^n}{L^n}\right)^{\mu}\left[N(d_1)-N(d_2)\right]-\left(\frac{L^{n+1}}{U^nS}\right)^{\mu}\left[N(d_3)-N(d_4)\right]\right\}$$

$$-e^{-R_d\tau}K\sum_{n=-\infty}^{\infty}\left\{\left(\frac{U^n}{L^n}\right)^{\mu-2}\left[N(d_1-\sigma\sqrt{\tau})-N(d_2-\sigma\sqrt{\tau})\right]\right\}$$

$$-\left(\frac{L^{n+1}}{U^nS}\right)^{\mu-2}\left[N(d_3-\sigma\sqrt{\tau})-N(d_4-\sigma\sqrt{\tau})\right]$$

其中,

$$d_1 = \frac{\ln\left(\dfrac{SU^{2n}}{XL^{2n}}\right) + (b + \dfrac{\sigma^2}{2})\tau}{\sigma\sqrt{\tau}}$$

$$d_2 = \frac{\ln\left(\dfrac{SU^{2n}}{UL^{2n}}\right) + (b + \dfrac{\sigma^2}{2})\tau}{\sigma\sqrt{\tau}}$$

$$d_3 = \frac{\ln\left(\dfrac{L^{2n+2}}{KXU^{2n}}\right) + (b + \dfrac{\sigma^2}{2})\tau}{\sigma\sqrt{\tau}}$$

$$d_4 = \frac{\ln\left(\dfrac{L^{2n+2}}{SU^{2n+2}}\right) + (b + \dfrac{\sigma^2}{2})\tau}{\sigma\sqrt{\tau}}$$

$$\mu = \frac{2b}{\sigma^2} + 1$$

$$b = R_d - R_f$$

在实际运用中,由于数列项会快速收敛,因此并不需要对过多数列项进行估计(例如,n 的区间可以设定为 $-5 \sim +5$)。豪格(2007)给出了双重障碍敲出看跌期权的相应模型。

双重障碍敲出美元看跌/日元看涨期权在各报价波动率水平上的估值结果如图 8—6 所示。

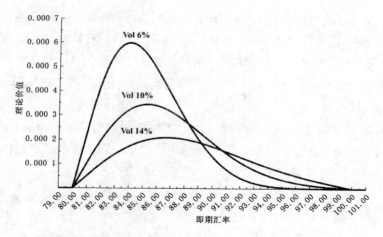

注:执行价格=89.3367;90 天;障碍价格分别为 80 和 100。

图 8—6　双重障碍美元看跌/日元看涨期权

　　根据图形的直观表现,显然可以得出双重障碍敲出期权属于短期波动率交易品种。

　　格曼和约尔(Geman and Yor,1996)基于偏移理论(excursions theory),通过对双重障碍期权进行拉普拉斯转换,导出了一个在数学表达上更为复杂的国友和池田公式的替换形式。利奇肯的三项式模型则通过一定的修正方法,也对双重障碍期权进行了求解。

　　其次,运用克兰克—尼科尔森方法对双重障碍敲出跨式期权的估值结果如图 8—7 所示。

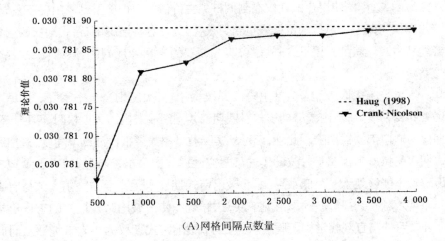

(A)网格间隔点数量

网格间隔点数量	克兰克—尼科尔森值	相对误差
500	0.030 781 624	0.000 857%
1 000	0.030 781 812	0.000 247%
1 500	0.030 781 828	0.000 195%
2 000	0.030 781 867	0.000 066%
2 500	0.030 781 873	0.000 048%
3 000	0.030 781 873	0.000 049%
3 500	0.030 781 881	0.000 022%
4 000	0.030 781 882	0.000 019%

(B)

　　注:执行价格=89.336 7;90 天;障碍价格分别为 80 和 100;90 天;vol=14%;R_d=5%;R_f=2%;价值(Haug,2008)=0.030 781 888。

图 8—7　有限差分法:美元/日元敲出跨式期权

　　通过删除超出上敲出执行价格的行与低于下敲出执行价格的行的方法,对网格进行了修正。

双重障碍敲出跨式期权是最为常见的双重障碍期权交易之一。买入一份普通跨式期权(即买入具有相同执行价格的看涨期权与看跌期权),表示进行一次对波动率看多交易。普通跨式期权的持有者都希望实际波动率会变得非常大,从而使得看跌期权或看涨期权能进入深度价内状态。当然,随着报价波动率的上升,普通跨式期权的投资者也能从中受益。跨式期权看多头寸的持有成本是随着时间的流逝而造成的溢价损失。

根据相同的思路,构建一个普通跨式期权的看空头寸即表示进行一次对波动率看空交易。普通跨式期权的出售者预期即期汇率会始终处于某一相对固定的区域内,这样能使得跨式期权在到期日失去价值。当报价波动率出现下跌时,跨式期权可以一个更低的价格被重新买入,因此在这种情况下,跨式期权的出售者能从中实现获利。根据这一思路,跨式期权的出售者反而能够从时间损耗中受益。

不过当跨式期权组合以敲出障碍期权构建时,情况则会完全不同。根据市场上的交易规则,当由看涨期权与看跌期权共同组成敲出跨式期权时,两种障碍期权的缺口都会被消除。此外,无论从实际波动率或者报价波动率角度,敲出跨式期权的持有者都属于对波动率进行看空性质。实质上,该期权持有者希望实际波动率能够处于一个低水平,继而敲出跨式期权永远不会被敲出。该持有者会非常乐意看到报价波动率出现下跌,这样就能使得敲出跨式期权的市场价格上升。可能与直观感觉相矛盾的一点在于,敲出跨式期权的持有者能够从时间损耗中受益——对于这一现象可以这样理解:随着时间的流逝,敲出跨式期权被敲出的概率会越来越低,因此,该期权组合会变得更有价值。

8.3 两值货币期权

两值期权[1],也称数字期权(digital option),是指在到期时一次性支付收益的期权。两值期权按照溢价与收益的比率形式报价。例如,按"3∶1"报价的两值期权表示,如果期权在到期日处于价内,那么期权购买者每向期权出售者支付1美元溢价,就能得到3美元的收益。

8.3.1 欧式两值期权

欧式普通两值期权在到期日如果处于价内,就会一次性支付一定金额的本

---

〔1〕 同译为二元期权、双值期权。——译者注

币。两值期权分为两值看涨期权与两值看跌期权。支付 1 单位本币的欧式两值期权可以部分参照 BSM 模型进行描述：

欧式普通两值期权：

$$C_{Binary} = e^{-R_d\tau} N(x)$$

$$P_{Binary} = e^{-R_d\tau} [1 - N(x)]$$

欧式普通两值期权并不存在路径依赖问题,因为期权在持有期内以及在到期日进行支付时,唯一的约束条件是其在到期日必须处于价内。在期权交易的初始日至到期日之间所发生的任何事件都不会对此类期权产生影响。

8.3.2 一触即付两值期权

一触即付两值期权是指在持有期内当达到特殊的敲入执行价格时,会一次性支付一定金额本币的期权。该期权有时也称为"赌注"期权。例如可以设定,在期权持有期内,当即期汇率水平达到 100 时,一触即付两值期权就会支付 100 万美元。有些情况下,当即期汇率触发某一价格时,一触即付两值期权的持有者会一次性收获一笔金额;另一些情况下,期权持有者必须等到期权到期才能得到一笔价内支付。

雷纳和鲁宾斯坦(1991)以及维斯图普(Wystup,2006)对于当障碍价格被触发时,会一次性支付 W 数量本币的单障碍两值期权构建了估值模型：

一触即付两值期权：

$$C_{OTB} = e^{-R_d\tau\omega} W \left[\left(\frac{H}{S}\right)^{\frac{a+b}{\sigma}} N(-\phi\, z_+) + \left(\frac{H}{S}\right)^{\frac{a+b}{\sigma}} N(\phi\, z_-) \right]$$

其中,

$$z_{\pm} = \frac{\pm\ln\left(\dfrac{S}{H}\right) - ab\tau}{\sigma\sqrt{\tau}}$$

$$a = \frac{(R_d - R_f)}{\sigma} - \frac{\sigma}{2}$$

$$b = \sqrt{a^2 + 2(1-\omega)R_d}$$

其中,对于看跌期权,$\phi=1$,表示期权为"下跌敲入"($S>H$);对于看涨期权,$\phi=-1$,表示期权为"上涨敲入"($S<H$)。如果期权是在到期日进行支付,则 $\omega=1$;如果是在任一时间点上,只要障碍价格被触发时就立即进行支付,则 $\omega=0$。

一触即付美元看跌/日元看涨期权在不同期权波动率水平上的理论价值如图 8-8 所示——波动率越大,意味着在障碍价格上被行权的概率越大,一触即付期权的价值就越大。

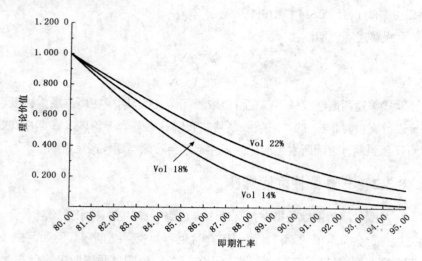

注:90 天;障碍价格为 90。

图 8—8   一触即付两值期权

8.3.3   敲出概率与停时分析

一触即付模型对于障碍期权估值这一重要问题提供了一个思路,即敲出概率(knock-out probability)。问题的关键在于:对于给定的障碍价格 H,其相应的概率 p^H 在期权持有期内的任一时间上的表现如何? 答案可以根据一触即付期权的支出(到期日支付)现值推算得出:

$$p^H = \frac{1}{W} e^{R_d \tau} C_{OTB}$$

但是,障碍事件会在什么时候发生呢? 期权模型中的时间变量为随机变量。但是在未来,障碍事件的首次发生是随机的。停时分析[1],也称为首次触及时间分析,可以解决在障碍事件发生之前需要耗费多少时间的问题。维斯图普(2006)所给出的停时 τ_H $(t>0)$ 的密度函数如下:

$$pr\left[\tau_H \in dt\right] = \frac{\frac{1}{\sigma}\ln\left(\frac{H}{S}\right)}{t\sqrt{2\pi t}} e^{\left[\frac{(\frac{1}{\sigma}\ln(\frac{H}{S}) - at)^2}{2t}\right]}$$

---

〔1〕 见塔勒布(Taleb,1997)对停时分析的论述。

8.3.4　双重障碍两值区间期权

双重障碍两值区间期权(double barrier binary range option)可能是最为特殊的一种两值期权形式。这种期权有两个障碍执行价格,仍以之前的美元/日元障碍期权为例,其障碍价格可以分别为 90 和 95。如果在期权持有期内,90 和 95 这两个障碍价格都没有被触及,那么在到期时会进行一次性支付,因此这类期权属于"敲出"期权。

从分析的角度,基于障碍价格的形式,双重障碍两值区间期权其实属于箱型交易(box trade)。在箱型交易中,交易者根据这一策略会买入一份看涨期权价差和一份看跌期权价差,构造出一种固定收益策略而不受到期日时即期汇率所处水平的影响。例如,5 美分波幅的箱型交易包含如下四个头寸(见图 8—9):

对美元看涨/日元看跌期权(90)看多;

对美元看涨/日元看跌期权(95)看空;

对美元看跌/日元看涨期权(95)看多;

对美元看跌/日元看涨期权(90)看空。

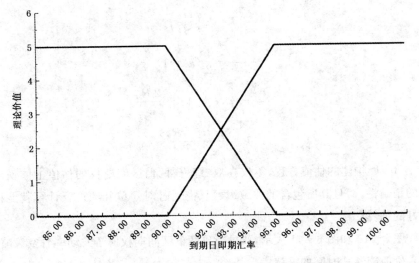

图 8—9　美元/日元 90~95 箱型策略

从本质上看,箱型策略是一种融资工具。箱型头寸的买入者实质上是将箱型价宽的现值(本例中是 5 美分)借给了箱型头寸的出售者。普通箱型交易是上市期权市场的产物。在上面的例子中,通过在 80 和 85 两个价位上分别插入障碍价格,就可以将箱型头寸转为双重障碍两值区间期权,不过这一结构形式在银行间期权市场上也较为特殊。

对于那些不希望借助对普通期权看空方式来表达对波动率看空观点的投资者而言,双重障碍两值区间期权会是一种较为常用的策略工具。为了表达对波动率看空的观点,最为常用的普通交易策略是卖出一份跨式期权。但是,跨式期权看空交易的风险在于,它会使得头寸出售者暴露在负的 gamma 敞口之下。负的 gamma 意味着,当即期汇率朝任一方向波动时,跨式期权的出售者都会遭受损失。相比之下,双重障碍两值区间期权对投资者的吸引力在于,它使得交易者通过支付一笔固定溢价的方式就能进入波动率看空交易之中。

Hui(1996)基于布莱克—斯科尔斯模型,构建了对双重障碍两值区间期权估值的理论模型:

双重障碍两值区间期权:

$$C_{DBB} = \sum_{n=1}^{\infty} \frac{2\pi n R}{L^2} \left[\frac{\left(\frac{S}{H_1}\right)^{\alpha} - (-1)^n \left(\frac{S}{H_2}\right)^{\alpha}}{\alpha^2 + \left(\frac{n\pi}{L}\right)^2} \right] \sin\left(\frac{n\pi}{L}\ln\frac{S}{H_1}\right) e^{-0.5\left[\left(\frac{n\pi}{L}\right)^2 - \beta\right]\sigma^2 \tau}$$

其中,$H_2 > H_1$,并且:

$$L = \ln\left(\frac{H_2}{H_1}\right)$$

$$\alpha = -\frac{1}{2}(k_1 - 1)$$

$$\beta = -\frac{1}{4}(k_1 - 1)^2 - \frac{2R_d}{\sigma^2}$$

$$k_1 = \frac{2(R_d - R_f)}{\sigma^2}$$

Hui 所构建的估值方程,不仅在双重障碍两值区间期权的估值上体现出较高的精确性,而且其所包含的收敛级数只需通过对简单几项进行计算就能作出良好的估算。

图 8—10 和图 8—11 表示,双重障碍两值区间期权属于波动率看空策略,并且其价值能够从时间的推移中受益。

需要注意的是,如果两个障碍价格都没有被触及,那么两幅图中所给出的期权都将会支付 1 美元——相应地,期权的理论价值应当按照溢价相对于收益的百分比形式给出。

也有一些双重障碍两值区间期权属于"敲入"期权,这表示只有在期权持有

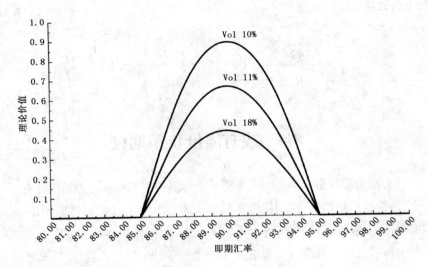

注:障碍价格分别为 85 和 95;30 天。

图 8-10　双重障碍两值区间期权在不同的隐含波动率水平上

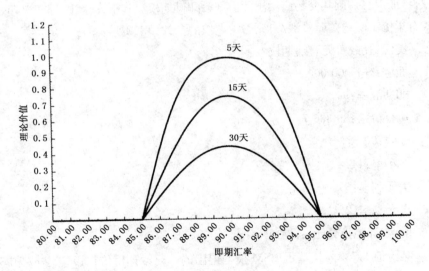

注:障碍价格分别为 85 和 95;30、15 和 5 天。

图 8-11　双重障碍两值区间期权在不同的到期日期限结构上

期内某一个障碍价格被触及时,这类期权才会支付两值收益。由于期权持有者需要通过即期汇率出现足够剧烈的波动才能使得某一障碍价格被触及,因此持有此类期权属于对波动率看多策略。

最后,威尔莫特(1998)对于 $H_2 > S > H_1$ 区间内的预期首次退出时间给出了

171

如下公式：

$$\frac{1}{\frac{1}{2}\sigma^2-(R_d-R_f)}\left[\ln\frac{S}{H_1}-\frac{1-\left(\frac{S}{H_1}\right)^{1-2\frac{(R_d-R_f)}{\sigma^2}}}{1-\left(\frac{H_2}{H_1}\right)^{1-2\frac{(R_d-R_f)}{\sigma^2}}}\right]\ln\frac{H_2}{H_1}$$

8.4　或有溢价货币期权

或有溢价期权是指购买时无须提前支付溢价的期权。此类期权具有一个或多个"溢价执行价格"。在期权持有期内，如果溢价执行价格事件发生，即表示即期汇率达到溢价执行价格或处于相应区间内，那么期权持有者就需要立即向期权的出售者支付一笔溢价。考虑这样一个例子，90 天美元看涨/日元看跌期权的或有溢价执行价格为 89.336 7，面值为 100 万美元。该期权其实很容易理解，可将其视作一份普通期权——交易商向其客户卖出一份美元看涨/日元看跌期权，再加上客户向其交易商卖出两份一触即付期权。其中，一触即付期权即表示或有溢价。假定美元看涨/日元看跌期权的参数如下所示：

美元看涨/日元看跌期权

面值：$ 1 000 000

即期汇率：90

执行价格：89.336 7

期限：90 天

波动率：14％

美元利率：5％

日元利率：2％

价值(面值百分比)：2.739％

其价值 2.739％是基于 BSM 模型得出的。一触即付价格设定为 87 和 85。根据上述信息，我们可以得出，每一个一触即付价格都需要支付相当于普通期权面值的 2.541％的溢价。这可以从在 87 和 85 这两个一触即付价格上，期权价值分别等于 0.645 和 0.433(1 美元收益)中得出。在最糟糕的情形下，如果 87 和 85 这两个美元/日元汇率障碍价格都被触及，客户就总共需要支付相当于普通期权面值 5.08％的溢价。但如果美元汇率始终处于 87 以上，那么客户就在不需要支付任何费用的条件下成功地得到一份普通期权。

或有溢价期权可以作为定向风险逆转交易策略的一种有效的替代工具,因此银行的专职操盘手都比较喜爱使用这一类期权。在第 4 章已经提到,交易者有时会表达一种定向交易观点,例如,通过买入 25-delta 看涨期权并卖出 25-delta 看跌期权来表达一种牛市观点。但是,这类策略可以通过零溢价或接近于零溢价的方式进行构建。如果即期汇率如投资者所预期的出现上升,那么投资者就能从中获得丰厚收益。但如果投资者的预期错误,即期汇率出现下跌,那么投资者就会以对美元看跌期权看空的形式,暴露在一个对 gamma 看空的有效风险敞口之下,而对于看跌期权看空的套期保值效果是不确定的。相比之下,通过或有溢价期权其实能基本上表达相同的定向交易策略观点。而采用这一策略的优点在于,不利情形可以提前预知,也就是说,只有当最糟糕的情形发生时,才需要支付一个或多个或有溢价。

8.5 vanna-volga 方法在障碍期权与两值期权中的运用

在之前所讨论的障碍期权与两值期权的分析模型中,都需要将波动率作为一个特定的输入参数。但是问题在于,市场上所能观察到的波动率都是按普通期权进行报价。那么,如何在普通期权的波动率曲面上确定障碍期权所处的位置呢?实际上,根本无法按照障碍期权的 delta 和到期日去寻找其在波动率曲面上所对应的点;这是因为障碍期权波动率风险的复杂性与具有相同 delta 和到期日的普通期权的波动率风险并不匹配。

对于上述问题,解决方法之一就是运用 vanna-volga 方法。维斯图普(Wystup,2006)以及博森斯、雷伊、斯坎佐兹和迪尔斯特拉(Bossens, Rayee, Skantzos and Deelstra,2010)对障碍期权定价的修正给出了一个简便方法,具体如下:

$$X^{VV} = X^{BSM} + (1 - P^H) \left[\frac{vanna(X)}{vanna(RR)} RR_{COST} + \frac{volga(X)}{volga(BF)} BF_{COST} \right]$$

其中,$(1 - P^H)$ 表示障碍事件不会发生的风险中性概率;X^{VV} 表示障碍期权的修正价格;X^{BSM} 表示障碍期权基于平价波动率的价格。

$$RR_{COST} = [call(K_C, \sigma(K_C)) - put(K_P, \sigma(K_P))]$$
$$- [call(K_C, \sigma(K_{ATM})) - put(K_P, \sigma(K_{ATM}))]$$

$$BF_{COST} = \frac{1}{2} [call(K_C, \sigma(K_C)) + put(K_P, \sigma(K_P))]$$
$$- \frac{1}{2} [call(K_C, \sigma(K_{ATM})) + put(K_P, \sigma(K_{ATM}))]$$

上述过程实现了对障碍期权价格中的 vanna 和 volga 部分进行修正。在估计中,对 vanna 风险运用了风险逆转方法,而对 volga 风险运用了蝶式方法。[1]

8.6 公式中没有揭示的信息

目前所讨论过的所有障碍期权与两值期权形式都必须严格依赖于障碍价格是否会被触及这一关键因素。赫林(Hrein)则认为,这是衍生品中最有争议的话题之一。在行业实践中,通常都会由交易银行承担决定障碍价格的角色(或者有时被称为计算障碍价格的代理者),尽管在利益关系上显然存在着冲突。

使得上述市场安排方式较为复杂的是,在实际操作中外汇交易价格除了交易对手双方以外,其他市场参与者并不能随时可以观察得到。外汇交易是交易双方之间的私人沟通——并没有对交易结果的公开记录,这一点与上市股票市场完全不同。除此之外,对于所定义的交易方式,也存在究竟哪一类事件能够构成合规的障碍事件的问题。例如,正常而言,一次极小规模的交易并不能构成障碍事件。而在一些交易并不活跃的市场中也存在同样的问题——例如,在澳大利亚与新西兰市场,在周一最初几小时内所完成的交易也构不成障碍事件。从汇率角度,存在是否能从交叉汇率中产生障碍事件的问题——例如,是否能从欧元/美元与美元/日元的汇率波动中产生使得欧元/日元期权被敲出的障碍事件?其实毫不奇怪的是,障碍期权交易双方之间会存在一些争论——甚至有些引发了诉讼案件。

障碍期权的出售者与持有者之间存在非常微妙的利益冲突关系。考虑这样一个例子,敲出美元看跌/日元看涨期权的执行价格为 90,敲出执行价格为 95,美元/日元汇率为 90。该期权的交易者与其他所有的交易者一样,都试图维持 delta 中性状态。因此,交易者的套期保值操作需要包含一份动态的对美元/日元即期汇率看空头寸。如果即期汇率出现上升,即朝敲出执行价格方向移动,那么交易者就必须通过买入美元来撤销一部分对美元/日元看空的套期保值头寸。如果期权突然在 95 的价格上被敲出,那么交易者就需要撤销作为套期保值作用的美元看空头寸账户。但事实上,交易者经常会对套期保值头寸先进行平仓,从而寄希望于即期汇率在之后会突破障碍价格。例如,假定在期权持有期内,美元/日元的报价为 94.80,如果交易者认为该汇率将很快升至 95.00 或甚至更高

---

〔1〕 显然,这只是一种比较粗略的估计方法,因为风险逆转并不完全为零,而 volga 和蝶式期权中也存在一定的 vanna。

的价格水平,那么他将立即出手买入美元以撤销套期保值头寸。此类交易,即所谓的"预期性撤销套保交易",可能产生的冲突就在于,会大幅提升障碍价格被触碰的概率。[1]

很多时候交易者会通过运用止损订单的方式来实现撤销套保订单。在执行此类订单时,会自动敲出障碍期权并同时从交易者的套期保值账户中撤销残余的即期头寸。即期交易者发现标的即期市场的趋势经常能够反映撤销套保的止损订单的表现,并且这些订单中有一些的规模会非常大。

本章的介绍并不希望给读者留下这样的印象,即障碍期权仅仅适用于做市商交易。其实,应当从交易中来体会一项金融工具所具有的真正的经济意义。从另一个角度来看,投资者也应当意识到,许多障碍期权的实际运用也远比其解析公式所表现出的更为复杂。特别是两值期权,在套期保值过程中会产生非常严重的问题。

---

[1] 见 Hsu(1997)。

第9章 高级期权模型

本章将讨论更为高级的期权定价模型，并尝试处理在外汇市场上可观察得到的非恒定波动率问题。在第 5 章已经提到，报价波动率会根据市场环境出现涨跌。但有时更令人费解的是，存在如波动率偏度、波动率微笑形态等现象。德曼（2007）曾对此作如下评述：

对于布莱克—斯科尔斯模型而言，并没有什么简便方式可以从不同的执行价格中获取不同的隐含波动率。这就好比一座大楼的高度并不取决于你从哪个角度对它进行拍摄，除非使用量子力学的方法进行测量。同样的道理，股票的波动率也不会取决于投资者所观测的相应期权。因此，正由于期权只是一种以股票为标的的衍生品，所以，股票波动率应独立于期权的执行价格与剩余到期日（p.3）。

虽然德曼的观点是针对以普通股为标的的期权，但这一观点也同样适用于外汇期权。因此，有必要构造新的模型，在对波动率的处理过程中能够比 BSM 模型受到更少的约束，而这些模型将是本章所讨论的重点。这些模型中都包含随机过程，因此也会比 BSM 模型的扩散过程假定更为复杂。并且注意到，这些模型对于障碍期权的定价有着极为重要的意义。

但是，在学习这些新模型的过程中，对读者也提出了更高的要求。这些高级模型中的绝大多数在数学运用上较为复杂，在使用中也存在一定难度。其中一些模型需要进行繁复的标准化工作。所有的模型中都会包含一些额外的、并不为读者所熟悉的参数（至少是初步的），这常常会对投资者已经积累的市场经验产生干扰，而且也无法通过投资直觉去进行简单的理解。不过，如果某一种模型或几种模型能够准确地反映出波动率的真实价值，那么其所能带给投资者的潜在收益将是无可比拟的。

本章首先讨论的将是随机波动率模型（stochastic volatility model），正由于该模型在期权交易者中的广泛运用，赫斯顿（1993）对其进行了细致的研究。其次，将讨论混合跳跃—扩散过程模型（mixed jump-diffusion process model），该模型假定汇率会产生跳跃,或者会对标的扩散过程产生非连续性偏离。接着将介绍德曼和卡尼(1994a,1994b)、鲁宾斯坦(1994)以及杜派(1994)所构建的局部波动率模型(local volatility model)。新近一个时期,交易者开始对一种新的折中公式表现出浓厚兴趣,典型的如随机局部波动率模型。这些模型大部分是基于局部波动率模型,但同时引入了几种随机变量以提升其实用性。本章最后将以对静态复制法的介绍作为结束,该方法在实际运用中可以作为动态套保策略的一种替代工具。

9.1　随机波动率模型

正如该模型的名称所表示的,在随机波动率模型中波动率被作为随机变量来处理。赫尔和怀特(1987)对该模型做出了开拓性的贡献。模型中,方差从随机过程中产生,对于该过程的偏离则产生了即期汇率的波动过程——尽管有时也需要考虑两个过程之间的相互影响。赫斯顿(1993)所提出的模型是运用最为广泛的一种随机波动率模型[1],因为至少对于普通期权而言,该模型提供了一个封闭解。因此,相比于其他的随机波动率模型,赫斯顿的模型在计算上更具优势[切斯尼和斯科特(Chesney and Scott,1989)]。

在将赫斯顿模型运用于外汇期权问题时[2],首先需要假定即期汇率和方差分别遵循如下形式:

$$dS_t = (R_d - R_f)S_t dt + \sqrt{v_t}S_t dZ_1$$

$$dv_t = -\lambda(v_t - \bar{v})dt + \eta\sqrt{v_t}dZ_2$$

$$\langle dZ_1 dZ_2 \rangle = \rho dt$$

其中,S 表示即期汇率;dZ_1 和 dZ_2 表示维纳过程,两项在 ρ 水平上协相关;v_t 表示初始瞬时方差;$\bar{v}$ 表示长期方差;λ 表示均值回归率,其决定了 v_t 向 $\bar{v}$ 收敛的速度;η 表示所观测的波动率本身的波动率。

如果将 η 和 λ 设定为零,那么赫斯顿模型就能变回 BSM 模型。需要指出的是,模型中的波动率遵循均值回归过程。赫斯顿模型中其他几项的表达式可以参考本章附录。看涨期权 $C(S,v,t)$ 的偏微分方程如下所示:

---

〔1〕 切斯尼和斯科特(Chesney and Scott,1989)早期在货币期权中所运用的随机方差模型,其实是基于赫尔和怀特(Hull and White,1987)、斯科特(Scott,1987)以及威金斯(Wiggins,1987)的研究成果发展得出的。

〔2〕 Yekutieli(2004)。

$$\frac{\partial C}{\partial t}+\frac{1}{2}vS^2\frac{\partial^2C}{\partial S^2}+\rho\eta Sv\frac{\partial^2C}{\partial S\partial v}+\frac{1}{2}\eta^2v\frac{\partial^2C}{\partial v^2}$$

$$+(R_d-R_f)S\frac{\partial C}{\partial S}-\lambda(v-\bar{v})\frac{\partial C}{\partial v}-R_dC=0$$

方程中体现了在随机波动率条件下风险的市场价格。欧式看涨期权的价格如下所示：

$$C=[e^{-R_f\tau}S\prod_1-e^{-R_d\tau}K\prod_2]$$

其中，

$$\prod_j=\frac{1}{2}+\frac{1}{\pi}\int_0^\infty Re\left\{\frac{\exp(B_j(u,\tau)\bar{v}+D_j(u,\tau)v+iux)}{iu}\right\}du,j=1,2$$

看跌期权的价格则可以根据看涨—看跌平价公式导出。

在实际运用中，赫斯顿模型比 BSM 模型需要多了解 5 个变量的数据：长期波动率($\bar{v}$)、所观测波动率本身的波动率(η)、即期汇率与波动率的协相关性(ρ)、均值回归率(λ)以及即期汇率的初始瞬时方差(v_t)。与 BSM 模型不同的是，赫斯顿模型不需要知道波动率本身的值。期权交易者会通过选择一组参数，使得特定期权的市场报价与模型的隐含价值之间的残差平方和最小，从而实现对赫斯顿模型的标准化处理。

一旦赫斯顿模型的参数被确定，该模型就能对具有相同到期日的所有执行价格水平上的期权导出相应的模型理论价值。运用赫斯顿模型进行的期权估值示例如图 9—1 所示。

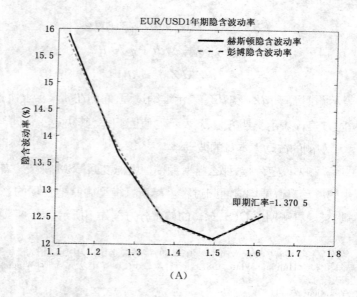

(A)

期权执行价格	1.1270	1.2570	1.3720	1.4950	1.6210
彭博波动率	0.1576	0.1376	0.1243	0.1208	0.1261
赫斯顿隐含波动率（平均逆转＝5.0）	0.1590	0.1366	0.1245	0.1211	0.1252
赫斯顿隐含波动率	0.1591	0.1366	0.1245	0.1211	0.1254

参　数	方差波动率	相关性	初始方差	长期方差	平均逆转
彭博	0.52628	−0.3421	0.0136	0.0188	5.0000
修正（平均逆转值恒定）	0.6919	−0.2608	0.0195	0.0178	5.0000
修正	0.6905	−0.2600	0.0155	0.0189	4.8726

(B)

图 9—1　1 年期欧元/美元欧式期权的赫斯顿模型

正是由于赫斯顿模型对于欧式期权存在封闭解,因此该模型的运用非常广泛。并且,对于包含了波动率微笑的具有超过两个月期限结构的期权,通过该模型也能够实现相应估值。但是,对于到期日较短的期权,随机波动率模型则并不能得出其真实价值。[1]

目前,学界还无法得出障碍期权与两值期权的赫斯顿模型下的封闭解。但是,基于赫斯顿偏微分方程,通过数值方法可以对障碍期权与两值期权的定价得出近似解。在一些研究文献中,运用非均匀网格有限差分法与有限元法曾得出了一些有价值的结论[见温克勒、阿佩尔和维斯图普(Winkler, Apel, and Wys-tup,2001)。

9.2　混合跳跃—扩散过程模型

前面已经提到,随机波动率模型的缺陷在于,对那些到期日在交易日历上非常短暂的期权而言,该模型无法给出对波动率微笑现象的结论。但是,运用跳跃过程模型可以解决这一问题。并且,在测算外汇收益率时,会涉及非常著名的"厚尾"(fat tails)现象[更正式的名称为"尖峰厚尾分布"(leptokurtosis),也就是

---

[1]　Gatheral(2006,p.42)。

跳跃过程].[1] 在混合跳跃—扩散过程中,收益率的时间序列遵循扩散过程,这一点和 BSM 模型一致,但同时具有随机非连续性跳跃的特征。这些跳跃过程本身由随机过程决定,例如混合跳跃—扩散过程所决定的汇率遵循如下形式:

混合跳跃—扩散过程模型:

$$\frac{dS}{S} = \mu dt + \sigma dz_t + J dq$$

等式右边的前两项表示扩散过程部分,第三项表示跳跃过程部分,其中,J 表示跳跃的高度,dq 表示跳跃的随机数量。dq 可以用泊松分布过程(Poisson process)来定义,其表示 1 单位时间内所发生的平均跳跃次数。实际跳跃次数 Y_i 独立且服从对数正态分布。

在离散时间条件下,货币收益率的表达式如下:

$$\ln \frac{S_t}{S_{t-1}} = \mu \Delta t + \sigma z_t + \sum_{i=1}^{n_t} Y_i$$

其中,n_t 表示在某一特定时间区间内所出现的实际跳跃次数。

默顿(1976)所提出的跳跃过程期权定价模型可以对货币期权进行定价。在默顿的模型中,假定跳跃风险并不会对市场中的经济风险溢价产生影响。具体表达式如下(对货币期权进行了相应调整):

默顿跳跃过程模型:

$$C_{Merton} = e^{-R_f \tau} \sum_{J=0}^{\infty} \frac{e^{-\lambda \tau e^{\theta+0.5\delta^2}}(\lambda \tau e^{\theta+0.5 d^2})^J}{J!} \times C_{BS}\left[S, \tau, R_d - R_f + J \frac{\theta + 0.5 d^2}{\tau} \right.$$
$$\left. - \lambda(e^{\theta+0.5 d^2} - 1), \sqrt{\sigma_0^2 + J \frac{\delta^2}{\tau}}, K \right]$$

其中,σ_0^2 表示跳跃过程模型中扩散部分的方差,λ 表示每一个时间区间内的平均跳跃次数,θ 表示平均跳跃幅度,δ^2 表示跳跃幅度 Y 的方差。注意到混合跳跃—扩散过程的总体方差为:

$$\sigma^2 = \sigma_0^2 + \lambda \frac{\delta^2}{\tau}$$

一个关键问题是,无论是随机波动率模型还是混合跳跃—扩散过程模型,是否能够解释所观察到的波动率微笑现象? 理论上,两种模型都能够解释"对称微笑"现象。泰勒和徐(Taylor and Xu,1994)得出,能够从随机波动率中找到一部分波动率微笑现象。通过对该结论进行更深入的分析,贝茨(Bates,1994)构造

---

〔1〕 乔瑞(Jorion,1988)曾经从外汇收益率样本中找到了显著的非连续性跳跃现象存在的证明。并且,如果是运用随机方差模型,则无法解释这些非连续性现象。

了一个"嵌入式"随机波动率—跳跃—扩散模型,并用国际货币市场(IMM)中的德国马克期货期权的交易数据进行了检验,所得出的结论如下:

随机波动率模型并不能解释隐含超值峰度中的"波动率微笑"现象,除非当隐含波动率的时间序列形态中,相应的参数出现异常现象。市场中对于跳跃现象的担忧可以解释"波动率微笑"产生的原因,这一结论也与 1984～1991 年间美元/德国马克期货价格所出现的 8％的跳跃现象相一致(p.69)。

9.3 局部波动率模型

局部波动率的概念[1]分别由德曼和卡尼(1994)、鲁宾斯坦(1994)以及杜派(1994)独立提出。在德曼和卡尼所给出的方法中,整个波动率曲面都被包含进了一个灵活的、无套利机会的二项式网格图中。德曼和卡尼的叉树模型中,每一个节点都有其自身的波动率。为了达到上述效果,德曼和卡尼将波动率构造为一个标的价格和时间的灵活但又确定的函数形式:

局部波动率模型:

$$\frac{dS}{S} = \mu dt + \sigma(S,t)dz$$

在上述公式中,有一点非常重要,虽然波动率是随机变量 S 的函数,但其本身并不是随机变量。因此,波动率可以借助对标的工具进行交易的方式实现套期保值。这也产生了如下结论,即波动率本身的波动状态并不需要引入投资者风险偏好。此外,BSM 偏微分方程必须在德曼和卡尼的叉树模型的每一个节点上都成立。但是需要注意,运用这一方法并不能对期权价值得出一个封闭解,这与之前在 BSM 模型框架下的情形相一致。因此,期权交易者必须借助于一定的数值方法,如二项式模型和有限差分法。

杜派(1994)的局部波动率模型是基于连续性时间框架下提出的。我们现在经常见到的杜派模型具有如下特点,即在所构建的波动率曲面上,局部波动率的开方值分别以执行价格与剩余到期日作为相应维度。

杜派方程:

$$\sigma_{LV} = \left[\frac{\dfrac{\partial C}{\partial \tau} + (R_d - R_f)K\dfrac{\partial C}{\partial K} + R_f C}{\dfrac{1}{2}K^2\dfrac{\partial^2 C}{\partial K^2}} \right]^{\frac{1}{2}}$$

---

[1] 克里斯(Chriss,1997)和伯杰(Berger,1996)都对这些模型进行了非常有价值的、更为深入的探讨。

局部波动率方法可以看作从波动率曲面中获取其所包含的关于执行价格结构与波动率期限结构信息的过程。在期权定价的运用中,尤其是对于障碍期权,局部波动率模型有着很大的潜在优势。例如,对于偏好低 delta 期权的投资者而言,他们都希望存在显著的执行价格偏度,这就会要求交易者改进对于下跌—敲出期权的定价方式。但可惜的是,通过实证检验[1]并不能得出局部波动率模型的上述理论优点,具体可参考杜马、弗莱明和惠利(Dumas, Fleming, and Whaley,1998)对于标普 500 指数期权的检验结论。

9.4 随机局部波动率模型

对于随机波动率模型与局部波动率模型最常见的批评是,这两种模型对于以套期保值为目的的交易而言,都不能提供足够精确的 delta 结论。此外,当存在巨大的市场压力时,上述两种模型也会失效,如在第 5 章介绍的 2008 年剧烈波动的市场环境。在那一段时期,波动率急剧上升的现象对所有的期权模型都构成了严峻挑战。理论研究者则通过新加入一些随机性质的方法,对局部波动率模型的应用性进行了加强,以应对上述现象。其中一些新的模型允许波动率本身能够自由变动,而无须受到标的汇率的限制。还有一些模型则体现了"随机局部波动率"特征。目前,彭博财经(Bloomberg Finance, L.P.),一家线上数据与分析工具的主要提供商,推荐用户使用其自主开发的一种能够最有效地对障碍货币期权作出定价的随机局部波动率模型(Tataru and Fisher,2010)。

在实际运用中,并没有一个单独的随机局部波动率模型。在最基本的公式中,要求分别运用一个随机波动率模型和一个局部波动率模型。在进行标准化处理之后,这两种模型会根据"混合规则"进行结合;简单来说,就是根据两种模型在期权价格中的加权平均比重进行组合。混合规则中的权重可以根据一些投资者的主观要求进行制定,或者可以从历史经验所证明的适用的分析方法中获取。另一种方法是将局部波动率模型代入相应的"波动率状态",再根据相应概率进行组合。

任、马登和钱(Ren, Madan and Qian,2007)构造了一个更为复杂的随机局部波动率模型,通过如下三个方程决定即期汇率和波动率:

---

[1] 亚历山大和诺盖拉(Alexander and Nogueira,2004)、波切伊夫和伊萨科夫(Bochouev and Isakov,1997,1999),以及阿瓦兰尼达、弗里德曼、霍姆斯和萨佩里(Avallaneda, Friedman, Holmes, and Samperi,1997)。

$$\frac{dS}{S} = (R_d - R_f)dt + \sigma(S,t)Z(t)dW_s(t)$$

$$d\ln Z = \kappa(\theta(t) - \ln Z)dt + \lambda dW_Z(t)$$

$$\theta(t) = -\frac{\lambda^2}{2\kappa}(1 + e^{-2\kappa t})$$

第一个方程基本上可以使即期汇率的波动进入随机波动率过程。同时,新出现的变量 Z,作为一个独立随机部分,由第二个方程决定。两个 W 变量形式为布朗运动过程。在基本的模型表达式中,W 变量之间相互独立。均值回归率 κ 和 λ 是波动率本身的波动率。Z 在 $Z(0)=1$ 的基础上变动。$\theta(t)$ 表示长期确定性漂移。注意到,决定 $\theta(t)$ 的第三个方程中,$Z(t)^2$ 的非条件期望值必须等于 1。

9.5　障碍期权的静态复制法

所有能够对障碍期权与两值期权进行定价的模型已经在第 8 章进行了介绍,本章将进一步引入的模型通常被认为能够达到实现动态复制的理想效果。在实际交易中,动态复制法被广泛运用,但同时也存在一定的问题。理论上,动态策略要求进行连续调整;但在现实中,这根本无法做到。并且,考虑到每进行一次动态调整都会产生交易成本,尽管这在初级模型中并不需要特别关注。对于障碍期权也存在一个特殊问题,当 gamma 值处于高水平时,例如当即期汇率逼近障碍价格时,动态套保策略的成本将会极其高昂。

因此,需要采用其他方法对期权(包括障碍期权与两值期权)进行复制,通常将其称为静态复制法或静态套期保值。该方法的基本思想是,借助其他类型的期权,通常是交易活跃的普通期权[1],构造一个投资组合,从而实现对目标障碍期权的复制。

接下来将介绍对障碍期权的三种静态复制法。这三种方法都使用普通期权对障碍期权进行复制。第一种方法较为特殊,称为"看涨—看跌对称"(put-call symmetry),该方法只有当本币利率等于外币利率时才有效。第二种方法称为卡尔和周方法(Carr and Chou,1997),该方法所用到的普通期权具有相同的到期日以及不同的执行价格。最后,将介绍德曼、厄杰纳和卡尼所提出的方法(Der-man,Ergener and Kani,1995),即 DEK 法,该方法所用到的普通期权只有一个相

---

〔1〕 见 Derman(2007)。

同的执行价格以及不同的到期日。

9.5.1 看 涨 — 看 跌 对 称

在看涨—看跌对称方法中,首先需要假定两种货币的利率R_d和R_f相等。如果目标期权的执行价格与障碍价格也相等,那么特定的障碍期权则可以用简单的远期合约进行复制。

具体操作如下,假定标的期权为下跌—敲出美元看涨/日元看跌期权。当前的即期汇率(S)高于障碍价格(H),并且障碍价格等于期权的执行价格(K)。如果持有期内障碍价格一直没有被触发,那么期权在到期日会支付如下金额:

$$S_T - K$$

上述金额正好与远期合约按期权执行价格进行执行时的收益相等。在到期日之前,根据本书之前所介绍的远期合约的估值公式(令F_0等于K),该远期合约的价值等于:

$$e^{-R_f \tau} S_t - e^{-R_d \tau} K$$

有趣的是,如果本币利率与外币利率相等,任一时间点上当障碍价格被触发时($S_t = K$),远期合约的价值都将为零。这就意味着该远期合约对相应的下跌—敲出看涨期权成功实现静态套期保值。但是,如果障碍价格被触发时下跌—敲出看涨期权被敲出,那么远期合约也应当被立即平仓——这一点上应当符合静态套期保值的要求,并且上述情形只有在整个期权持有期内当$R_d = R_f$时才会成立。

现在放松执行价格等于障碍价格的假定。这会使得远期合约在静态套期保值中不再适用。但仍然能够从相应构造的期权代数式,即"看涨—看跌对称"中,对敲出期权的复制获得一些启发[卡尔(1994)曾对此进行了详细讨论]。需要注意的是,两种利率相等这一假设依旧不变。看涨—看跌对称方法中要求如下关系式必须成立:

$$\frac{C}{\sqrt{K_C}} = \frac{P}{\sqrt{K_P}}$$

其中,

$$\sqrt{K_C K_P} = F$$

K_C和K_P分别表示看涨期权和看跌期权的执行价格。第二个方程为约束条件,其使得看涨期权与看跌期权的执行价格以互为等距的方式,在远期合约执行价格上呈负相关关系。其实可以这样理解看涨—看跌对称方法,即以两倍于远期合约执行价格行权的看涨期权与以远期合约一半执行价格行权的看跌期权的价值相等。

例如,假设远期合约的执行价格为 100,那么看涨期权与看跌期权的执行价格对称组合将分别为 105 和 95.24。对称方法的原理是,任一种期权的价值和其相应执行价格的平方根之间的比率都应该相等。但是需要注意的是,看涨—看跌对称与看涨—看跌平价定理不同,后者是一种真正的套利关系,而前者只是对代数关系的执行,并且受到期权波动率中不应存在波动率微笑与波动率偏度的假设条件的限制。

卡尔、埃利斯和古普塔(Carr,Ellis,and Gupta,1998)运用看涨—看跌对称对障碍期权进行了复制。他们所构造的基本模型中,要求货币期权所涉及的本币利率与外币利率相等。对下跌—敲出看涨期权的复制包含了一个对普通看涨期权的看多头寸以及对数单位普通看跌期权的看空头寸。对于看跌期权的看空头寸的执行应处于下跌—敲出看涨期权的敲出执行价格区域,并与看涨期权的执行反向对称。

$$C_{D\&O} = C(K) - \sqrt{\frac{K}{K_P}} P(K_P)$$

其中,看跌期权执行价格的表达式如下:

$$K_P = \frac{H^2}{K}$$

假设下跌—敲出看涨期权的具体参数如下:

期权:美元看跌/日元看涨期权

面值:＄1 000 000

即期汇率:90

执行价格:85

敲出执行价格:95

美元利率:5%

日元利率:5%

波动率:14%

期限:3 个月

根据之前所给出的障碍期权定价模型并结合上述信息,敲出看涨期权的价值等于＄7 516(0.000 088 42 乘以日元面值)。

根据卡尔、埃利斯和古普塔的结论,敲出看涨期权的价值应等于普通美元看跌/日元看涨期权与一定数量对称执行的美元看涨/日元看跌期权之间的价差。

根据看涨—看跌对称,日元看跌期权的执行价格为 106.18,一定数量看跌期权的价值为 0.894 7。通过 BSM 模型(假设所有期权的波动率不变)可以得出,执行价格为 85 的日元看涨期权的价值为 \$ 7 710,执行价格为 106.18 的日元看跌期权的价值为 \$ 217。具体结论如下所示:

	数量	期权价值	总计
美元看跌/日元看涨期权(执行价格为 85) \$ 7 710	1.00	\$ 7 710	\$ 7 710
减去			
美元看涨/日元看跌期权(执行价格为 106.18)	0.894 7	\$ 217	(\$ 194)
等于			
合计敲出			\$ 7 516

在上面的例子中,对称复制法实现了其作用,但同时也存在一定的适用条件。一个问题是,在例子中,执行价格为 106.18 的美元看涨/日元看跌期权是低 delta 期权,因此与执行价格为 85 的美元看跌/日元看涨期权相比可能具有完全不同的报价波动率。这一点在分析之初并没有被考虑到,因为看涨—看跌对称中并不会出现波动率微笑与波动率偏度的概念。并且,复制技术要求当敲出障碍期权在 95 的价格上被敲出时,普通看涨期权与看跌期权应立即进行平仓。但是基于对合理成本的考虑,显然不会如此操作。撤销复制过程中用到的普通期权需要重新购入 0.894 7 单位执行价格为 106.18 的看跌期权,并卖出执行价格为 85 的日元看涨期权——但两种期权都是有偏的,这意味着整个复制策略的执行结果从期初就是不确定的。

由于这种复制策略必须涉及四种普通期权的交易,因此该策略的执行难度会非常大。这就意味着执行过程中需要承担四种期权的买入—卖出价差风险。其中有两次交易需要构建复制投资组合,并且如果障碍期权被敲出,可能会对复制策略中两次以上的期权交易进行调整。相比于静态复制策略,上述过程将会产生难以承受的成本问题。静态复制策略的支持者指出,静态复制方法不需要进行动态再平衡,因此避免了进行定期即期交易以使得 delta 与障碍期权相等。当然,上述观点也相对夸大了静态套保的优点。当进行的是一次规模非常大的期权做市交易时,由于账户中可能包含了会相互抵消的头寸(对一些期权看多,同时对另一些期权看空;或者同时对看跌期权与看涨期权构建头寸),因此会产生显著的规模经济效应。但无论如何,看涨—看跌对称及其相应的复制策略仍然为障碍期权的定价提供了有益的思路。

9.5.2　卡尔和周方法

现在放松本币利率等于外币利率的假定,并且不考虑执行价格相对于障碍价格所处的价格水平,讨论一种更为一般化的静态复制方法。卡尔和周(1997)根据著名的阿罗—德布鲁(Arrow-Debrue)状态依赖分析框架对布莱克—斯科尔斯模型进行了修正,构造出一种复制策略。[1] 他们由一般化的欧式期权收益函数 $f(S_T)$ 推导出相应的定价模型,具体的复制策略为包含债券、远期合约以及普通看涨期权和看跌期权的一个投资组合。

$$V_t = f(\kappa)B(t,T) + f'(\kappa)(S_T - \kappa B(t,T)) + \int_0^\kappa f''(\nu)P(t,T,\nu)\,d\nu$$

$$+ \int_\kappa^\infty f''(\nu)C(t,T,\nu)\,d\nu$$

其中,$B(t,T)$ 表示持有期为 T 的零息债券在 t 时间点上的价格;$P(t,T,\nu)$ 表示持有期为 T、执行价格为 ν 的看跌期权在 t 时间点上的价格;$C(t,T,\nu)$ 表示持有期为 T、执行价格为 ν 的看涨期权在 t 时间点上的价格;$f(\kappa)$、$f'(\kappa)$、$f''(\kappa)$ 分别表示零息债券、远期合约以及看涨期权与看跌期权的权重。

上述复制方法是在相同的到期日以及相应的执行价格上进行操作。其中,估值公式要求收益函数为二阶微分方程。显然障碍期权无法满足这一条件,因为收益函数在障碍价格上非连续。

上述方法就是要构建一个理论欧式期权收益函数,即所谓的修正收益函数,从而与障碍期权的价值相匹配,并且其本质上应二阶可微分。在障碍期权持有期内的任一时间点上,该等式都必须成立,包括在障碍价格点上。有两个问题必须明确:首先,一旦障碍价格被触发,复制投资组合就应立即平仓,这也就解释了为什么修正的收益函数似乎很难被实现;其次,卡尔和周方法完全依赖于第 8 章给出的 BSM 解析估值模型。

一些常见的障碍期权的修正收益函数如表 9—1 所示:

---

〔1〕 Patel(2005)。

表 9—1 卡尔和周方法对下跌型证券的修正收益函数

障碍证券	$S_T > H$	$S_T < H$
非触式两值看跌期权	1	$-(S_T/H)^p$
一触即付两值看跌期权[1]	0	$1+(S_T/H)^p$
下跌敲出看涨期权	$\max(S_T-K_c,0)$	$-(S_T/H)^p\max(H^2/S_T-K_c,0)$
下跌敲出看跌期权	$\max(K_p-S_T,0)$	$-(S_T/H)^p\max(K_p-H^2/S_T,0)$

注:[1] 欧式: $p=1-(2(R_d-R_f)/\sigma^2)$ 。

收益函数如图 9—2 所示。

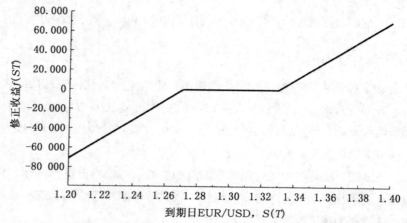

（A）下跌敲出欧元看涨/美元看跌期权:1 年期;执行价格 = 1.300 0;vol = 11.41%;R_d=0.41%;R_f=0.56%。

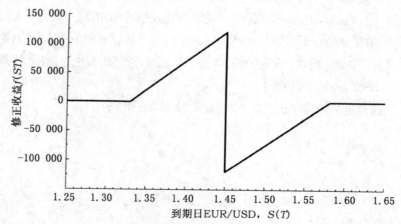

（B）上涨敲出欧元看涨/美元看跌期权的修正收益:1 年期;执行价格 = 1.330 0;障碍价格 = 1.450 0;vol=11.41%;R_d=0.41%;R_f=0.56%。

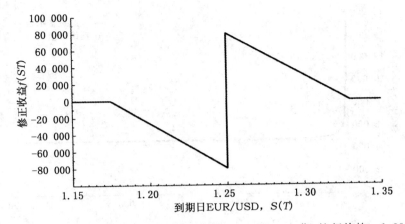

(C)下跌敲出欧元看涨/美元看涨期权的修正收益:1 年期;执行价格=1.330 0;障碍价格=1.250 0;vol=11.41%;R_d=0.41%;R_f=0.56%。

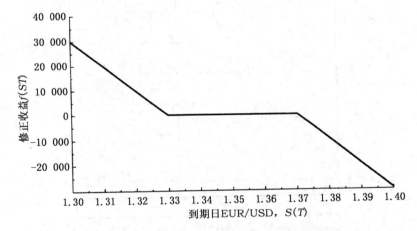

(D)上涨敲出欧元看跌/美元看涨期权的修正收益:1 年期;执行价格=1.330 0;障碍价格=1.350 0;vol=11.41%;R_d=0.41%;R_f=0.56%。

图 9—2　卡尔和周方法下的修正收益

一旦"修正"了收益函数的证券被相互分离,卡尔和周方法基于之前所提到的具体策略,通过对中间的修正收益函数进行定价,就可以实现对目标障碍期权的估值。更重要的一点是,通过对普通看涨期权与看跌期权构建投资组合,不仅可以对修正收益实现复制,甚至可以完全复制出目标障碍期权。图 9—3 中显示了通过逐步增加投资组合中普通期权数量的方法,在卡尔和周方法下的静态复制效果。

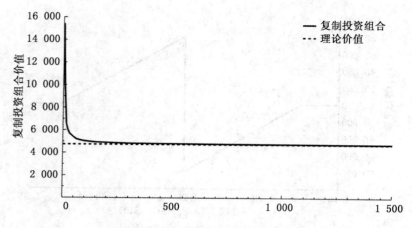

（A）修正收益的非线性部分的复制期权数量

复制期权的数量 （执行价格均匀分布）	复制投资 组合的价值
3	15 434.78
7	10 159.30
15	6 627.53
20	6 159.45
30	5 690.99
60	5 215.46
75	5 119.77
100	5 023.94
150	4 927.82
300	4 831.46
750	4 773.56
1500	4 754.23

上涨敲出看涨期权的理论价值	4 734.90
15 份复制期权 （执行价格非均匀分布）	4 776.13

（B）

注：1 年期；执行价格＝1.330 0；障碍价格＝1.450 0；vol＝11.41％；R_d＝0.41％；R_f＝0.56％。

图 9—3　卡尔和周方法下的静态复制：复制投资组合
对敲出欧元看涨/美元看跌期权的收敛趋势

如果能够对普通复制投资组合的执行价格进行有针对性的选择，投资组合的价值收敛于解析价值的速度将更快。

9.5.3 德曼、厄杰纳和卡尼方法

德曼、厄杰纳和卡尼(DEK,1994)通过构建普通期权投资组合的方法,针对障碍期权创建了一种静态复制技术,其特点是执行价格等于障碍价格,但到期日不同。从理论基础角度看,可以认为 DEK 方法要比卡尔和周方法更为灵活,这是由于后者来源于布莱克—斯科尔斯方法,而前者来源于内容上更为丰富的局部波动率理论框架(包含了布莱克—斯科尔斯模型)。

可以通过一个简单的例子对 DEK 方法进行介绍[1],其目的是对具有如下特征的 1 年期踢出欧元看涨/美元看跌期权进行复制:

面值(欧元):1 000 000

即期汇率:1.320 0

执行价格:1.330 0

障碍价格:1.450 0

美元利率:0.41%

欧元利率:0.56%

期限:1 年

波动率:11.41%

根据标准的解析模型,该期权的价值等于 $ 4 740($ 0.004 74 乘以欧元面值)。该期权为踢出期权,表示如果即期汇率突破 1.450 0 进入价内区域,期权会因为被撤销而失去价值。

一份具有相同基础期限结构的普通期权——但没有障碍价格特点——价值为 $ 54 201($ 0.054 20 乘以欧元面值)。该期权又称为"基础普通期权",即表示如果障碍事件不会发生,其能代表踢出看涨期权的价值。接着考虑障碍价格被触发时的情形,这需要构建一个规模更大的投资组合,其包含了基础普通期权以及买入和卖出一定数量的其他普通期权,后者都在障碍价格上被执行,但到期日将处于踢出事件发生之时至期权到期日之间(假设不预先设定障碍触发时间)。为了更简明地介绍这一策略,接下来只用到 3 份其他普通期权。这 3 份期权——称为期权 A、B 和 C——都在障碍价格 1.450 0 上执行。期权 A 的原始期限为 1 年,期权 B 和期权 C 的原始期限分别为 2/3 年和 1/3 年。

构建复制组合的第一步是买入基础普通期权并卖出一定数量的期权 A。将该投资组合称为投资组合一,其目的是当即期汇率等于障碍价格 1.450 0 时,该

---

[1] Liljefors(2001)。

组合在踢出期权的 2/3 的持有期内的价格为 0。这也就意味着基础普通期权和期权 A 的剩余期限将为 1/3 年。在这一时间点上,运用之前所提到的踢出期权的相同参数,可以得出基础普通期权的价值为 $123 236。对于期权 A,由于有着更高的执行价格,其价值要相对低得多。但是,如果投资者卖出 3 270 804 欧元面值的期权 A,当即期汇率达到障碍价格而执行交易时,投资组合一的价值应为 0。

现在回到持有期经过了 1/3 年这一时间点,在该时间点上,基础普通期权和期权 A 都还剩 2/3 年的持有期。在该点引入期权 B,此时其应该还剩余 1/3 年的持有期。投资组合二的目标是,当即期汇率等于障碍价格 1.450 0 时,即经过了 1/3 年持有期的时间点上,该投资组合的价值为 0。投资组合二可以通过买入 1 127 961 欧元面值的期权 B 来实现。

最后,再将交易时间倒推 1 个单位[1],即回到初始交易时间点。在该时间点上,基础普通期权的剩余期限为 1 年,期权 A 的剩余期限为 1 年,期权 B 的剩余期限为 2/3 年,而新引入的一份期权,即期权 C,还有 1/3 年的剩余期限。投资组合三将包含投资组合二再加上买入 350 825 欧元面值的期权 C。如果即期汇率在一开始就立即上升到 1.450 0 的障碍价格,那么投资组合三就会失去价值。

在时间点 t_0 上,类似的包含了 n 份期权的静态复制组合 V 的价值为:

$$V(t_0) = C^*(t_0, K) + \phi C'(t_0, H)$$

其中,$C^*(t_0, K)$ 表示基础普通看涨期权在 t_0 时间点上的价格,其执行价格为 K、持有期为 T,这一点与障碍期权相同。$\phi = (\phi_1, \phi_2, \cdots, \phi_n)$,$C = (C_1, C_2, \cdots, C_n)$ 都表示投资组合,执行价格为 K 的普通看涨期权的价格等于障碍期权 H 的价格,并分别在 $T_1, T_2, \cdots, T_n$(其中 $T_i < T_{i+1}$,$T_n < T$)时间点上到期。

为了解出 ϕ,首先可以根据第 n 份期权(到期日最长的期权)解出 ϕ_n,然后再进行倒推。

$$\phi_i = -\frac{C^*(t_i, K) + \sum_{j=i+1}^{n} \phi_j C_j(t_i)}{C_i(t_i)}$$

上述复制投资组合的构建过程如图 9—4 所示。

---

[1] 即 1/3 年。——译者注

复制投资组合	
期权数量	价值
3	9 089.41
6	6 931.61
12	5 832.27
36	5 099.85
60	4 953.82
120	4 844.38
240	4 789.66
480	4 762.29
960	4 748.60
1 920	4 741.76

踢出欧元看涨/美元看跌期权的复制投资组合:1 年期;即期汇率＝1.3200;执行价格＝1.3300;障碍价格＝1.4500;Vol＝11.41%;R_d＝0.41%;R_f＝0.56%;踢出期权的理论价值＝4 734.90。

(A)汇总

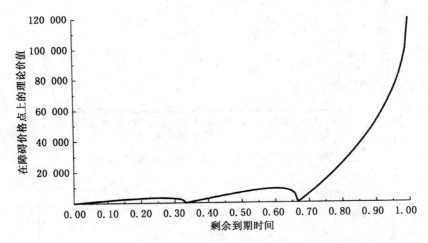

(B)1 份基础期权和 3 份其他期权构成的复制投资组合

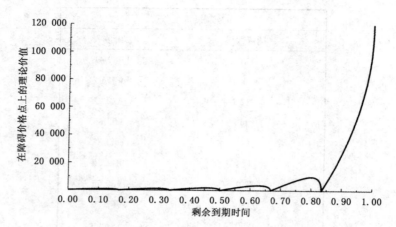

(C)1 份基础期权和 6 份其他期权构成的复制投资组合

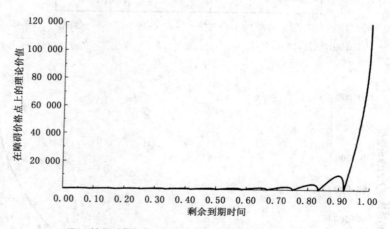

(D)1 份基础期权和 12 份其他期权构成的复制投资组合

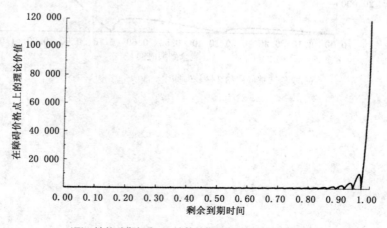

(E)1 份基础期权和 36 份其他期权构成的复制投资组合

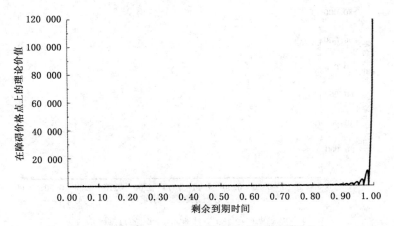

(F)1 份基础期权和 60 份其他期权构成的复制投资组合

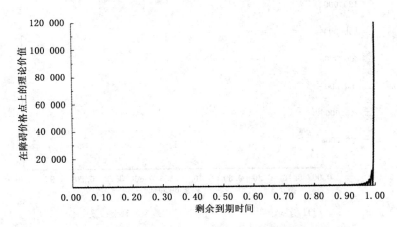

(G)1 份基础期权和 120 份其他期权构成的复制投资组合

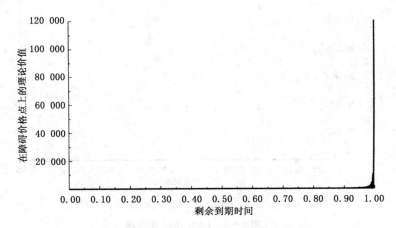

(H)1 份基础期权和 240 份其他期权构成的复制投资组合

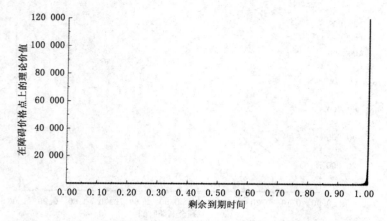

(I)1 份基础期权和 480 份其他期权构成的复制投资组合

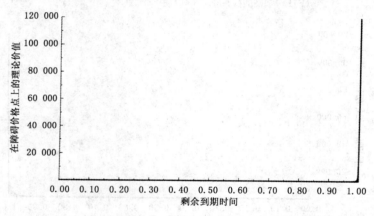

(J)1 份基础期权和 960 份其他期权构成的复制投资组合

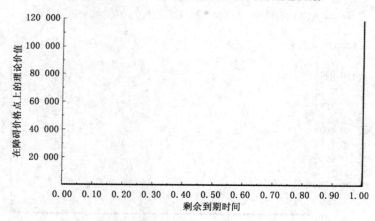

(K)1 份基础期权和 1 920 份其他期权构成的复制投资组合

图 9—4　DEK 静态复制法

上述方法的核心是通过加入任意数量的期权来观察相应结论,每一份期权都按障碍价格行权,只是到期日不同。注意到虽然该方法称为静态套期保值,但一旦障碍事件发生,则必须对剩余的普通期权立即进行平仓。

9.5.4 静态套期保值的局限性

静态套期保值虽然给投资者对障碍期权的理解带来了新的视角,但该策略本身也存在一定的问题。以敲出障碍期权为例,如果障碍价格被触发,那么标的障碍期权就会立即失去价值——但是复制组合在被清算之前仍然会继续有效,如果能够立即执行的话。在这种情况下,复制组合也应当变得没有价值,但很多时候这是无法实现的。在实际问题中,例如在期权持有期内仅仅是波动率和利率发生了变化,上述要求就无法达到。第二个问题是,为了构造一个真正意义上非常匹配的复制组合,需要在初始交易中用到非常多的期权。静态复制法应当避免类似于在动态套期保值中存在的高昂成本问题,但在实际操作中,该方法只是作为对标的期权交易的一种备选方案。

附录:赫斯顿模型方程

S 和 V 的导出过程:

$$dS_t = (R_d - R_f)S_t dt + \sqrt{v_t} S_t dZ_1$$

$$dv_t = -\lambda(v_t - \bar{v})dt + \eta \sqrt{v_t} dZ_2$$

$$\langle dZ_1 dZ_2 \rangle = \rho dt$$

其中,v_t 表示瞬时波动率;$\bar{v}$ 表示长期波动率;dZ_1 和 dZ_2 表示两个维纳过程,两项在 ρ 水平上协相关;λ 表示瞬时波动率向长期波动率移动的速率;η 表示所观测到的波动率本身的波动率。其他变量与前面的定义一致。

赫斯顿偏微分方程:

$$\frac{\partial C}{\partial t} + \frac{1}{2}vS^2\frac{\partial^2 C}{\partial S^2} + \rho\eta Sv\frac{\partial^2 C}{\partial S\partial v} + \frac{1}{2}\eta^2 v\frac{\partial^2 C}{\partial v^2} + R_d S\frac{\partial C}{\partial S} - \lambda(v-\bar{v})\frac{\partial C}{\partial v} - R_d C = 0$$

期权 C 的定价模型:

$$C = [e^{-R_f\tau}S\Pi_1 - e^{-R_d\tau}K\Pi_2]$$

其中,

$$\Pi_j = \frac{1}{2} + \frac{1}{\pi}\int_0^\infty \text{Re}\left\{\frac{\exp(B_j(u,\tau)\bar{v} + D_j(u,\tau)v + iux)}{iu}\right\}du, j = 1,2$$

$$x = \ln\left(\frac{S}{K}\right)$$

$$D_j(u,\tau) = r_- \frac{1 - e^{-d\tau}}{1 - g e^{-d\tau}}$$

$$B_j(u,\tau) = \lambda \left\{ r_- \tau - \frac{2}{\eta^2} \ln\left(\frac{1 - g e^{-d\tau}}{1 - g}\right) \right\}$$

$$r_\pm = \frac{\beta \pm \sqrt{\beta^2 - 4\alpha\gamma}}{2\gamma}$$

$$d \equiv \sqrt{\beta^2 - 4\alpha\gamma}$$

$$g \equiv \frac{r_-}{r_+}$$

$$\alpha \equiv -\frac{u^2}{2} - \frac{iu}{2} + iju$$

$$\beta \equiv \lambda - \rho\eta j - \rho\eta iu$$

$$\gamma = \frac{\eta^2}{2}$$

第 10 章　非障碍奇异货币期权

非障碍货币期权在套期保值者中比在货币交易者中的运用更为广泛。非障碍货币期权的种类非常多,但本章主要关注市场中比较常见的几种期权,分别是平均利率货币期权(average rate currency options)、复合货币期权(compound currency options)、一篮子期权(basket options)以及双币种期权(quantos options)。

10.1　平均利率货币期权

平均利率货币期权[1],也称"亚式货币期权"(Asian currency options),最先出现于外汇市场,但在实物商品市场中更为常见。

当商品或资产的价格被操纵时,平均利率期权就能体现出其价值。平均利率期权之所以能够使期权的买入者与卖出者更难受到欺骗,是因为在平均价格期间如果对一系列价格进行操纵,将会使交易双方同时受到严重的损失。

当套期保值者主要关注于那些需要定期进行买入或卖出的商品或货币的平均价格时,平均利率期权也会非常有效。

从直观上看,平均利率期权的价值都应该比普通期权更低些,这是由于并不完全自相关的价格序列均值的标准差会低于单一价格序列的标准差。换言之,相比于普通期权,平均利率期权售出的隐含波动率将更低些[科姆纳和沃斯特(Kemna and Vorst,1990)]。

平均利率期权分为两种:平均利率期权(也称为平均价格期权)以及平均执行价格期权。从名称上可以看出,平均利率期权在到期日究竟是处于价内还是价外,将取决于在平均期间内期权执行价格与平均观察价格之间的关系。平均利率看涨/看跌期权的收益函数可以分别定义如下:

---

〔1〕　为了简便起见,下文中都将平均利率货币期权简称为"平均利率期权"。

平均利率看涨期权：

$$Max[0, A - K]$$

平均利率看跌期权：

$$Max[0, K - A]$$

其中，A 表示平均利率，K 表示期权执行价格。

对于平均执行价格期权而言，执行价格是根据观察到的即期汇率计算得出的平均值。这就意味着直至平均期间结束（通常与期权到期日相一致），才能真正得出期权的执行价格。平均执行价格期权的收益函数定义如下：

平均执行价格看涨期权：

$$Max[0, S_T - A]$$

平均执行价格看跌期权：

$$Max[0, A - S_T]$$

平均执行价格可以根据整个期权持有期内的观察值，或者一个更短的但同时也在至期权到期日结束的期间内的观察值计算得出。

对于上面所介绍的两种期权，所用到的均值通常都是算术均值，但是其他一些均值形式，如几何均值，有时也会用到。采用哪一种数学形式的均值对于平均期权的模型构建而言非常重要，因为几何平均亚式期权[1]（geometric mean average options）存在封闭解，而算术平均亚式期权（arithmetic mean average options）却做不到这一点。

10.1.1　几何平均亚式期权

即期汇率的离散观察值序列的几何均值的定义如下：

$$G = (\prod_{i=1}^{n} S_i)^{\frac{1}{n}}$$

科姆纳和沃斯特（1990）对以非分红股为标的的连续型几何平均看涨期权导出了其封闭解。鲁丁斯（Ruttiens, 1990）则根据科姆纳和沃斯特的模型给出了几何平均亚式货币看涨期权的表达式：

几何平均亚式货币看涨期权：

$$C^{gmaro} = e^{-R_t \tau} e^{d'} S N(d_1) - e^{-R_t \tau} K N(d_2)$$

其中，

---

〔1〕 为了与常见的术语译法统一，本书在相关章节仍采用"几何平均亚式期权"和"算术平均亚式期权"的译法。——译者注

$$d_1 = \frac{\left[\ln\left(\frac{S}{K}\right) + \frac{1}{2}\left(R_d - R_f + \frac{1}{6}\sigma^2\right)\tau \right]}{\sigma\sqrt{\frac{\tau}{3}}}$$

$$d^* = \frac{1}{2}\left(R_d - R_f - \frac{1}{6}\sigma^2\right)\tau$$

$$d_2 = d_1 - \sigma\sqrt{\frac{\tau}{3}}$$

上述方程假定期权处于其持有期的初始阶段,并且在整个期权持有期内都执行平均化过程。但可惜的是,对于平均期间已经开始的情形,该模型无法对几何平均亚式期权进行重新估值。

上述方法可以得出封闭解的原因在于,当标的随机变量的时间序列服从对数正态分布时,几何平均亚式期权本身也应必须服从对数正态分布。但是这一简便性质对于算术平均亚式期权则无法成立。

10.1.2　算术平均亚式期权

前面已经提到,基于即期汇率服从对数正态扩散过程的标准假定,算术平均亚式期权并不存在封闭解。

科姆纳和沃斯特(1990)借助蒙特卡洛模拟法,对算术平均亚式期权设置了一个有效控制变量。在他们对看涨期权所采用的控制变量方法中,例如,几何平均对应期权(geometric mean counterpart option)的价值(可以从封闭解中得出),可以用来作为算术平均亚式期权的下限。正是因为任何数列的几何均值都始终小于算数均值,因此几何平均亚式看涨期权可以作为算术平均亚式看涨期权的下限。

10.1.3　利维模型

利维(Levy,1990,1992)通过解析封闭估值方法给出了一种不同的估值思路,而该方法也体现出了较高的精确性。Levy 模型的表达式如下:

利维算术平均亚式货币看涨期权:

$$C^{amaro} = S_A N(d_1) - e^{-R_d \tau} K N(d_2)$$

其中,

$$S_A = e^{-R_d \tau} \frac{t}{T} S_{AV} + \frac{S}{Tg}\left(e^{-R_f \tau} - e^{-R_d \tau}\right)$$

$$d_1 = \frac{1}{\sqrt{V}}\left(\frac{1}{2}\ln D - \ln K\right)$$

$$d_2 = d_1 - \sqrt{V}$$

$$V = \ln D - 2(R_d\tau + \ln S_A)$$

$$D = \frac{1}{T^2}\left[M + (t S_{AV})^2 + \frac{2tSS_{AV}}{g}(e^{g\tau} - 1)\right]$$

$$M = \frac{2S^2}{g+\sigma^2}\left[\frac{e^{(2g+\sigma^2)\tau}-1}{(2g+\sigma^2)} - \frac{(e^{g\tau}-1)}{g}\right]$$

$$g = (R_d - R_f)$$

在利维的方程中,时间从 $t=0$ 处开始,在 T 时间点处到期;剩余到期日 τ 等于$(T-t)$。S_{AV} 项表示已知即期汇率的算术平均值,其他所有变量与之前的定义一致。

为了得出算术平均亚式看跌期权的价值,利维给出了如下平价关系式:

算术平均亚式期权的看涨—看跌平价公式:

$$C_{amaro} - P_{amaro} = S_A - e^{-R_d\tau}K$$

另一种方法是通过蒙特卡洛模拟法估计算术平均亚式货币期权的价值。[1] 利维模型与蒙特卡洛模拟法之间的比较如表 10-1 所示,附录中对表 10-1 中所用到的蒙特卡洛模拟法进行了具体分析。

表 10-1　　　　　算术平均亚式看涨期权——利维模型与科姆纳和

沃斯特的有效控制变量蒙特卡洛模拟法之间的比较

即期汇率	利维模型	蒙特卡洛模拟	标准差	绝对差
85.00	$1 739	$1 699	0.66	2.30%
86.00	$3 130	$3 087	0.71	1.39%
87.00	$5 269	$5 226	0.76	0.81%
88.00	$8 336	$8 303	0.78	0.39%
89.00	$12 460	$12 442	0.82	0.15%
90.00	$17 693	$17 693	0.87	0.00%
91.00	$23 993	$24 008	0.91	0.07%
92.00	$31 237	$31 262	1.01	0.08%

〔1〕 特恩布尔和韦克曼(Turnbull and Wakeman,1991)以及柯伦(Curran,1992)也给出了平均利率货币期权的估计方程。

续表

即期汇率	利维模型	蒙特卡洛模拟	标准差	绝对差
93.00	$ 39 246	$ 39 280	1.07	0.09%
94.00	$ 47 813	$ 47 845	1.16	0.07%
95.00	$ 56 740	$ 56 768	1.22	0.05%

注:50 000 次模拟,日观察数据;面值= $ 1 000 000;美元看跌/日元看涨期权;执行价格=89.336 7;90 天;vol=14.00%;R_d=5%;R_f=2%。

10.2　复合货币期权

复合货币期权是指在行权时会交割另一份期权的一类期权。"ca-call"期权是指在到期日会交割一份普通看涨期权的看涨期权。"ca-put"期权是指在到期日会交割一份普通看跌期权的看涨期权。类似地,也有在到期日会交割普通看涨期权或看跌期权的看跌期权。复合货币期权作为巴龙—阿德西和惠利对于美式货币期权的二次近似模型的基础,在第 6 章已经进行了简单的介绍。

杰斯克(1979)通过对普通股期权进行估值的方法导出了复合期权模型。他构建模型的根本动机来自公司理财中的一个理论概念,即一只股票本质上就是一份期权。根据这一思路,企业整体上包含了一系列的预期未来现金流。企业的所有权可以分为两部分。债券持有人可以最大限度地对企业现金流享有优先权。对于债券构建模型的简便方法就是将其视作零息债券。普通股因此就成为了一份期权,其享有权利而不承担义务,可以从债券持有人手中以企业债务到期价值的执行价格的方式买下整个企业。企业宣布破产就相当于股票持有人由于期权在到期时处于价外而选择不行权。如果假设企业的整体价值(例如,所有股票价值与所有债券价值之和)服从扩散过程以及所有其他的标准期权定价理论假定,那么普通股的价值就可以根据布莱克—斯科尔斯模型来给出。但是如果要得出普通股期权的价值,就完全是另一回事了,这相当于对期权的期权进行定价。并且,普通股不可能遵循扩散过程,因为普通股相当于以资产为标的的期权,而该资产即企业,其本身即遵循扩散过程。

复合期权需要对一些新的变量作出定义:令 τ 表示标的"子普通期权"("daughter"vanilla option)的剩余到期日,τ^* 表示"母复合期权"("mother"compound option)的剩余到期日。K_c 表示复合期权的执行价格。

为了使表述更为简洁,对两值变量 ϕ 和 η 定义如下:

以看涨期权为标的的看涨期权：$\phi=1$ 和 $\eta=1$

以看跌期权为标的的看涨期权：$\phi=1$ 和 $\eta=-1$

以看涨期权为标的的看跌期权：$\phi=-1$ 和 $\eta=1$

以看跌期权为标的的看跌期权：$\phi=-1$ 和 $\eta=-1$

接下来要讨论的复合期权都是欧式期权。在到期日 T^*，复合期权的持有者享有行权权利但不需承担这一义务。复合看涨期权的行权要求以支付执行价格 K_c 的方式获得一份普通看涨/看跌期权。复合看跌期权的行权要求以交割一份普通看涨/看跌期权的方式换取执行价格 K_c 单位的金额。具体可以通过如下形式表示：

以普通看涨期权为标的的复合期权的到期日价值：

$$O_T^{compound}=Max\{0,\phi[C(S_{T^*},K,T-T^*,\eta)-K_c]\}$$

遵循看涨—看跌平价定理的复合期权：

复合期权看涨—看跌平价定理：

$$O^{compound}(\phi=1)-O^{compound}(\phi=-1)=\eta[C(S,\tau^*,\eta)-K_c]e^{-R_d\tau^*}$$

方程左边的第一项为一份复合看涨期权和一份复合看跌期权。普通看涨期权（$\eta=1$）或普通看跌期权（$\eta=-1$）的价值在复合期权到期日时的确定，通过 $C(S,\tau^*,\eta)$ 来表示。

根据杰斯克（1979）以及布里斯、贝拉拉、梅和瓦拉内（Briys, Bellalah, Mai, and Varenne, 1998）的研究，以普通看涨/看跌期权（1 单位外汇）为标的的复合期权的价值为：

复合货币期权：

$$O^{compound}=\phi\eta e^{-R_f\tau^*}SN_2(\phi\eta x,\eta y,\phi\rho)-\phi\eta e^{-R_d\tau^*}KN_2(\phi\eta x-\phi\eta\sigma\sqrt{\tau},\eta y$$
$$-\eta\sigma\sqrt{\tau^*},\phi\rho)-\phi K_c e^{-R_d\tau}N(\phi\eta x-\phi\eta\sigma\sqrt{\tau})$$

其中，

$$\rho=\sqrt{\frac{\tau}{\tau^*}}$$

$$x=\frac{\ln\left(\dfrac{e^{-R_f\tau}S}{e^{-R_d\tau}S_{cr}}\right)}{\sigma\sqrt{\tau}}+\frac{1}{2}\sigma\sqrt{\tau}$$

$$y=\frac{\ln\left(\dfrac{e^{-R_f\tau^*}S}{e^{-R_d\tau^*}K}\right)}{\sigma\sqrt{\tau^*}}+\frac{1}{2}\sigma\sqrt{\tau^*}$$

$N_2(a,b,\rho)$ 为累积双变量正态分布函数，其覆盖了从负无穷大到 a 的部分

以及从负无穷大到 b 的部分,其中 ρ 为相关系数。S_{cr} 的值可以通过对下面的方程进行迭代得出:

$$\eta S_{cr} e^{-R_f(\tau^*-\tau)} N(z) - \eta K e^{-R_d(\tau^*-\tau)} N(z-\sigma\sqrt{\tau^*-\tau}) - K_c = 0$$

其中,

$$z = \frac{\ln\left(\dfrac{e^{-R_f(\tau^*-\tau)} S_{cr}}{e^{-R_d(\tau^*-\tau)} K}\right)}{\sigma\sqrt{\tau^*-\tau}} + \frac{1}{2}\sigma\sqrt{\tau^*-\tau}$$

复合期权的理论价值如图 10-1 所示,具体给出了以即期汇率进行衡量的欧元/美元"ca-call"复合期权的理论价值。

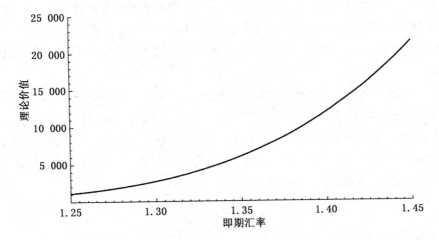

注:欧元面值=1 000 000;复合期权执行价格=0.25;"子期权"执行价格=1.33;复合期权到期日=1 年;"子期权"到期日=1.5 年;vol=11.41%;$R_d=0.41\%$;$R_f=0.56\%$。

图 10-1　欧元/美元"Ca-Call"复合期权

复合期权交易中比较具有技术性的一点在于对复合执行价格的选择。显然,复合期权的执行价格越高,通过对复合期权行权买入普通期权所需花费的成本也就越高,因此比较小的成本才能作为复合期权的初始价值。其次,套期保值者还必须将复合期权的成本与直接买入一份普通期权(在时间点 T 到期)这样一种备选策略的成本进行权衡。而在后一种策略中,如果不再需要该期权,可以在复合期权的到期日将该普通期权卖出。

10.3　一篮子期权

　　一篮子货币期权是指通过将不同货币归集在一起构成一个投资组合的方式所得到的看涨期权或看跌期权。根据定义,一篮子期权只能进行完全执行或完全不执行,这就意味着不可以对篮子内的一些货币进行部分执行。一篮子期权可以进行现金或实物交割。

　　欧式一篮子期权可以通过 BSM 模型进行估值,但在运用时需要知道一篮子货币的隐含波动率。这可以根据基础货币得出每一种货币的隐含波动率,即所谓的"支架"波动率,也可以从每一种相应的交叉汇率的隐含波动率中得出,即所谓的"交叉"波动率。每一个包含了 N 种货币的一篮子货币组合总共会有 $N(N+1)/2$ 项波动率,其中有 N 个支架波动率以及 $N(N-1)/2$ 个交叉波动率。

　　考虑一个包含了欧元、英镑和日元的一篮子货币期权的例子,其基础货币为美元。为了计算出一篮子期权的隐含波动率,需要知道美元/日元、欧元/美元和英镑/美元这些支架汇率的隐含波动率,以及英镑/欧元、欧元/美元和欧元/日元这些交叉汇率的隐含波动率。并且也完全可以从这些波动率中得出一组隐含相关系。货币 1 和货币 2 之间的隐含相关性如下所示:

$$\rho_{1,2} = \frac{\sigma_1^2 + \sigma_2^2 - \sigma_{1/2}^2}{2\,\sigma_1\sigma_2}$$

其中,σ_1^2 和 σ_2^2 分别表示汇率 1 和汇率 2 的方差,$\sigma_{1/2}^2$ 表示货币 1 和货币 2 之间的交叉汇率的方差。例如,欧元/美元和美元/日元之间的相关性如下所示:

$$\rho(欧元/美元,美元/日元) = \frac{\sigma_{欧美}^2 + \sigma_{美日}^2 - \sigma_{欧日}^2}{2\sigma_{欧美}\sigma_{美日}}$$

　　隐含相关性可以用来构建一组方差项:

$$\mathrm{Cov}(1,2) \equiv \sigma_{12} = \rho_{12}\sigma_1\sigma_2$$

　　从而可以实现方差—协方差矩阵 V:

$$V = \begin{bmatrix} \sigma_1^2 & \sigma_{12} & \sigma_{13} \\ \sigma_{21} & \sigma_2^2 & \sigma_{23} \\ \sigma_{31} & \sigma_{32} & \sigma_3^2 \end{bmatrix}$$

　　一篮子货币的隐含方差等于方差—协方差矩阵左乘货币权重的行向量,同时右乘货币权重的列向量。每一种货币的权重可以根据其在货币篮子中的百分比来确定。一篮子货币的隐含波动率等于隐含方差的平方根。欧式一篮子期权的价值可以直接从 BSM 模型的远期汇率形式中导出。

表 10－2 中给出了一个以美元为基础,包含欧元、英镑和日元的一篮子期权构建的数值范例。[1]

表 10－2　以欧元/美元、英镑/美元以及美元/日元为标的的一篮子货币期权

	即期汇率	远期点数	远期直接汇率	货币金额	即期价值	远期价值	权重
EUR/USD	1.330 0	−0.006 0	1.324 0	9 000 000	$ 11 970 000	$ 11 916 256	33.59%
GBP/USD	1.580 0	−0.008 7	1.571 3	7 500 000	$ 11 850 000	$ 11 785 004	33.22%
USD/JPY	85.00	−0.08	84.92	1 000 000 000	$ 11 764 706	$ 11 776 476	33.19%
					$ 35 564 706	$ 35 477 736	100.00%

支架波动率		交叉波动率		隐含相关性	
EUR/USD	14.00%	EUR/GBP	13.80%	EUR/USD, GBP/USD	54.90%
GBP/USD	15.00%	EUR/JPY	16.00%	EIR/USD, USD/JPY	39.29%
USD/JPY	15.00%	GBP/JPY	18.50%	GBP/USD, USD/JPY	23.94%

期权参数		一篮子期权	看涨期权	看跌期权
面值	$ 35 477 736	总成本	$ 2 596 867	$ 827 409
远期指数水平	100	远期百分比	7.319 7%	2.332 2%
执行价格指数水平	95			
期限(天数)	365			
美元利率	0.25%			
一篮子期权波动率	11.30%			

一篮子期权价格对于货币之间各种相关性的敏感性如图 10－2 所示:

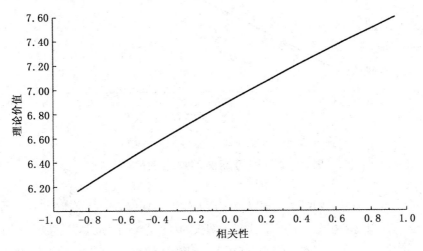

(A)一篮子期权对不同 $\rho_{EUR/USD, GBP/USD}$ 值的价格

〔1〕　见 DeRosa(1996)。

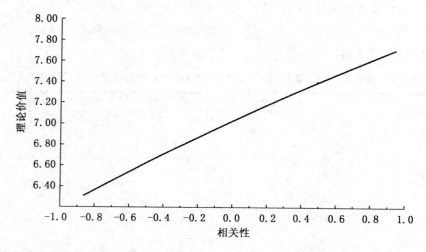

(B)一篮子期权对不同 $\rho_{EUR/USD,USD/JPY}$ 值的价格

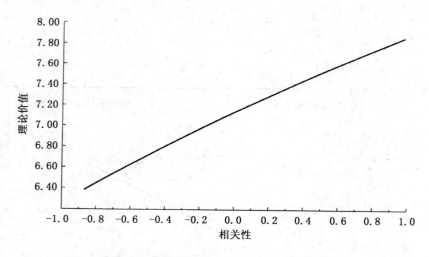

(C)一篮子期权对不同 $\rho_{GBP/USD,USD/JPY}$ 值的价格

图 10-2　一篮子期权价格对相关性的敏感性

　　一篮子期权受到投资经理以及希望通过单一期权对一组货币敞口进行套期保值的公司财务主管的青睐。一篮子期权的溢价会低于分别购买某一种货币期权后的加总成本。成本上的节省来源于一篮子货币的隐含波动率小于单一货币隐含波动率的平均值(Hsu,1995)。

　　换一种方式理解,一篮子期权的价值必须小于一组普通货币期权的价值,因为完全可能出现这样的情况,当一篮子期权在到期时处于价外时,普通货币期权组合中的某一份或某几份期权完全可能在到期时处于价内。该原理也可以根据相关性概念来理解。例如,交易者在买入一份一篮子期权的同时,根据篮子内相应的货币组成再卖出一组普通期权。根据之前的分析,净收益应该为正。这样一个组合策略表示对相关性看多。相反,如果是采取卖出一篮子期权再买入普通货币期权组合的策略,就是对相关性看空,因为当一篮子货币之间的相关性降低时,普通货币期权组合将变得更有价值。

10.4 双币种期权

最为常见的双币种期权类型是以外国股指为标的,具有隐含的固定汇率特征的看涨期权或看跌期权。另一种是双币种两值货币期权。

10.4.1 股指双币种期权

股指双币种期权等价于以外国股指(如日经指数)为标的,但是以另一种货币(如美元)进行标价的期权。双币种期权的价值取决于外国股指的水平而不是汇率。

双币种看涨期权与看跌期权在到期日 T 的收益函数如下所示:

$$C_T^{quantos} = Max[\bar{S}Z_T - \bar{S}K, 0]$$

$$P_T^{quantos} = Max[\bar{S}K - \bar{S}Z_T, 0]$$

其中,$\bar{S}$ 表示汇率的固定水平,Z 表示外国股指。

德曼、卡拉辛斯基和韦克(Derman, Karasinski and Wecker, 1990)以及德拉维德、理查森和孙(Dravid, Richardson and Sun, 1993)解出了欧式双币种期权的价值:

双币种期权:

$$C_t^{quantos} = [Z_t e^{(R_f - D')\tau} N(d_1) - KN(d_2)]\bar{S}e^{-R_d\tau}$$

$$P_t^{quantos} = [KN(-d_2) - Z_t e^{(R_f - D')\tau} N(-d_1)]\bar{S}e^{-R_d\tau}$$

其中,

$$d_1 = \frac{\ln\left(\dfrac{Z_t}{K}\right) + \left(R_f - D' + \dfrac{\sigma_z^2}{2}\right)\tau}{\sigma_z\sqrt{\tau}}$$

$$d_2 = d_1 - \sigma_z\sqrt{\tau}$$

$$D' = D + \sigma_{zs}$$

其中,D 表示外国股指的连续复合分红收益,σ_s 和 σ_{zs} 分别表示汇率波动率和股指与汇率之间的协方差。

协方差项 σ_{zs} 所起到的作用非常有趣。将该项放在一个我们更为熟悉的以下相关性形式中:

$$\sigma_{zs} = \rho_{zs}\sigma_z\sigma_s$$

其中,ρ_{zs} 表示股指与汇率之间的相关性系数。考虑一个以日经股指为标的的欧式看涨期权与看跌期权的数值型例子,其具有的另外一个特点是,每一个收益函数都是在一个固定的美元/日元汇率水平上给出。

以日经股指为标的的双币种看涨期权与看跌期权:

日经股指初始水平	10 000
执行价格	10 100
固定汇率(美元/日元)	90.00
到期日	90
美元利率	5%
日元利率	2%
日经股指分红率	1%
日经股指波动率	25%
美元/日元汇率的波动率	14%
相关性(日经股指,美元/日元汇率)	−40%

期权的理论价值:

双币种看涨期权	5.294
双币种看跌期权	5.645

上述双币种看涨期权和看跌期权的收益函数如下所示:

以日经指数为标的的双币种看涨期权:

$$Max\left[0, \frac{Nikkei}{90} - \frac{10\ 100}{90}\right]$$

以日经指数为标的的双币种看跌期权:

$$Max\left[0, \frac{10\ 100}{90} - \frac{Nikkei}{90}\right]$$

　　上述期权的价值是以日经指数的点数进行测算的。双币种看涨期权与股指和汇率之间的相关性水平负相关，而双币种看跌期权与股指和汇率之间的相关性水平正相关。上述数值型范例中的双币种期权在不同相关性假设下的估值如图10－3所示。

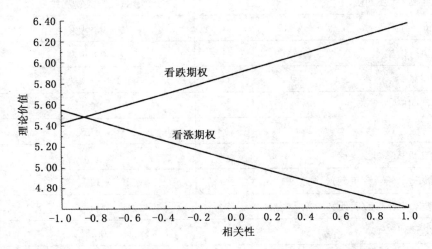

注：即期日经指数＝10 000；执行价格＝10 100；固定汇率＝90.00；90 天；日经指数波动率＝25％；美元/日元汇率波动率＝14％；R_d＝5％；R_f＝2％；日经指数分红率＝1％。

图 10－3　以日经指数为标的并以美元标价的双币种
看涨期权在不同相关性水平（$\rho_{Nikkei,USD/JPY}$）上的价值

　　双币种期权一般存在于场外市场环境中，尽管具有双币种期权特征的上市股指权证也存在。通常交易员会根据其机构性资产经理客户的需要开建双币种期权交易。双币种期权对于实际使用者的一大优点在于，其可以对客户所需要的金额面值以十分精确的方式交割货币，从而实现套期保值——实际上，双币种期权的货币面值会对外国股指以一种非常精确的比例方式进行升降调整。在交易的另一方，也存在一名交易者，其面临着不得不根据外国股指的波动而及时调整货币套期保值策略的需要。双币种期权在运用中的一大问题是，股指与汇率之间的相关性可能会变得非常不稳定，以至于产生显著的套保不足或过度套保风险。正如皮罗斯（Piros，1998）所指出的，双币种期权的使用者应该为这种交易上的便利做好付出一定代价的心理准备。

10.4.2　双币种两值货币期权

　　双币种两值货币期权（quantos binary currency option）是指以第三种货币进

行收益结算的两值货币期权。例如,以欧元/英镑为标的的数字期权,但以美元来结算收益。

双币种两值货币期权	
看涨/看跌期权	欧元看涨/英镑看跌期权
即期汇率	0.860 0
执行价格	0.860 0
收益	100 000 美元
到期日	90 天
行权方式	欧式
波动率(欧元/英镑)	15%
波动率(英镑/美元)	14%
波动率(欧元/美元)	14%
美元利率	0.25%
相关性(欧元/英镑,英镑/美元)	53.6%
期权理论价值	
双币种两值看涨期权	\$48.979

根据维斯图普(2008)的结论,双币种两值货币期权的价值 O^{QB} 的表达式如下:

$$O^{QB} = Q e^{-r} Q^T N(\phi d_-)$$

$$d_- = \frac{\ln\left(\dfrac{S_0}{K}\right) + \left(\tilde{\mu} - \dfrac{1}{2}\sigma^2_{FOR/DOM}\right)T}{\sigma_{FOR/DOM}\sqrt{T}}$$

$$\tilde{\mu} = r_d - r_f - \rho\,\sigma_{FOR/DOM}\sigma_{DOM/QUANTO}$$

$$\rho = \frac{\sigma^2_{FOR/QUANTO} - \sigma^2_{FOR/DOM} - \sigma^2_{DOM/QUANTO}}{2\,\sigma_{FOR/DOM}\sigma_{DOM/QUANTO}}$$

其中,对于看涨期权,$\phi=1$;对于看跌期权,$\phi=-1$。Q 表示期权的收益。r_Q 表示双币种货币的无风险利率。S_0 表示即期汇率。K 表示以本币计价的外币执行价格。ρ 表示以本币表示的外币与以双币种货币表示的本币之间的相关系数。

图 10-4 描绘了双币种两值欧元看涨/英镑看跌期权在不同即期汇率水平上的价值趋势。

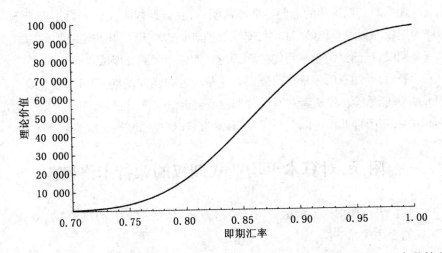

注:执行价格=0.86;收益=$ 100 000;90 天;欧元/英镑汇率波动率=15%;英镑/美元汇率波动率=14%;欧元/美元汇率波动率=14%;$\rho_{EUR/GBP,GBP/USD}$=−53.6%;R_d=0.25%。

图 10—4　以美元标价的双币种数字欧元看涨/英镑看跌期权的美元价值

10.5　对于以非障碍货币期权进行套期保值的评论

奇异货币期权的世界是处在一个动态的环境中的,始终会有新的期权会被创造出来。许多新的期权都只不过是在数学运用上的创新,但时常也会有非常有价值的新型奇异货币期权诞生。

对于何时运用奇异期权有一个非常好的准则,即可以寻找这样一种结构:与普通货币期权所需成本相比,运用奇异货币期权在达到套保目标的同时,可以体现出显著的成本优势。这似乎暗示着,在一些奇异货币期权的品种中存在着"免费的午餐"。本书对这种观点并不认同。本书所更倾向的观点是,套期保值者通过谨慎买入奇异期权,可以买入他所真正需要的头寸保护,而不必为他所不需要的头寸保护形式付出成本,这样才可以使在成本上的节省变得具体化。

平均利率货币期权就非常适合于主要对一段期间内平均汇率感兴趣的套期保值者。因为平均利率期权都会比普通期权更为便宜,因此与买入普通期权相比,显然可以实现成本上的节省。

同样的道理,如果目标是对一个货币组合进行套期保值,相比于一次买入一种货币进行头寸保护,一篮子期权也可以节省套保费用。

　　如果对套期保值的需要不是非常明确,复合期权会比较有效。相比于买入普通期权而置身于风险敞口中,套期保值者可以支付更低初始成本的方式买入复合期权,从而锁定未来可能需要进行套期保值时的套保成本。

　　最后,虽然双币种期权可能需要花费一定的成本,但它却可以减少成本和时间,并降低风险。投资者对双币种期权所普遍认可的贡献是,在一个变化的市场环境中,双币种期权可以对外国股指提供合理规模的套期保值头寸。

附录:对算术平均亚式期权的蒙特卡洛模拟

　　蒙特卡洛模拟法所模拟的执行价格为 K、到期日为 T 的算术平均亚式看涨期权的表达式如下:

$$\widetilde{C}(S(T_0),T_0)_{arithmetic}=\frac{1}{N}\sum_{j=1}^{N}C_j(S(T_0),T_0)_{arithmetic}$$

$$C_j(S(T_0),T_0)_{arithmetic}=e^{-R_d(T-T_0)}Max(A_j(T)-K,0)$$

$$A(T)=\frac{1}{k+1}\sum_{i=0}^{k}S(T_i)$$

$$T_i=T_0+i\Delta t$$

$$\Delta t=\frac{(T-T_0)}{k}$$

其中,N 表示模拟的次数;k 表示离散观察点个数,以此可以确定平均即期价格。

　　$S(T_i)$ 遵循布莱克—斯科尔斯模型:

$$S(T_{i+1})=S(T_i)e^{(R_d-R_f-\frac{\sigma^2}{2})\Delta t+\sigma(W_{i+1}-W_i)}$$

其中,W_i 为标准布朗运动。

　　运用几何平均亚式看涨期权价格

$$C_j(S(T_0),T_0)_{geometric}=e^{-R_d(T-T_0)}max(G_j(T),0)$$

作为控制变量,其中 $G(T)=\prod_{i=0}^{k}[S(T_i)]^{\frac{1}{k+1}}$,可以达到使因子 $\rho_{\hat{C}_{arithmetic}\hat{C}_{geometric}}$(两种期权价格之间的相关性)方差缩减的效果。

$$C^*(S(T_0),T_0)_{arithmetic}=\frac{1}{N}\sum_{j}^{N}\left\{\begin{array}{l}C_j(S(T_0),T_0)_{arithmetic}-\\a[C_j(S(T_0),T_0)_{geometric}-C_{geometric}^{closed\ form}]\end{array}\right\}$$

$$a=-\frac{Covariance(\hat{C}_{arithmetic},\hat{C}_{geometric})}{Variance(\hat{C}_{geometric})}$$

$$Variance(C^*)=(1-\rho_{\hat{C}_{arithmetic}\hat{C}_{geometric}})Variance(\hat{C}_{arithmetic})$$

参考文献

Abramowitz, Milton, and Irene A. Stegun, eds. 1972. *Handbook of Mathematical Functions with Formulas, Graphs, and Mathematical Tables.* Washington, DC: National Bureau of Standards, Applied Mathematics Series 55, December.

Alexander, Carol, and Leonardo M. Nogueira. 2004. "Hedging with Stochastic Local Volatility." *The University of Reading, ISMA Centre.*

Association Cambiste Internationale. 1991. *Code of Conduct.* Paris: Dremer-Muller & Cie, Foetz.

Avellaneda, M., C. Friedman, R. Holmes, and D. Samperi. 1997. "Calibrating Volatility Surfaces via Relative Entropy Minimization." *Applied Mathematical Finance*, 4: 37–64.

Baba, Naohiko, Frank Packer, and Teppei Nagano. 2008. "The Spillover of Money Market Turbulence to FX Swap and Cross-Currency Swap Markets." *BIS Quarterly Review* (March): 73–86.

Babbel, David F., and Laurence K. Isenberg. 1993. "Quantity-Adjusting Options and Forward Contacts." *Journal of Financial Engineering* 2, no. 2 (June): 89–126.

Bachelier, Louis. 1900. *Théorie de la Speculation.* Paris: Gauthier-Villars. Reprinted in *The Random Character of Stock Market Prices,* ed. Paul H. Cootner. Cambridge, MA: MIT Press, 1967.

Ball, Clifford A., and Antonio Roma. 1994. "Stochastic Volatility Option Pricing." *Journal of Financial and Quantitative Analysis* 29 (December): 589–607.

Bank for International Settlements. 2010. "Triennial Central Bank Survey: Foreign Exchange and Derivatives Market Activity in April 2010, Preliminary Results." Basle: September. http://bis.org/ (previous surveys in 2001, 2004, and 2007).

Bank of England. 2010. "Results of the Semi-Annual FX turnover Survey, October 2009." January. www.bankofengland.co.uk/.

Barone-Adesi, Giovanni, and Robert E. Whaley. 1987. "Efficient Analytic Approximation of American Option Values." *Journal of Finance* 42 (June): 301–320.

Bates, David S. 1994. "Dollar Jump Fears, 1984–1992: Distributional Abnormalities Implicit in Currency Futures Options." *Journal of International Money and Finance* 15, no. 1: 65–91. Reprinted in *Currency Derivatives,* ed. David DeRosa. New York: John Wiley & Sons, 1998.

Benson, Robert, and Nicholas Daniel. 1991. "Up Over and Out." *Risk* 4 (June): 17–19.

Berger, Eric. 1996. "Chapter 8: Barrier Options." *Handbook of Exotic Options,* ed. Israel Nelken. Chicago: Irwin Professional Publishing.

Biseti, L., A. Catagna, and F. Mercurio. 1997. "Consistent Pricing and Hedging of an FX Options Book," *Kyoto Economic Review* 1 (75): 65–83.

Black, Fischer. 1976. "The Pricing of Commodity Contracts." *Journal of Financial Economics* 3 (January–March): 167–179. Reprinted in *Currency Derivatives*, ed. David DeRosa. New York: John Wiley & Sons, 1998.

——. 1989. "How We Came Up with the Option Formula." *Journal of Portfolio Management* (Winter): 4–8.

Black, Fischer, and John Cox. 1976. "Valuing Corporate Securities Some Effects of Bond Indenture Provisions." *Journal of Finance* 31 (May): 351–368.

Black, Fischer, and Myron Scholes. 1973. "The Pricing of Options and Corporate Liabilities." *Journal of Political Economy* 81 (May–June): 637–659.

Bodurtha, James N., Jr., and Georges R. Courtadon. 1987. "Tests of an American Option Pricing Model on the Foreign Currency Options Market." *Journal of Financial and Quantitative Analysis* 22 (June): 153–167.

Bossens, Frederic, Gregory Rayee, Nikos S. Skantzos, and Griselda Deelstra. 2010. "Vanna-Volga Methods Applied to FX Derivatives: From Theory to Market Practice." http://ssrn.com/.

Bouchouev, Ilia, and Victor Isakov. 1997. "The Inverse Problem of Option Pricing." *Inverse Problems*, 13: 11–17.

——. 1999. "Uniqueness, Stability and Numerical Methods for the Inverse Problem that Arises in Financial Markets." *Inverse Problems*, 15: 95–116.

Boyle, Phelim P., and David Emanuel. 1985. "Mean Dependent Options." Working paper, University of Waterloo, Ontario, Canada.

Boyle, Phelim P., and S. H. Lau. 1994. "Bumping Up Against the Barrier with the Binomial Method." *Journal of Derivatives* 1, no. 4: 6–14.

Brandimarte, Paolo. 2006. *Numerical Methods in Finance and Economics: A MATLAB-Based Introduction*, 2nd ed. Hoboken, NJ: John Wiley & Sons.

Breeden, Douglas T., and Robert H. Litzenberger. 1978. "Prices of State-contingent Claims Implicit in Option Prices." *Journal of Business* 51: 621–651.

Brennan, M. J., Georges Courtadon, and Marti Subrahmanyam. 1985. "Options on the Spot and Options on Futures." *Journal of Finance* 40 (December): 1303–1317.

Brennan, M. J., and E. S. Schwartz. 1977. "The Valuation of American Put Options." *Journal of Finance* 32 (May): 449–462.

——. 1978. "Finite Difference Methods and Jump Processes Arising in the Pricing of Contingent Claims: A Synthesis." *Journal of Financial and Quantitative Analysis* 8 (September): 461–474.

Brenner, Menachem, and Marti G. Subrahmanyam. 1994. "A Simple Approach to Option Valuation and Hedging in the Black-Scholes Model." *Financial Analyst Journal* (March/April): 25–28.

Briys, Eric, M. Bellalah, H. M. Mai, and F. de Varenne. 1998. *Options, Futures, and Exotic Derivatives*. Chichester, England: John Wiley & Sons.

Bunch, David S., and Herb Johnson. 1999. "The American Put Option and Its Critical Stock Price." *Journal of Finance* 55 (October): 2333–2356.

Campa, Jose Manuel, and P. H. Kevin Chang. 1995. "Testing the Expectations Hypothesis on the Term Structure of Volatilities in Foreign Exchange Options." *Journal of Finance* 50, no. 2 (June): 529–547.

————. 1998. "Learning from the Term Structure of Implied Volatility in Foreign Exchange Options." *Currency Options and Exchange Rate Economics*, ed. Zhaohui Chen. Singapore: World Scientific Publishing.

Carr, Peter. 1994. "European Put Call Symmetry." Working Paper, Cornell University, Ithaca, New York.

Carr, Peter, and Andrew Chou. 1997a. "Breaking Barriers." *Risk* (September): 139–145.

————. 1997b. "Hedging Complex Barrier Options." Working Paper. www.math .nyu.edu/research/carp/papers/pdf/multipl3.pdf.

Carr, Peter, Katrina Ellis, and Vishal Gupta. 1998. "Static Hedging of Exotic Options." *Journal of Finance* 53, no. 3 (June): 1165–1190.

Castagna, Antonio. *FX Options and Smile Risk.* 2010. Chichester, England: John Wiley & Sons.

Castagna, Antonio, and Fabio Mercurio. 2009. "The Vanna-Volga Method for Implied Volatilities." *Risk* (January): 106–111.

————. "Consistent Pricing of FX Options." 2005. Internal report, Banca IMI. www.fabiomercurio.it/.

Chaboud, Alain, Benjamin Chiquoine, Erik Hjalmarsson, and Clara Vega. 2009. "Rise of the Machines: Algorithmic Trading in the Foreign Exchange Market." Board of Governors of the Federal Reserve System, International Finance Discussion Papers No. 980 (October).

Chang, Carolyn W., and Jack K. Chang. 1990. "Forward and Futures Prices: Evidence from the Foreign Exchange Markets." *Journal of Finance* 45 (September): 1333–1336.

Chesney, M., and L. Scott. 1989. "Pricing European Currency Options: A Comparison of the Modified Black-Scholes Model and a Random Variance Model." *Journal of Financial and Quantitative Analysis* 24 (September): 267–284. Reprinted in *Currency Derivatives*, ed. David DeRosa. New York: John Wiley & Sons, 1998.

Chriss, Neil A. 1997. *Black-Scholes and Beyond.* Chicago: Irwin Professional Publishing.

Cornell, Bradford, and Marc R. Reinganum. 1981. "Forward and Futures Prices: Evidence from the Foreign Exchange Markets." *Journal of Finance* 36, no. 12 (December): 1035–1045. Reprinted in *Currency Derivatives*, ed. David DeRosa, New York: John Wiley & Sons, 1998.

Cox, John C., Jonathon E. Ingersoll, and Stephen A. Ross. 1981. "The Relationship Between Forward and Futures Prices." *Journal of Financial Economics* 9 (December): 321–346. Reprinted in *Currency Derivatives*, ed. David DeRosa. New York: John Wiley & Sons, 1998.

Cox, John C., and Stephen A. Ross. 1976. "The Valuation of Options for Alternative Stochastic Processes." *Journal of Financial Economics* 3 (January–March): 145–166.

Cox, John C., Stephen A. Ross, and Mark Rubinstein. 1979. "Option Pricing: A Simplified Approach." *Journal of Financial Economics* 7 (September): 229–

Cox, John C, and Mark Rubinstein. 1985. *Options Markets*. Englewood Cliffs, NJ: Prentice-Hall.

Curran, M. 1992. "Beyond Average Intelligence." *Risk 5*, no. 10: 60.

Curtardon, G. 1982. "A More Accurate Finite Difference Approximation for the Valuation of Options." *Journal of Financial and Quantitative Analysis* (December): 697–703.

Derman, Emanuel. 1996. "Reflections on Fischer." *Journal of Portfolio Management* (December): 18–24.

———. 1999. "Regimes of Volatility: Some Observations on the Variation of S&P 500 Implied Volatilities." Quantitative Strategies Research Notes, Goldman Sachs (January).

———. 2007a. "Lecture 1: Introduction to the Smile." *Lecture Notes from E4718*, Columbia University (Spring): 3.

———. 2007b. "Lecture 6: Static Hedging—Extending Black-Scholes." *Lecture Notes from E4718*, Columbia University (Spring).

Derman, Emanuel, Deniz Ergener, and Iraj Kani. 1994. "Static Options Replication." *Journal of Derivatives 2* (Summer): 78–95.

Derman, Emanuel, and Iraj Kani. "Riding on a Smile." 1994a. *Risk 7* (February): 32–39.

———. 1994b. "The Volatility Smile and Its Implied Tree." New York: Goldman, Sachs & Co., January.

Derman, Emanuel, Iraj Kani, and Neil Chriss. 1996. "Implied Trinomial Trees of the Volatility Smile." Internal research publication. New York: Goldman, Sachs & Co., February.

Derman, Emanuel, Iraj Kani, and Joseph Z. Zou. 1995. "The Local Volatility Surface." Internal research publication. New York: Goldman, Sachs & Co., December.

Derman, Emanuel, Piotr Karasinski, and Jeffrey S. Wecker. 1990. "Understanding Guaranteed Exchange-Rate Contracts in Foreign Stock Investments." Internal research publication. New York: Goldman, Sachs & Co., December.

DeRosa, David F. 1996. *Managing Foreign Exchange Risk*. rev. ed. Chicago: Irwin Professional Publishing.

———. 1998. *Currency Derivatives*. New York: John Wiley & Sons.

———. 2009. *Central Banking and Monetary Policy in Emerging Markets Nations*. Research Foundation for the CFA Institute.

———. 2001. *In Defense of Free Capital Markets: The Case against A New International Financial Architecture*. Bloomberg Press.

Dravid, Ajay, Matthew Richardson, and Tong-sheng Sun. 1993. "Pricing Foreign Index Contingent Claims: An Application to Nikkei Index Warrants." *Journal of Derivatives 1*: 33–51. Reprinted in *Currency Derivatives*, ed. David DeRosa. New York: John Wiley & Sons, 1998.

———. 1994. "The Pricing of Dollar-Denominated Yen/DM Warrants." *Journal of International Money and Finance 13*, no. 5: 517–536.

Duffy, Daniel J. 2004. "A Critique of the Crank-Nicolson Scheme: Strengths and Weaknesses for Financial Instrument Pricing." *Datasim Component*

Technology (March). www.datasim-component.com/downloads/financial/Crank Nicolson.pdf.

———. 2006. *Finite Difference Methods in Financial Engineering: A Partial Differential Equation Approach*. Chichester, England: John Wiley & Sons.

Dumas, Bernard, Jeff Fleming, and Robert E. Whaley. 1998. "Implied Volatility Functions: Empirical Tests." *Journal of Finance* 53, no. 6 (December): 2059–2106.

Dupire, Bruno. 1992. "Arbitrage Pricing with Stochastic Volatility." In Proceedings of the A.F.F.I. Conference of June 1992, Paris.

———. 1994. "Pricing with a Smile." *Risk* 7 no. 1 (January): 18–20.

Fama, Eugene F. 1984. "Forward and Spot Exchange Rates." *Journal of Monetary Economics* 14: 319–338.

Federal Reserve Bank of New York. 2009. Foreign Exchange Committee. Survey of North American Foreign Exchange Volume for the October 2009 reporting period. www.newyorkfed.org/.

Finch, Gavin, and Elliott Gotkine. 2008. "LIBOR Banks Misstated Rates, Bond at Barclays Says," *Bloomberg News*, May 29.

Freidman, Daniel, and Stoddard Vandersteel. 1982. "Short-Run Fluctuations in Foreign Exchange Rates Evidence from the Data 1973–79." *Journal of International Economics* 13: 171–186.

Froot, Kenneth A. 1993. "Currency Hedging over Long Horizons." Working paper no. 4355, National Bureau of Economic Research, New York, May.

Froot, Kenneth A., and Jeffrey A. Frankel. 1989. "Forward Discount Bias: Is It an Exchange Risk Premium?" *Quarterly Journal of Economics* 104 (February): 139–161.

Froot, Kenneth A., and Richard A. Thaler. 1990. "Anomalies—Foreign Exchange." *Journal of Economic Perspectives* 4, no. 3 (Summer): 179–192.

Funabashi, Yoichi. 1989. *Managing the Dollar: From the Plaza to the Louvre*. 2nd ed. Washington, DC: Institute for International Economics.

Gallardo, Paola, and Alexandra Health. 2009. "Execution Methods in Foreign Exchange Markets." *BIS Quarterly Review* (March): 83–91.

Garman, Mark B., and Michael J. Klass. 1980. "On the Estimation of Security Price Volatilities from Historical Data." *Journal of Business* 53 (January): 67–78.

Garman, Mark B., and Steven V. Kohlhagen. 1983. "Foreign Currency Option Values." *Journal of International Money and Finance* 2 (December): 231–237. Reprinted in *Currency Derivatives*, ed. David DeRosa. New York: John Wiley & Sons, 1998.

Gatheral, Jim. 2006. *The Volatility Surface: A Practitioner's Guide*. Hoboken, NJ: John Wiley & Sons.

Geman, Helyette, and Marc Yor. 1996. "Pricing and Hedging Double-Barrier Options: A Probabilistic Approach." *Mathematical Finance* 6, no. 4: 365–378. Reprinted in *Currency Derivatives*, ed. David DeRosa. New York: John Wiley & Sons, 1998.

Gemmill, Gordon. 1993. *Options Pricing*. Berkshire, England: McGraw-Hill.

Geske, Robert. 1979. "The Valuation of Compound Options." *Journal of Financial Economics* 7 (March): 63–81.

Geske, Robert, and H. E. Johnson. 1984. "The American Put Option Valued Analytically." *Journal of Finance* 39 (December): 1511–1524.

Giavazzi, Francesco, and Alberto Giovanninni. 1989. *Limiting Exchange Rate Flexibility: The European Monetary System.* Cambridge, MA: MIT Press.

Gibson, Rajna. 1991. *Option Valuation.* New York: McGraw-Hill.

Grabbe, J. Orlin. 1983. "The Pricing of Call and Put Options on Foreign Exchange." *Journal of International Money and Finance* 2: 239–253.

Haug, Espen Gaarder. 2007. *The Complete Guide to Option Pricing Formulas.* New York: McGraw-Hill.

Heston, Steven L. 1993. "A Closed Form Solution for Options with Stochastic Volatility with Applications to Bond and Currency Options." *Review of Financial Studies* 6, no. 2: 327–343.

Ho, T. S., Richard C. Stapleton, and Marti G. Subrahmanyam. 1994. "A Simple Technique for the Valuation and Hedging of American Options." *The Journal of Derivatives* (Fall): 52–66.

Hodges, Hardy M. 1996. "Arbitrage Bounds on the Implied Volatility Strike and Term Structures of European-Style Options." *Journal of Derivatives* 3, no. 4 (Summer): 23–35.

Hsieh, David. 1989. "Testing for Nonlinear Dependence in Daily Foreign Exchange Rates." *Journal of Business* 62: 339–368.

Hsu, Hans. 1995. "Practical Pointers on Basket Options." *International Treasurer,* May 15: 4–7.

———. 1997. "Surprised Parties." *Risk* 10, no. 4 (April): 27–29.

Hudson, Mike. 1991. "The Value of Going Out." *Risk* 4, no. 3 (March): 29–33.

Hui, Cho H. 1996. "One-Touch Double Barrier Binary Option Values." *Applied Financial Economics* no. 6: 343–346. Reprinted in *Currency Derivatives,* ed. David DeRosa. New York: John Wiley & Sons, 1998.

Hui, C. H., Hans Genberg, and T. K. Chung. 2010. "Funding Liquidity Risk and Deviations from Interest-Rate Parity During the Financial Crisis of 2007–2009" (May 24). International Journal of Finance and Economics, Forthcoming. http://ssrn.com/.

Hull, John C. 2009. *Options, Futures, and Other Derivatives.* 7th ed. Upper Saddle River, NJ: Prentice Hall.

Hull, John, and Alan White. 1987. "The Pricing of Options on Assets with Stochastic Volatilities." *Journal of Finance* 42 (June): 281–300.

———. 1990. "Valuing Derivative Securities Using the Explicit Finite Difference Method." *Journal of Financial and Quantitative Analysis* 25 (March): 87–100.

———. 1991. *Fundamentals of Futures and Options Markets.* Upper Saddle River, N.J.: Pearson Prentice Hall.

International Monetary Fund. 1994. *Exchange Arrangements and Exchange Restrictions.* Washington, DC: International Monetary Fund.

International Swaps and Derivatives Association. 1998. *1998 FX and Currency Option Definitions.* New York: International Swaps and Derivatives Association.

Jarrow, Robert A., and Andrew Rudd. 1983. *Option Pricing*. Homewood, IL: Dow Jones-Irwin.

Jex, Mark, Robert Henderson, and David Wang. 1999. "Pricing Exotics Under the Smile." *J.P. Morgan Securities, Inc., Derivatives Research*, London (September).

Jorion, Philippe. 1988. "On Jump Processes in the Foreign Exchange and Stock Markets." *Review of Financial Studies* 1, no. 4: 427–445. Reprinted in *Currency Derivatives*, ed. David DeRosa. New York: John Wiley & Sons, 1998.

Jorion, Philippe, and Neal M. Stoughton. 1989a. "Tests of the Early Exercise Premium Using the Foreign Exchange Market." In *Recent Developments in International Banking and Finance*, ed. S. Khoury, 159–190. Chicago: Probus Publishing.

———. 1989b. "An Empirical Investigation of the Early Exercise Premium of Foreign Currency Options." *Journal of Futures Markets* 9: 365–375.

Kemna, A. G. Z., and C. F. Vorst. 1990. "A Pricing Method for Options Based on Average Asset Values." *Journal of Banking and Finance* 14: 113–129.

Kendall, M., and A. Stuart. 1943. *The Advanced Theory of Statistics*, vol. 1. London: Charles Griffin.

Keynes, John Maynard. 1923. *A Tract on Monetary Reform*. London: Macmillan.

Kim, In Joon. 1990. "The Analytic Valuation of American Options." *Review of Financial Studies* 3: 547–572.

King, Michael, R., and Dagfinn Rime. 2010. "The $4 Trillion Question: What Explains FX Growth Since the 2007 Survey?" *BIS Quarterly Review* (December): 27–42.

Kunitomo, N., and M. Ikeda. 1992. "Pricing Options with Curved Boundaries." *Mathematical Finance* 2, no. 4: 275–298.

Levy, Edmond. 1990. "Asian Arithmetic." *Risk* 3 (May): 7–8.

———. 1992. "Pricing of European Average Rate Currency Options." *Journal of International Money and Finance* 11: 474–491. Reprinted in *Currency Derivatives*, ed. David DeRosa. New York: John Wiley & Sons, 1998.

Levy, P. 1948. *Processus Stochastiques et Mouvement Brownien*. Paris: Gauthier-Villars.

Liljefors, Johan. 2001. "Static Hedging of Barrier Options under Dynamic Market Conditions." *Royal Institute of Technology Sweden* and *Courant Institute of Mathematical Science, NYU* (September 12).

Lipton, Alex, and William McGhee. 2002. "Universal Barriers." *Risk* 15 (May): 81–85.

Liu, Christina, and Jia He. 1991. "A Variance-Ratio Test of Random Walks in Foreign Exchange Rates." *Journal of Finance* 46, no. 2 (June): 773–785.

MacMillan, Lionel W. 1986. "Approximation for the American Put Option." *Advances in Futures and Options Research*, vol. 1. Greenwich, CT: JAI Press: 119–140.

Malz, Allan M. 1996. "Using Option Prices to Estimate Realignment Probabilities in the European Monetary System: The Case of Sterling-Mark." *Journal of International Money and Finance* 15, no. 5: 717–748.

———. 1997. "Estimating the Probability Distribution of the Future Exchange Rate from Option Prices." *Journal of Derivatives* (Winter): 18–36.

————. 1998. "An Introduction to Currency Option Markets." In *Currency Options and Exchange Rate Economics*, ed. Zhaohui Chen. Singapore: World Scientific Publishing.

Margrabe, William. 1976. "A Theory of Forward and Futures Prices." Working paper, Wharton School, University of Pennsylvania, Philadelphia.

————. 1978. "The Value of an Option to Exchange One Asset for Another." *Journal of Finance* 33 (March): 177–186.

————. 1990. "Average Options" Working paper, Bankers Trust Company, New York.

McFarland, James W., R. Richardson Pettit, and Sam K. Sung. 1982. "The Distribution of Foreign Exchange Price Changes: Trading Day Effects and Risk Measurement." *Journal of Finance* 37, no. 3 (June): 693–715.

Merton, Robert C. 1973. "Theory of Rational Option Pricing." *Bell Journal of Economics and Management Science* 4 (Spring): 141–183.

————. 1976. "Option Pricing When Underlying Stock Returns Are Discontinuous." *Journal of Financial Economics* 3 (January/March): 99–118.

Mihaljek, Dubravko, and Frank Packer. 2010. "Derivatives in Emerging Markets." *BIS Quarterly Review* (December): 43–58.

Mixon, Scott. 2009. "The Foreign Exchange Option Market, 1917–1921." Société Générale Corporate and Investment Banking, New York.

Parkinson, Michael. 1977. "Option Pricing: The American Put." *Journal of Business* 50 (January): 21–36.

————. 1980. "The Extreme Value Method for Estimating the Variance of the Rate of Return." *Journal of Business* 53 (January): 61–65.

Patel, Shivum. 2005. "Static Replication Methods for Vanilla Barrier Options with MATLAB Implementation." Thesis. University of the Witwatersrand, Johannesburg, South Africa (November).

Perold, Andre F., and Evan C. Schulman. 1988. "The Free Lunch in Currency Hedging: Implications for Investment Policy and Performance Standard." *Financial Analysts Journal* (May/June): 45–50.

Piros, Christopher D. 1998. "The Perfect Hedge: To Quanto or Not to Quanto." In *Currency Derivatives*, ed. David DeRosa. New York: John Wiley & Sons.

Press, William H., Brian P. Flannery, Saul A. Teukolsky, and William T. Vetterling. 1986. *Numerical Recipes: The Art of Scientific Computing*. New York: Cambridge University Press.

Reiner, Eric. 1992. "Quanto Mechanics." *Risk* 5 (March): 59–63.

Reiner, Eric, and Mark Rubinstein. 1991a. "Breaking Down the Barriers." *Risk* 4 (September): 29–35.

————. 1991b. "Unscrambling the Binary Code." *Risk* 4 (October): 75–83.

Ren, Yong, Dilip Madan, and Michael Qian Qian. 2007. "Calibrating and Pricing with Embedded Local Volatility Models." *Risk* (September): 138–143.

Rich, Don. 1994. "The Mathematical Foundations of Barrier Option-Pricing Theory." *Advances in Futures Options Research*, vol. 7, ed. Don M. Chance and Robert R. Trippi. Greenwich, CT: JAI Press.

Ritchken, Peter. 1995. "On Pricing Barrier Options." *Journal of Derivatives* 3: 19–28. Reprinted in *Currency Derivatives,* ed. David DeRosa. New York: John Wiley & Sons, 1998.

Root, Franklin R. 1978. *International Trade and Investment,* 4th ed. Cincinnati: South-Western Pub. Co.

Rubinstein, Mark. 1990. "Exotic Options." Unpublished manuscript, University of California-Berkeley.

———. 1991. "Options for the Undecided." *Risk* 4 (April): 43.

———. 1994. "Implied Binomial Trees." *Journal of Finance* 69, no. 3 (July): 771–818.

Ruttiens, Allain. 1990. "Classical Replica." *Risk* 3 (February): 33–36.

Schwartz E. S. 1977. "The Valuation of Warrants: Implementing a New Approach." *Journal of Financial Economics* 4: 79–93.

Scott, L. 1987. "Option Pricing When the Variance Changes Randomly: Theory, Estimation and an Application." *Journal of Financial and Quantitative Analysis* 22 (December): 419–438.

Stein, E. M., and C. J. Stein. 1991. "Stock Price Distributions with Stochastic Volatility: An Analytic Approach." *Review of Financial Studies* 4: 727–752.

Stoll, Hans R., and Robert E. Whaley. 1986. "New Options Instruments: Arbitrageable Linkages and Valuation." *Advances in Futures and Options Research,* vol. 1. Greenwich, CT: JAI Press: 25–62.

Taleb, Nassim. 1997. *Dynamic Hedging.* New York: John Wiley & Sons.

Tataru, Grigore, and Travis Fisher. 2010. "Stochastic Local Volatility." Quantitative Development Group, Bloomberg Version 1 (February 5).

Taylor, Mark, P. 1986. "Covered Interest Parity: A High-frequency, High-quality Data Study." *Economica* 54: 429-438.

———. 1989. "Covered Interest Arbitrage and Market Turbulence." *Economic Journal* 999 (June): 376–391.

Taylor, Stephen J., and Xinzhong Xu. 1994. "The Magnitude of Implied Volatility Smiles Theory and Empirical Evidence for Exchange Rates." *Review of Futures Markets* 13: 355–380. Reprinted in *Currency Derivatives,* ed. David DeRosa. New York: John Wiley & Sons, 1998.

Topper, Juergen. 2005. *Financial Engineering with Finite Elements.* Chichester, England: John Wiley & Sons.

Turnbull, S. M., and L. M. Wakeman. 1991. "A Quick Algorithm for Pricing European Average Options." *Journal of Financial and Quantitative Analysis* 26: 377–389.

Wang, Yongzhong. 2010. "Effectiveness of Capital Controls and Sterilizations in China." *China & World Economy* 18, no. 3 (May–June): 106–124. http://ssrn.com/.

Wasserfallen, Walter. 1989. "Flexible Exchange Rates' A Closer Look." *Journal of Monetary Economics* 23: 511–521.

Wasserfallen, Walter, and Heinz Zimmermann. 1985. "The Behavior of Intra-Daily Exchange Rates." *Journal of Banking and Finance* 9: 55–72.

Westerfield, Janice M. 1977. "Empirical Properties of Foreign Exchange Rates under Fixed and Floating Rate Regimes." *Journal of International Economics* 7 (June): 181–200.

Whaley, Robert E. 1986. "On Valuing American Futures Options." *Financial Analysts Journal* 42 (May/June): 194–204. Reprinted in *Currency Derivatives*, ed. David DeRosa. New York: John Wiley & Sons, 1998.

Wiggins, J. B. 1987. "Option Values under Stochastic Volatility: Theory and Empirical Estimates." *Journal of Financial Economics* 19: 351–372.

Wilmott, Paul. 1998. *Derivatives: The Theory and Practice of Financial Engineering*, Chichester, England: John Wiley & Sons.

Winkler, Gunter, Thomas Apel, Uwe Wystup. 2001. "Valuation of Options in Heston's Stochastic Volatility Model Using Finite Element Methods." *Foreign Exchange Risk*, Risk Publications, London.

Wystup, Uwe. 2003. "The Market Price of One-Touch Options in Foreign Exchange Markets." *Derivatives Week* 12: 1–4.

———. 2006. *FX Options and Structured Products*. Hoboken, NJ: John Wiley & Sons.

———. "Foreign Exchange Quanto Options," No. 10, Frankfurt School of Finance & Management, June 2008.

Xu, Xinzhong, and Stephen J. Taylor. 1994. "The Term Structure of Volatility Implied by Foreign Exchange Options." *Journal of Financial and Quantitative Analysis* 29, no. 1 (March): 57–73. Reprinted in *Currency Derivatives*, ed. David DeRosa. New York: John Wiley & Sons, 1998.

Yekutieli, Iddo. 2004. "Implementation of the Heston Model for the Pricing of FX Options." *Bloomberg LP—Bloomberg Financial Markets* (June 22).

第一辑

《看不见的手》
定价：58.00元

《对冲基金型基金》
定价：49.00元

《常青藤投资组合》
定价：44.00元

《对冲基金大师》
定价：53.00元

《对冲基金表现评价》
定价：53.00元

第二辑

《解读石油价格》
定价：29.00元

《硬通货》
定价：38.00元

《捕捉外汇趋势》
定价：45.00元

《对冲基金全球市
场盈利模式》
定价：49.00元

《使用铁秃鹰期权
进行投机获利》
定价：28.00元

第三辑

《黄金简史》
定价：50.00元

《交易周期》
定价：49.00元

《利率互换及其衍
生产品》
定价：39.00元

《期权价差交易》
定价：43.00元

《波动率指数衍生
品交易》
定价：42.00元

第四辑

《揭秘外汇市场》
定价：48.00元

《奇异期权与混合
产品》
定价：55.00元

《掉期交易与其他
衍生品》
定价：50.00元

《外汇期权定价》
定价：48.00元

《震荡市场中的期
权交易》
定价：44.00元

第五辑

《顶级对冲基金投
资者》
定价：36.00元

《期货交易者资金
管理策略》
定价：45.00元

《奇异期权交易》
定价：33.00元

《外汇交易矩阵》
定价：45.00元

《债券与债券衍生
产品》
定价：48.00元